U0472340

民間高手操盤系列

一剑封喉 之二

趋势通道平台战法

无门问禅 编著

上海财经大学出版社

图书在版编目(CIP)数据

一剑封喉(之二):趋势通道平台战法/无门问禅编著. —上海:上海财经大学出版社,2020.2

(民间高手操盘系列)

ISBN 978-7-5642-3376-1/F·3376

Ⅰ.①一… Ⅱ.①无… Ⅲ.①股票投资-经验 Ⅳ.①F830.91

中国版本图书馆 CIP 数据核字(2019)第 195315 号

□ 丛书策划　王永长
□ 责任编辑　石兴凤
□ 书籍设计　张克瑶

一剑封喉(之二)
——趋势通道平台战法

无门问禅　编著

上海财经大学出版社出版发行
(上海市中山北一路 369 号　邮编 200083)
网　　址:http://www.sufep.com
电子邮箱:webmaster@sufep.com
全国新华书店经销
上海华教印务有限公司印刷装订
2020 年 2 月第 1 版　2022 年 8 月第 4 次印刷

710mm×1000mm　1/16　18.25 印张(插页:2)　195 千字
印数:9 001—11 000　定价:68.00 元

目 录

001	**绪 论**
003	一、参究：股市幻相与实相
008	二、操盘要义：市场的主要矛盾——情绪
008	（一）炒股赚钱为什么这么难
011	（二）股市财富是宝藏
012	（三）操盘的真相是什么
016	三、炒股赚钱秘诀：稳定盈利与控制风险
023	**第一部 技术基础**
025	一、波段在当下赚钱的重要性
025	（一）打板与波段须懂指数与通道
027	（二）彻底认识中国股市风险

032　　　（三）认识资金驱动才是上涨之本

038　　　（四）战争思维是股票交易的第一思维

040　　　（五）浅谈两大主力主要性格特点

047　　　（六）认识波段操盘技术的重要性

050　二、趋势通道战法的核心理念

050　　　（一）趋势通道技术分析要点

071　　　（二）市场心理分析要点

079　　　（三）认识赚钱效应与亏钱效应

088　三、指数顶底技术的实战分解

088　　　（一）指数通道有效性实战分析

095　　　（二）指数顶部段趋势判断实战案例

103　　　（三）指数大跌段趋势判断实战案例

112　　　（四）指数底部段趋势判断实战案例

124　　　（五）指数趋势的秘密：通道、线和图

130　四、揭秘 G 点与热点判断要义

130　　　（一）不懂 G 点，炒股未入门

131　　　（二）揭开市场在 G 点选股的秘密

141　　　（三）揭秘判断市场热点的方法

157　**第二部　实战赚钱**

159　一、把握选股与操盘的步骤

159　　　（一）指数分析的步骤与要点

173	(二)个股选股与操盘步骤
179	二、实战:擒拿机构类庄股
179	(一)机构庄股趋势通道埋伏实战要点
187	(二)机构庄股实战案例与判断
218	三、实战:个股波段操盘术
218	(一)波段操盘的六大理念
230	(二)处理好第一个涨停板
244	(三)时机、核心竞争力与资金博弈
249	(四)重视仓位与滚动操盘
255	**第三部　经验分享**
257	一、实战最重要的操盘经验分享
257	(一)深刻领悟游资生存之道
261	(二)从"一致性"感悟生存之道
271	(三)预判、跟随与澄明之境
273	(四)复盘:见树更要见"林"
276	(五)学用策略弥补技术不足
278	二、关注交易的其他重要问题
278	(一)避开风险后再谈赚钱
284	(二)财富自由与超短打板
287	**参考文献**

绪论

一、参究：股市幻相与实相

幻相是人世间最大的障碍。很多年前,曾听一位智者说,世上的很多人一辈子看的和理解的都是错的！当时我并不理解此话,只是感觉有那么夸张吗?

随着年龄的增长和阅历的增加,我对于这个问题的认识愈加肯定。

在这一点上,股市和修行之路较为相似。

刚走修行之路时,我关注较多的是如何修身、练气、修脉轮,不明白为什么念经,为什么要磕十万个头等等。

更有甚者认为修行的人都是看破红尘的厌世者,觉得他们的人生没有意义,修行对他们来说就是一种信仰。

如果说,生命的真相真的如此,那我可以肯定地说,他们完全是在浪费生命,对家庭和个人不负责任。

实际上,真相和事实并非如此。

在修行的过程中,方法和路径很多,但是有直和曲之分。

股市是不是也如此呢？

绝大部分人对于股市的认识都在幻相而非实相中。

在多数人的眼里,金融市场如金融帝国,如华尔街高楼大厦林立,灯火辉煌,一片繁荣；把对股市的认知与实体经济相比拟,以为股市如实体经济一样,诚信和努力支撑起实业发展的脊梁。

但是,在我眼里,股市并非如此。在灯火辉煌这幅画面的背后,更真实的图像是一个罗马的角斗场，股市的本质就是一个角斗场。金融帝国只是一个幻相，诚信和努力在股市中同样也只是一种幻相。

在这个市场中，不同的角色即私募、游资、小散户等充斥其中，他们为了各自的目的，编造着各自的谎言、幻相和策略。股市是纯粹的弱肉强食的丛林社会。

我也看到不论所谓的明星基金经理、价值派高手、技术派高手，还是题材派高手们，不论他们拉起的是什么大旗，炒股票的本质都不会完全是因为价值、技术与题材而操作，真正的核心是"利益"，是顺势和交易策略，是对周期、大势、人性、心理与情绪的深刻认识，这是我理解的股票操盘要义。

因为市场只有一个，不论你是价值派、技术派与题材派，所面对的都是同一个市场、同样的股票。大家所持有和关注的最核心的东西都是大势、风口与主流。

比如，我曾听一位很成功、早已身价上亿的技术派高手阐述自己对技术的执着。后来，有人问他经过技术分析后，最后买入的逻辑是什么，他回答：故事。看这只股票的故事能不能支撑起这个股价。所以，他通过技术分析的核心其实是"市场与个股的势"，这是必要条件，而最终支撑他对个股操盘的却是题材的吸引力。

所以，在同一个市场中，不同流派最终操盘要抓住的核心都是一样的。所有分析的基础，都必须要顺势。这个势有两层意思：一是市场之势，二是对手盘之势。把握势之后，炒股最核心的东西不是预判，而是你的交易策略，策略才是交易之魂！这是我希望灌输给大家最重要的一个思想。

所有价值、技术与题材都只是一个路径,不是本质。

价值、技术与题材是股市修行路上的路径。路径非常重要,因为你不学习它们,就会缺乏具体的方法,就会没有方向,也就无法在市场中使力,动弹不了,但又必须明白它们并非炒股赚钱的根本。炒股票是依势和相机而行的策略。

大家对炒股操盘的认识必须从过去的思维中转换过来。外表的肉再漂亮,失去骨,就只能是一堆软肉,关键之时是支撑不起赚钱的能力的。

股市:一万年太久,只争朝夕。

市场的操盘其实只有两个步骤:一是预判;二是跟随。预判是赚钱的必要条件,跟随才是赚钱的充分条件。

普通散户非常重视预判的问题,心里很崇拜预判高手。因为预判的核心是买入的问题,没有预判就不会有买入的操作。在散户的思维中,只要会买股票就应该能赚钱,事实并非如此。买对卖错,结果大亏的概率远高于买对就赚钱的人。所以,职业高手通常会更加重视卖的问题。

对于职业炒手而言,其实"买"反倒不是问题,也是最容易做的事。会卖的才是高手。行内有一句话:会买的是徒弟,会卖的才是师父。

从心理上分析,卖也比买要难得多。因为买时你是光脚的,即使没有操作,从心理而言,你的本金也没有什么损失。但是,一旦买入,你马上就变为穿鞋的,卖掉就意味着你会失去鞋,你会有因为买时的预判产生幻觉,可能会认为这双鞋也许可以让你跑得更远,所以,一旦穿上了鞋,就难脱下。如果这是一双烂鞋,时间一长,粘着你的皮就更难脱下了。

从时机上分析,股市是瞬息万变的,尤其是游资类股票。5分钟前,可能你还是赢家;5分钟后股票就大跌5～6个点,时局马上反转,你会从一个赚钱人变为亏钱人。

尤其打板的人,有时预判给你带来的机会和优势在几分钟内就会透支,让你从天堂的喜悦掉入泥坑。

所以,买不是最复杂的事,会买仅是作为一名职业炒手最基本的条件。买都不会,还炒什么股票呢?而会卖才能体现真正的水平。要会卖,不是一个简单的技术问题,而是策略问题,是对市场的跟随问题。因此,真正的高手极为重视跟随。

很多散户一直追求在买的层面,你把买的技巧学得再好,不去学习如何卖,永远差了最重要的方面。

买是预判的问题,而卖与滚仓则是跟随的问题。

一只股票买入前以预判为主,而买入后必须放弃预判思维,完全转入跟随的策略模式,这就是所谓的操盘。但是很多朋友做不到,也意识不到这点。他们太重视预判,这几乎是所有没有入门的散户最大的通病。所以,大家必须把预判的性质搞清楚,把行情的变化搞清楚。

什么是预判?它是为了验证你对市场短期分析与评估机会的正确性,而不是验证市场自身是否有错。如果市场不及预期,说明你的预判有问题,就不允许再坚持。

什么是跟随？跟随就是根据市场的真实走势做出策略上的快速反应。

什么是策略？抛弃臆测，只关注当下交易的风险，并对风险做出快速处理，以避开本金回撤为根本，而不是以期获取最大利润为根本。在个股上每次都期望追求利润最大化是一个完全不切合实际的危险行为。

比如，每一次妖股的产生，众多大资金都只是吃上几板就走，散户希望的是吃完全程，妄图从第一板就介入，一直到底，结果一板也吃不到，一板也不敢买。

所以，在对策略的认识上，游资的生存之道非常适合散户，也是散户必须学会的最重要的生存思想。关于这个问题，我会在后面专门有三章通过对个股的操作来讲讲如何理解和认识游资的生存之道。因为，它对于散户炒股太重要了！

最后，我希望大家从今天开始，把自己作为一名赌场中的赌徒看待。你对自己的要求，不是作为一名普通的赌徒，而是一名赌技高超的职业赌徒。你的对手有两个：一是市场大势；二是个股中的对手盘。一名合格的职业赌徒，要尽量回避情绪化交易。为何把自己当赌徒？因为真实的市场就是一个掠夺场、一个角斗场。

股术的本质，难道不就是一种掠夺术吗？进入股市是来赚钱的。学会生存技术才是成为股市赢家的基础。

把自己当成职业的赌客，能让你更客观、更好地在市场中生存。卖飞不可怕，怕的是错了也不卖。做一名没有感情的交易机器，让稳定盈利铸造你复利的能力，让复利带你实现财务自由的梦想！

不要小看赌客,索罗斯就是最成功的大赌客。

二、操盘要义:市场的主要矛盾——情绪

《一剑封喉:一位民间高手的股道笔记》偏于理念,而此书则完全立足于实战。

实战的体现是操盘,所以对操盘要义的理解是决定能否从一个较高的角度去正确把握实战核心是什么的问题。

股市是一部戏,炒股有了高度,你才可能成为一名好的演员,才能把握住自己的角色,真正进入角色;否则,你永远只会是一个被边缘化的群众演员。

(一)炒股赚钱为什么这么难

因为市场里的资金实在太少,尤其在熊市和震荡市中的资金更少。因为资金量少,所以主力只能引导和推动部分散户资金一起在极少数的股票中形成赚钱效应,这就是市场常常是结构性行情的根本原因。

很多朋友认为,只要主力愿意拉,股票就会涨,这个认识相当错误。在市场中主力是骨,散户是肉,最大的力量还是散户。有骨有肉,身体才能撑起来;有骨无肉,骨头就会散架。所以,没有肉的股票,主力也不敢碰和妄动。

因为市场资金量小,行情的波动就会很大。

因为主力资金都是为套利而生,大家都知道震荡市中的资金情

况,所以市场稍微有一点风浪,小主力跑得比散户快多了;而大的机构主力跑不完,不好跑,减减仓,再到处散布价值投资的蜜糖,东蹿西跳地在土地里播种。韭菜为何是韭菜?因为它老趴着不动,等着主力收割。

在中国股市,没有一颗平静的心、没有一双犀利的法眼、没有一套适合生存的技术系统,散户想在这个市场谋生是较困难的。

因为市场资金量小,所以市场形成持续热点的机会就少。

因为热点需要更多主力与散户的资金共振,一旦热点形成,赚钱效应突出,散户心潮澎湃,大呼,你知道吗,牛市来了!主力明白这不过是桶里有限的水突然剧烈摇晃所产生的一个浪而已!主力也配合大呼牛市来了,然后一转身在高位卖掉筹码,跑了,一个大的赚钱效应过后,浪打得越高,跌得会越重,一个大的亏钱效应必然出现。市场其实就是大大小小赚亏效应的不断轮回。

因为市场资金量小,右侧交易就是一个坑。

很多散户亏怕了,从左侧交易变为右侧交易,主观希望上涨的趋势确定后再买入,结果又被打脸。因为主力深知下跌反弹的浪花,其最好的出货点就是看似上涨明确之时,不在此时跑,谁来接这个盘呢?

因为市场资金量小,所以市场上短线资金喜欢互相玩。

超短玩法,市场美其名曰:情绪!实际上就是相互间的博弈、对赌!所有的政策面、基本面、信息面、技术面都只是对赌的工具,搞得市场每天出现无数的涨停板,很多围在各个赌桌旁的散户朋友们捶胸顿足,懊恼自己怎么选不到这么好的股票,蠢蠢欲动,急于参与。

殊不知，这就是一个个赌局。在A股的赌场中，赌技最强、本事最大的聪明人与大量资金都集中在短线里面。

所以，涨停板这块肉看着肥，实则不好吃，是纯粹的角斗场！接力一差，赌技一差，仓位过重（押注太大），迎头就是大面一碗。超短为何是股市散户炒股技术的精华，就源于此，因为它是顶级的赌技。你看到的都是海面上溅起的美丽浪花，其实海面下早已汹涌澎湃。所以，散户炒股必须要有大局观，必须要有适合自己的一套体系。

如果你的赌技够高，你就玩超短，最高效地利用资金收割比你技术差的短线赌客。但是，如果你的技术差一点，最好的方法就是先学会稳定盈利。

炒股票很重要的一条是"破执"，破除自我对市场幻想的"我执"，不断地去探索回归市场真正的真相，给自己在市场中的操作找到一个合适的位置。

因此，如果对游资的世界你暂时搞不定，你为何不先把机构的套路搞清楚呢？而趋势通道战术是对机构套路命门的研究。

炒股票出现所有赚钱机会的必要条件都是趋势，即我们所谓的大局观、市场主要矛盾点或者叫情绪。

这个大局观不在长期，而在当下。只有把当下的情况搞清楚，操盘才有意义。长期的、宏观的东西你看得再准，对于短期操盘也都没有用。股票就是一个短期游戏，所以波段对于炒股极为重要！

在股市，你是来赚钱的，有肉吃就行！打板也好，低吸也好，潜伏也好，最终都必须帮你落实到赚钱上。

(二)股市财富是宝藏

股市、资本市场和这个物质的世界一样,是一个幻化的世界,真真假假,虚虚实实,被唯一的标准"利益"所驱使。

真实与虚假、诚实与狡诈、机智与愚蠢充斥于整个市场。所以在这个市场中你既要严肃,也不能太认真;既要诚实,更要机智。

说严肃,这是你对本金的态度,对本金要如对待自己的生命一样严肃。

说不能太认真,是指面对市场中的各类信息,不论是所谓的公司价值、财务报表、管理人员表态、媒体等一切市场声音,不要过于认真,认为它们是说一不二的主。你要记住,市场中唯一的道德标准就是"利益"。

说诚实,是指你要诚实面对自己的内心,观照自己的内心,永远不能骗自己。因为股市这片领域的土壤能让人内心的贪婪与恐惧轻松成长,把人的理智完全吞噬。你只有坦诚正视自己,才有机会躲过市场的陷阱,从中取出宝藏。

说要机智,说明股市不是一个单纯、单向的金钱游戏。这是一个完全充斥于博弈氛围中拳拳到肉、刀刀见血的角斗场,价值投资在这里只是角斗场门口一块华丽的牌坊。你需要的是比拼刺刀的技术,而非漂亮的衣服。

所以,股市不是绝大部分人所思、所见、所惑、所用的那么简单。

一份基本面分析、一份价值投资报告、一套均线与K线技术,再加上一个愚蠢的财富幻相,在股市这片领域里充满激情、热血沸腾地想大干一场,只能事与愿违!

不要忘记"上帝让你下地狱,必先让你疯狂",前面闪亮的金山只是海市蜃楼的把戏。真正的金山、宝藏不在前面,恰恰藏于你身后人烟稀少的沙漠里。

所以,最热闹的地方往往是最骗人的地方。那是一片孤寂之地,你很少有同行者!

成功路上是孤独的,因为成功的人很少。迈向成功之路的钥匙是你内心的平静。

只有心能沉静下来,你才能分辨荒漠中的路,看清路上的障碍。更重要的是,只有沉静的心灵才能生出真正的智慧,在长空中刺破幻相、窥见真相。

(三)操盘的真相是什么

操盘的真相是抓住市场当下的每一个主要矛盾。

影响市场与个股涨跌的原因和问题很多,不同层面的问题一个接一个,永无止境,你如果抓住具体问题不放,那你就永远被市场牵着走,永远被奴役。而解决所有问题的最好方法只有一个:直达原因和问题的源头。

每一个当下的原因,就是每一个当下市场的主要矛盾。只有抓住市场涨跌实时变化的主要矛盾,操盘时才可能把握住市场趋势的脉络,而这个主要矛盾的核心叫"情绪"。

炒股只有从把握市场情绪的高度出发,你才能真正掌握股市涨跌与输赢的精义。

但是市场情绪是什么？很多人百思不得其解。太多人希望能紧紧地用手去抓住它。不好意思，你办不到。

市场情绪是什么？它是风。风，无色、无味、无相，能量却非常之大。轻风吹起，湖面波澜；狂风掠过，摧楼拔寨。

你想用眼睛直接去看风长什么样，用手直接去抓住它，脱离真相，徒劳无益。

在市场情绪面前，一切价值与消息都是纸老虎，不可靠！

对风的理解，是我对市场情绪最直观的认识和比喻。

那么风无色、无味、无相，如何可见？

用"禅"意！禅可以画风，禅对于风的画法是"画风画树，听风听树"。

佛家讲五蕴即色、受、想、行、识，组成了这个物质的世界。在物质的世界中，越是高级的东西，越难直观地被看见。

市场情绪是风也是这个意。风不可直见，却可意会！这个意是树，是水，是其他。见树可见风，见水可见风。树动知风来，水动知风起。

所以，对于市场情绪的理解，你必须通过"树及其他"参照意会。不要钻牛角尖，错误地认为你必须要亲手抓住风。

意会的禅义明白了，市场情绪的问题就是树或水的问题。这个树或水就成为你判断市场情绪最重要的参照物。不同的人，会选择不同标准的树或水作为自己判断市场的参照。

而我觉得市场中最核心的层面是人，是主力群体和散户群体。二者之间是利益的博弈关系。所以，市场中最重要的树和水是主力群体和散户群体。主力群体最关心市场整体的趋势力量和散户群体的心理,力求避开趋势风险、市场的系统风险,然后伺机制造机会(热点),收割散户。主力目的明确,手段清晰,确定性强,心狠手辣,绝不手软。散户群体最关心自己手中个股的涨跌,个股所谓的基本面和形态,臆测主力的行为。散户充满天真幻想,热血沸腾,追涨杀跌。

狼和羊由此形成!羊可以不是羊,羊到狼的蜕变,是从对市场情绪的理解开始的。

操盘的要义有三点:一是理解市场之势;二是借助市场之势;三是重视短期趋势而非长期趋势。这个市场之势就是市场情绪。不能理解市场情绪,并坚持运用市场情绪,对个股的操盘基本就是凭运气!

对市场情绪的把握有两个核心:一是市场的风险性;二是市场的赚亏效应。市场的风险性体现的是市场趋势的力量;而市场的赚亏效应体现的则是市场主力群体与散户群体的行为态度与结果。

只有在把握住市场的风险性与市场赚亏效应这个前提下,所谓的操盘才具有意义。在这个前提下,不论是要潜伏、低吸或打板才具有市场基础。

股票操作就是源于对市场情绪的把握,否则一切操盘都是在赌运气!

市场的风险性体现在体外和体内。体外有国内外经济与政治环境和重大事件对市场情绪的影响。体内有指数在趋势通道内运行,反映出市场位置、趋势特点、市场心理变化、市场资金面变化及市场政策等的综合影响。

体内与体外各类问题的交叉影响,通过市场成交量、指数趋势形态、通道强弱反映出来,它展现了市场总体情绪的正与负。

市场机会是市场风险性转化过程中反映出的市场短期偏向。

市场机会并非普通散户单纯理解的指数涨与跌的机会,而是重"指数的短期安全"。在指数的短期安全稳定的情况下,所呈现的"多与空博弈,主与散博弈,主与主博弈"形成的局部热点赚钱效应,在赚钱效应过后必然是亏钱效应。

市场机会概括而言实际上就是在一个平行通道中对各类大小级别赚亏效应不断轮回前进的回避与参与。而这个赚亏效应则可以通过指数的成交量、个股涨停数量、涨停个股赚钱的持续性及市场龙头板块与龙头股的强弱反映出来,市场形成合力就强,市场合力差就弱,合力强则情绪高涨,合力差则情绪低落。

市场是一个喜怒无常的主,极度情绪化是它的性格。

心情好,市场比谁都欢快;心情差,市场翻脸比人更快。不用同市场讲理智,因为市场的智商就只有 3 岁。市场的智商由主力和散户群体的智商组成,主力群体的智商较高,而散户群体的智商过低。所以,两者博弈下的市场常常喜怒无常。

如果你对市场太较真,受伤的总会是你。它只有 3 岁,就是任性!你能怎样?

综上而言,炒股就是炒市场的情绪,不是炒个股的情绪。市场的情绪是市场每一个当下最主要的市场矛盾!所以,对于这个喜怒无常的市场,你最需要了解的是认识真相;而对你影响最大、最重要的则是你的操盘思想：从预判变为跟随。

操盘没有预判就没有买入，买入后必须丢掉预判，跟随市场，严格执行操盘决策。坚持预判，不做跟随，就是臆测！

预判分析是综合对环境面、政策面、技术面、资金面、消息面进行的市场风险与机会的评估。

跟随则是把市场作为唯一的神，是依市场对风险与机会产生的实际反应作为决策的准绳，而不再是预判。

市场中，还有一个较重要的概念是逆向思维与逆向趋势，它们可以更真实地反映市场的情绪，帮助我们理解市场与个股的真实强度，感受和理解市场群体心理变化的真实状况。

三、炒股赚钱秘诀：稳定盈利与控制风险

在实业中，每一年要赚 30% 的利润是很高的，而要在股市中赚取 30% 的利润难吗？其实不难。掌握了趋势通道平台战法这门技术的人，在震荡市行情中都能轻松做到，每年只要抓住 2~3 个指数与个股的趋势机会就可以完成，赚 50%~100% 都有可能。

困难之处恰恰是大家不满足于 30%~50%。满脑子里都是暴富的念头，最后沦落到年年大涨大跌的命运中，连本都保不住，这就是人性的贪婪！

殊不知，在市场中实现财务自由的目标，绝非一日之功，必须来自持续稳定的盈利能力，这才是最基础、最重要的能力。

趋势通道平台战法为你解决的就是这个问题！

走上稳定盈利之路后,暴利反而不是问题。因为积累财富最厉害的利器并非抓住一两次翻倍的妖股,而是在于长期复利,复利是解决财富增长的核武器。

有不少人认为,炒股赚钱就是要买对股票,买到涨的股票就能赚钱,遇到好的行情就能赚钱。事实上,这种理解是非常狭隘和片面的。如果以这种理解为核心,那么说明你离赚钱之路还很远。真正想在市场上赚钱不是这样赚的。

我们可以简单地举一些例子:

如果说买到能上涨的股票就能赚到钱,那么每一位老股民,其实都多次买到过大涨的股票,但到现在很多股票仍是亏损。

如果说遇到了大行情就能赚钱,那么2015年的牛市中有多少人最后赚到钱呢?更多人都被拉进了股灾中。

我比较喜欢浓汤野人的一句话:"无根浮盈空欢喜,未悟真经套中人",总结出了股市中的众生相。

所以,绝大部分人对股市赚钱的理解是错误的。

在市场中真正能赚钱,而且能赚大钱的人,通常会依次跨过三个路口:一是实现稳定盈利;二是增加交易规模;三是把握住大行情。如果你能够通过这三个路口,那么在股市中取得成功就只是时间问题。

第一个问题:实现稳定盈利。

这是炒股最难也是最重要的一个问题。这个问题的难度在于人性。绝大部分人会受人性贪婪的影响而忽略稳定盈利的心态,喜欢暴涨,喜欢一夜暴富,喜欢一口就能吃成胖子。同时,他们会因为人性的喜恶而有意回避暴跌与暴涨是一对形影不离的孪生兄弟的关系,有意回避潜伏在这种心态下的风险意识。

可以说,不能真心面对稳定盈利的问题,在股市中就只能是坐过山车。

我们常说炒股炒心,这里的炒心,很多朋友不明白首先要炒的就是你那颗不甘于稳定盈利的心,要解决的就是你如何能够抵制贪婪对你的影响,以更加冷静的心态去思考如何实现稳定盈利的问题。

可以说"稳定盈利"是炒股成功的"山门",如果你无法进入这个"山门",你就无法获得在股市取得成功的门票,更没有入山取宝的通行证。

因此,如果炒股想赚钱,你必须时刻思考阻碍你取得"稳定盈利"门票的问题在哪里,你如何才能让自己真正走上稳定赚钱之路,而不是把精力和时间浪费在对暴富后生活的无聊想象中,一点意义也没有。

第二个问题:增加交易规模。

如果你能够稳定盈利,并已经实现了稳定盈利,那么赚钱对你就是很必然的事情。缠中说禅讲得好:赚钱需要的是准确率,而不是频率。他说,如果没有准确率,1 000万元也可以变为100万元;而如果有准确率,有胜算,那么1万元如果翻倍十次,1万元变2万元,2万元变4万元,第十次将超过1 000万元,这是复利的威力,复利的基础就是稳定盈利。

所以,我们很多朋友入市,老想着增加本金,老觉得本金越大似乎赚的钱越多,这是"倒果为因",把自己已经当成稳定盈利的人。

你必须清楚,在没有实现稳定盈利之前,你带来的越多,输得将越多。只有真正实现稳定盈利后,你才可以增加自己的投资规模。而在这个条件下增加的投资规模,将为你带来实现财富梦想的基础。

在实体经济中,如果每年可以赚100万元,1 000万元的利润则需要10年;而在股市中,如果你投入1 000万元,那么再赚1 000万元,只需要抓住一次翻倍的机会即可,这个时间也许只要半年,甚至只要3个月。

事实上,现在很多朋友入市带来的资金可以轻松达到10万元。大家可以算一下,如果你能每年实现一次翻倍,几年复利累积下来,不到10年将超过1 000万元,再往后复利的威力更大。

问题在于你必须要有稳定盈利的能力。

有的朋友可能会说,我前三年如果能实现每年赚1倍,后面也不一定能做到!事实上,最难的恰恰是前三年,如果连续三年你都能做到稳赚,说明你已经具备了这个能力,那么第四年、第五年你也一样可以做到,而且会比前三年还要轻松。

所以,我们讲炒股最重要的不是说你投入多少钱,而是说你能不能保证自己走上稳定盈利之路。

第三个问题:把握住大行情。

虽然市场中不时传出谁通过十万元投入赚到了几千万元甚至几个亿的股神故事,事实上这种案例在几亿股民中却是非常少见的。

大家要清醒地看到,任何股市个人神话的背后,一定有其特殊的背景条件。这个条件不仅包括个人技术等原因,而最核心的还有市场环境。可以说离开了市场环境的保障，个人的技术条件再好，要创造如此牛的财富神话也是困难的。

大家都看到，很多美国人通过股市赚了大钱，那是因为美国股市这么多年来一直在持续上涨，处于长期牛市。

而近年中国股市最受益、最成功的一批散户，多数得益于类似美国股市这种持续大涨的创业板行情，得益于2015年抓住牛市机会大赚后能及时退出的人。创业板从2012年的585点上涨到2015年的4 037点，创业板指数大涨近6倍，这几年的创业板大牛市，让不少个人通过精湛的技术牢牢抓住这个背景下不断涌现的牛股，这才是产生那么多股神最根本的原因。

如果没有创业板持续大涨的这个环境，那么同样一个人在目前的环境下即使拥有同样的技术也是很难达到如此水平的。就比如2017年，在严厉的监管政策与上证50的指数行情下，不只是散户，游资大佬们赚钱也不轻松。

所以，如果缺乏大势的支撑，就没有英雄成长的土壤。看清短期大势是在股市取得成功较重要的能力之一。

"时势造英雄"适合于任何行业，也包括股市。在股市中如果想要成功，这三个路口都是你绕不过去的坎，而且还是必须依次穿行的路口。

所以，大家要客观地看待股神，看待市场的利润，不要被股市冲昏了头脑。如果你的贪婪和这个市场的大势不匹配、你的认知能力和你的贪婪不匹配，那么结果一定是很残酷的。

炒股十多年，还有一个对我影响最大的因素就是对风控的认识。

保罗·都铎·琼斯是美国著名的期货交易大师、市场中的常胜将军。记者采访他,问他最重要的交易准则和制胜的关键是什么时,他回答是第一流的交易防守,而非第一流的交易进攻。这就是真正的实战大师和普通交易者在认识上的根本区别。

控制风险与稳定盈利在股市都极其重要。在股市里想炒股赚钱,不是秘诀的秘诀就是:"稳定盈利与控制风险"。

其实刚炒股时,虽然自己在口头上常说要做好风控,但心里实际上一直是不很在意。因为散户天生就喜欢进攻,这是人性。后来在市场交易中吃尽了苦头后才明白风控是如此重要。人总是要吃了亏,才能明白很多道理!可以说,风控意识是交易者最重要的第一意识,尤其是职业交易者。

对于一名职业交易者而言,最基本和最重要的能力就是对本金与利润回撤的控制能力,只有拥有这个能力,才能达到稳定盈利的目标。

所以,请大家务必记住,什么是复利,就是要确保你的账户不断创新高,不缩水,当机会来临时,这份风控的能力会成为你在市场中实现财富自由梦想的船。而承载这条船的载体是成熟的技术。

趋势通道平台战法就属于这种能在实战中为你带来稳定收益的技术!

第一部

技术基础

一、波段在当下赚钱的重要性

(一)打板与波段须懂指数与通道

炒 A 股,要么超短打板,要么波段滚仓操盘。

选股的标准,不是价值,而是热点。

这是我在《一剑封喉:一位民间高手的股道笔记》一书中对操盘的一个观点。

对于打板或者波段操盘者而言,对市场环境与趋势通道的判断是十分重要的,因为市场是一个整体,如果整体出问题,所有的局部都不可能独善其身,市场本身就是一个多米诺效应。

普通投资者和职业投资者最大的区别之一:普通投资者过于专注于个股的利好消息、基本面分析与动态。职业投资者则是将市场整体、板块整体与个股走势相结合来分析。

这就是我们在交易中所推崇的一个理念:炒股必须"见树更要见林"。如果不能从森林的角度来观察个股,你对个股的判断基本属于主观孤立的行为,这是一种很危险的思维方式。

我在整理趋势通道平台战法内容时,有朋友给我留言,觉得超短打板一族不需要这些知识,这是非常错误的认识。不论是超短打板还是短线波段,其操盘的基础一定是建立在指数环境判断的基础上。

可以说,对于指数分析的技术能力是任何模式操作的必要条件。

我们很多玩短线打板的朋友,对于指数分析技术的认识很笼统,甚至非常粗糙。其操盘往往聚焦于当天市场与个股的表现,而忽略了整个短期环境潜在的趋势变化,这样的打板运气成分就非常大,风险也很大。

同样,短线波段也是如此。如果只看个股的指标,可能机会会出现;但是,指数环境如果有问题,那么这个机会,有谁敢去发动呢?而且,在指数环境不配合时,个股所谓的利好或机会,还可能成为主力反向操作的工具,被主力利用在出货上。

指数判断的核心是对关键位置的分析。最关键的位置,不外乎顶部段、大跌段与底部段的分析。

如果掌握了历经百年验证的趋势通道技术,再加上对当下国内外经济环境与市场大众情绪、市场主力情绪的分析,就能更好地指导你对个股的操作,不论你是需要打板还是波段,皆如此。

在实战中,有的朋友常有一个疑问:为什么指数在上冲时有些高手不参与打板,而在指数跌得很猛时有很多高手却参与打板?还有想不通的是,在指数大跌时打板比有些上冲时打板的赚钱效应反而更强?

这就是对指数趋势缺乏分析技术的体现。太多人过于强调对个股具体的分析而忽视了环境,因而无法看清上面的情况。

指数上冲时,高手不愿意参与的原因,基本可以断定这个上冲的位置已经处于趋势通道的顶部,或者面临历史平台压力位,受到压制。虽然指数看似在涨,但是其实已经处在风险边缘,操作理应趋于谨慎。

而对于在指数大跌段还敢打板并能赚钱的,那一定是抓住了大跌之势已去的底部,在否极泰来的关键点操作。如果不能抓住这个关键点去抢反弹,那就会抢在半山腰上。而能够抓住否极泰来之时交易,则成功率容易确定,主动性会比较强。

所以,趋势通道是判断指数最适用也是最有效的经典技术。这份技术不仅可以用于指数分析,还可以用于个股打板的分析。

很多打板的朋友,最担心的就是碰上"一日游"板。对于板的分析,我们不仅可以借助题材、热点与市场环境来参考,同样也可以用趋势通道平台技术对个股涨停的情况进行辅助判断(在后面专门会有一个章节阐述这个问题),降低我们打到"一日游"板的概率。

所以,趋势通道技术的应用是很广泛的。作为经典趋势判断技术的基础,它是不分模式的,反而是各种模式的基础。

(二)彻底认识中国股市风险

长期在股市中随波逐流,本金被市场吞噬的朋友,在你经历了中国股市多年的沉浮后,你应该明白,在中国炒股不是投资的艺术,也不是为获取企业发展红利的行为,而是在把握顺势的条件下从别人口袋里"抢"钱的技能。

我很不愿意把股市称为赌场!因为,这就说明承认了我们都是赌徒。但是,对于绝大部分散户朋友和市场情况而言,真实的股市就是一个合法的赌场。而且,这个赌场比其他赌场更大、更加复杂。你不仅要具有非常强大的赌博工具——技术,更需要熟悉这个市场的环境和规则,并适应这个环境和规则。

所以,你对市场的认识,不要参考过去你从媒体或教科书上看到的所谓投资的观念,因为金融市场上充满了欺骗。你应该吸取少数过来人的意见,把你脑中陈旧的"投资"认识改为"交易"。

记住:你是一名交易者,不是一名投资客!

1. 认识资本市场的本质:风险

什么是交易?我对交易的认识,不是源于教科书,而是我对市场生存的认知。

交易与获利的本质,我认为是回避市场风险后再抓住市场有利可图的机会。而市场的诱惑恰恰就在于此。风险不可怕,反而可贵!因为,机会因风险的存在而产生,而风险因机会的完成而出现。所以,要想在市场中获利,就必须充分认识市场风险,并采取与之相适应的策略。而要了解风险,我们必须永远牢记:股市或资本市场是纯粹的金钱利益场,参与方的目的都是为了金钱利益、为了套利,而非发展。

所以,任何时候在市场的大海中,海面即使看似一片平静,但是实际在海面下一定是波涛汹涌,为了各自的利益在剧烈运动。这些运动有大有小,不停地斗争。最重要的是,很多运动你都无法看清、掌握和了解。你所能把握的就是对风险的认识和学会应对策略。

从这个层面讲,股市的本质就是风险!

股市的风险既来自群体的博弈,也来自群体博弈的不可预知性,还有市场的周期性和外部环境的交叉影响。因此,不论海面是否平静,风险都会因为各种因素的不可预知性随时到来。风险是市场的常客,也是主人。

资本市场输多赢少的铁律充分体现了弱肉强食的法则,危机只会向弱者一边倒的规则。所以,资本市场的风险天然存在而不可避免,同时又天然地更多偏于弱者一方,偏于逆势者一方。

要入市,就必须看透:市场的本质是风险,而非利润。

利润产生的本质,从根本上而言,不在于创造,而在于博弈。博弈的核心在于你能规避市场风险,再从市场风险过后的市场机会中看到并抓住它们从而获利。

这个市场的风险包括系统性的风险、突发性的风险、周期性的风险和个股性的风险。所以,风险并不可怕。因为市场最重要的特点是"轮回"!

市场不会因为风险的产生而消失,恰会因为风险的产生而自我进化出机会,从风险中走出巨大的机会。阴阳互换,物极必反是物质宇宙的定律!

重要的是很多老交易人常说的那句老话:机会到来时,你还活着吗?

这又回到了我们上面提到的那句话。交易与获利的本质在于:回避市场风险后就是机会。希望你深刻地认识到这一点。

2. 中国股市:"黑天鹅"密布

我们必须看清楚:中国正在经历伟大的民族复兴。对于这一点,我毫无疑问。

但是,作为交易人,我们更需要看清楚:任何国家伟大复兴的过程不会是和平地简单崛起,必须经历风雨与拳拳肉搏!因为,崛起的过程必然会与强势国家的部分利益不一致。

(1)当下中国股市的特点:"地雷"与"黑天鹅"密布

因为风险的存在,所以当下的市场中指数的每一轮大涨都面临让人恐怖的大跌回调。而在上涨中总会让普通股民看到牛市的假象,充满幻想,被无情打脸。而一发生大跌又会让信心跑回股灾中。这都是源于对市场风险与规律认识的缺乏所致。

在中国股市炒股,绝对不要轻易地过于看多市场,而是要坚守谨慎的态度,顺势而为,坚守对涨跌轮回规律的认识。尤其在震荡市环境中,一旦市场出现大级别的上涨或热烈的气氛,一定要提醒自己,回调的杀伤力也一定是较大的。散户越乐观,危险性越大。

中国股市的很多深层结构与历史累积的风险超出我们的想象,利益集团的博弈超出我们的想象。从最高管理层反复提出防范金融风险的意识,就明确说明了当下资本市场的严峻性。

所以,在熊市及震荡市中坚守谨慎的态度,顺势而为,是炒股操盘非常重要的方向。除了看到有足够大的增量资金入场外,绝对不要轻易乐观地过于看多市场,轻易地判断市场未来的趋势,反而应该紧盯各种负面信息,提前对大盘的关键位置(如指数的压力位与支撑位)、市场的关键周期事件(如年报发布)及外部环境风险(如美股趋势)等做出应对策略。

随时把回避风险放在首位,避开更具诱惑的低级错误,坚持以多项核心技术指标交叉验证市场的原则开展技术操盘。

在任何时候都不能让大脑去臆测利润,要训练自己彻底丢掉臆测利润空间的恶习和患得患失的恶习,严守基于经典技术与常识的分析,把自己训练成心中只有对错,没有成本,没有情感的交易机器。

(2)市场改革过程隐匿交易风险

所有改革的初衷和意愿都是好的,但是过程一定不平坦。中国股市的改革也一样,A股长期恶"疾"缠身,开始切除"毒瘤"的同时,不可避免地会伤到好肉,会给在传统市场思维中的散户造成痛苦,伤到他们,在所能难免。

比如,市场改革中已经出现的突出问题包括:

①2017年强行引导价值投资,公募资金抱团炒作权重指标股,这些股票涨到一定高度,不可能一直涨,高了,就有风险,怎么化解?是否会牺牲散户的利益?2018年初,大家刚开始接受要好好玩"价值投资",风向又转到了支持新经济、高科技等题材炒作上来,让普通散户一时不知所措,难以适应。

②这个垃圾股成堆的市场,如果完全导向业绩,业绩雷被引爆,那会成片爆炸,因为非国有上市公司基本上大多数都已经大比例质押了股票,2017年只重权重股的导向导致了创业板在2017年大跌,引起了市场的担忧。这类问题在未来如何适应,如何独善其身,对于市场都不是小问题。这个与医病一样,面对一个全身有病的人,过于急躁用猛药是很危险的。

(3)外部国际环境的变化也深刻地影响着中国股市

2018年3月22日,因特朗普签署启动中美贸易战的加税报告,致美股暴跌并迅速影响A股,导致大幅暴跌,且全球证券市场全部受波及。而这次暴跌的程度也超出了很多人包括高手级别人的判断。

国际市场与A股之间已经存在密切的联系。重要的问题是，国际金融环境，尤其是美股的情况，并不乐观，处于历史顶部的风险。

所以，面对这一系列的众多问题，不少问题在出现前，我们常常是看不清，也想不到的。比如，"中兴芯片事件"的发生就是一个飞来横祸。一个业绩与质量都不错的公司，一夜间因为美国发动贸易战而躺着中枪，突发"黑天鹅"事件，完全想不到。听说某位牛散在中兴通讯持有20亿元市值，在"黑天鹅"事件发生前，超一流高手也没有办法。

在A股市场，最好的方式就是要学会用技术策略来解决问题，保护好自己。中长线持股的方法会面临很多未知的风险。市场的、个股的、突发的，都有可能发生。

所以，波段操盘技术在当前的市场中是最重要的技术策略。

(三)认识资金驱动才是上涨之本

放下对股票"投资"的认识，明白股票上涨的本质。

1. 理解投资与交易的观念

大家可能会有一个疑问：入市不就是来投资的吗？

成功的思维常常与众不同，只有差异化才有竞争力。

对于大型资金而言，投资是对的；但是对于个体小散户而言，这是一个逻辑正确而事实错误的观念，至少在我这里是一个错误的观念。

绝大部分小散户进入股市一定是来投机的。小资金如果不投机,又想快速致富,基本上是不可能的。

对于这个问题的认可,决定了你的思维能不能更好地让你在这个恶劣的市场环境中适应并生存。

而其中最头痛的问题在于,很多朋友根本分不清楚投资与投机的区别。你可能常常在操盘前告诫自己要做好投资而选择有价值的股票,而在你的脑子中却希望买到的股票能马上大涨、快速大涨,完全充满了投机的情绪。这就是市场中的众生相。

投资是你的想法,投机则是你的情绪。在股市中,对你操盘影响最大的不是你的想法,而是你的情绪。你必须清楚地认识你的情绪。

因此,对于能否理解透投资和投机的区别对于散户而言意义重大。这一认识上的区别将导致你在操盘模式上的重大差异。

投资是玩成长,投机是玩交易。股票对我就是一种交易。投资与交易背后藏有深刻的操盘含义。投资和交易的最大区别是什么?投资,分享的是成长,追逐的是价值,属于中长线。交易,追求的是价差,玩的是博弈,是为了套利,属于短线与波段。

这就是两者之间的巨大差异。交易的目的就是套利。

长期以来,我们都知道投资就是投资好公司,投资是选公司的成长性和未来,这一句话完全正确,道出了投资的真义,但是对我没有用。

逻辑的正确不代表现实的正确!我们很多朋友根本不清楚我们来到股市并非为投资,而是在交易。有的朋友完全不清楚,自己是来交易的。

搞清楚两者之间差异的意义就在于,你以什么样的思维入市,你就必须保持同样的操盘模式和情绪。

你是来玩投资或是交易的,你的操盘就必须与你的这个认识相匹配,否则你的整个炒股模式就是混乱的。

如果你持有投资的理念,那么你就必须在成长性高的行业中寻找有发展潜力的个股,找到好的买点,坚持中长线持股策略,守好这个初心,以期获得其价值增长的红利。

如果你持有交易的理念,你就应该明白你是来博弈套利的,那么你就必须认清资金驱动的实质,积极参与中短线趋势行情,参与短线资金间的博弈,以赚取价差套利为目的。

作为一名投资者,投资品是你的情人,你们是有感情的,难割舍的;作为一名交易者,交易品和我没有感情,没有牵挂,只有利益。

通过以上解释,你应该想明白我们为什么一定要强调这个区别的重要性。

只有认识与操盘方向保持一致,才能保障你在炒股模式上不混乱,而一个混乱的模式在市场交易中是根本没有竞争力的。

很多朋友在股市中的交易的确很混乱。让我们看看几种情形:

(1)第一种情形

在心理预期上,希望自己买的股票在短期内能出现大涨,而应该采用交易选股模式。但在购买股票时,却按价值投资的理念选股,结果选的股票老是不涨,备受煎熬。

(2)第二种情形

按价值投资的理念选股,对股票的成长抱有很大的期望,结果在无意中选到了一只受短期资金驱动上涨的小牛股。受短期资金驱动的影响,股票大涨10%或更高后,误以为是股票本身的成长性与价值起了作用,乐观看好后市,坚持持股不动,结果赚了钱,不能及时止盈,在短线资金快速退出后反被套其中。

(3)其他情形

比如清楚自己的模式,但经验与技术不成熟,在实战中受恐惧与贪婪控制,仍然无法做到模式与操盘的一致性交易等问题,而让自己处于被动中。

总之,清楚自己的操盘理念是投资还是交易非常重要,炒股必须完全保持认识与选股上的一致性,这是实战操盘中一个最基本的要求。凡是不能在模式上坚守一致性问题的,包括大佬在内,常常会在实战中亏损。

说到这里,大家应该明白,与投资思维相比较,以交易思维入市,以博弈的思维参与到市场中竞争,这种思维更适合于广大散户,会让散户在市场中具有更强大的适应能力。

交易即博弈之道。

投资与交易,这一思想认识上的区别还将导致两个结果:狼和羊。尤其短线市场,就是一群武装到牙齿的职业操盘手之间和怀着天真梦想的普通散户之间的较量。狼一直虎视眈眈地想吃掉羊,而羊却从来不担心狼,因为看不到狼。

市场中的大多数职业散户炒手都把买卖股票视为交易,他们是市场中的狼。

还是那句话，投资相对于交易是危险的。

如果我认为我在投资，股票就是我的情人，和我是有感情的，我放不下它，要和它长相守。在牛短熊长的中国股市，在"黑天鹅"密布的当下市场中，显得尤其危险。

如果我是在交易，我和股票的关系就只有利益关系、金钱关系，没有任何的感情。它有我需要的东西，我留，没有我需要的东西，我走；得到我需要的东西，我跑，得不到我需要的东西，我更要跑，没有寄托、没有牵挂、没有记忆，玩玩而已，这就是交易。

交易之道是战争之道、诡计之道！因为，市场从来都不需要感情！

2. 股票上涨的本质是资金驱动

股市中有一句老话：太阳下没有新鲜事！

百年来股市并没有发生什么变化。

关于对"投资"的认识问题，可能还是有很多朋友感到很难走出来，因为这个认识太根深蒂固。如果还有市场上的例证，那就更难了。

近年来，最典型的例证可能就是2017年的"上证50"，贵州茅台等所谓价值投资股的大涨，还有的人把2017年称为"价值投资元年"，结果刚过2018年就被打脸。但恰恰是2017年，这些价值投资股的大涨，让我更坚信了我认识的正确性！

贵州茅台2016年底从300元上涨到2017年的800元。不论是300元、500元还是800元，有谁能说出贵州茅台到底应该值多少钱？没有人能说出来，包括贵州茅台的管理层。而且，贵州茅台股价最高时的经营情况也并非是其最好的时期。

所以,股票上涨的根本并非完全源于其本身的价值。这并不是说,本身的价值没有作用,而是它并不是短期上涨最根本的原因。

那么,短期上涨的根本是什么?是资金驱动。

散户要深刻理解这个概念,炒股时一定要牢记。

为什么资金驱动才是根本?

大家思考一下,这轮"上证50"的上涨,是因为这些股票本身的原因吗?完全不是,是因为政策管理层的引导和要求。

是政策导向驱动了市场中的主流主力资金(这是市场中的大部队)流向这些股票,人为抱团,推动了其上涨。如果没有这个政策导向,没有主流主力资金的执行,那么完全凭市场行为,能这么上涨吗?显然是不可能的。所以,一切都是资金的驱动行为。

更有趣的是,包括一些一线游资都被迫接受这个事实,炒股要炒所谓的"白马价值题材股"。大家都在深刻地反思如何才能更好地适应这种崇尚"价值投资"的变化。2018年,政策导向突然变了。

政策支持的重点已经不是传统的行业,而是"四新"企业,重点放在对新经济、新科技行业的创新型成长企业的支撑上。2018年的白马股,突然失宠,资金开始从白马股计划撤离,转向"四新"企业。"四新"企业因为政策的导向,将迎来春天!

所以,通过一系列突发的变化,我们可以非常清晰地梳理明白,股票上涨的核心原因就是资金驱动。

使我们的认识更为深刻的是:作为一名炒股人,任何时候判断主流主力资金的态度和方向都是重点。只要抓住了主流主力资金的方向，就是抓住了市场上涨的机会。

而主流主力资金如何抓？要点就在于政策的导向和要求，它们一定会遵从。

所以，中国股市的本质是资金驱动市和政策市，绝不是大家理想中的一个完全开放的自由竞争的价值市场。

因此，在实际的操盘中，大家不要留恋于任何的个股。一切跟随主流主力资金走，而不是跟随个股走。当你在市场中把这个观念应用于实战时，你将会发现，我说的这个道理对于正确操盘非常重要。

(四)战争思维是股票交易的第一思维

很多朋友在潜意识中把交易的思维理解为一种单方面的自我行为，这是很危险的。实际上，战争思维才是交易的第一思维。

在这个市场中一旦树立起炒股就是交易的思维，深谙"交易即博弈"这个认识，你的整个操盘就会进入一种状态。这种状态体现为：股场即战场，炒股就是一场战争，不是你死就是我伤。

高手常常视操盘为战争。因为股市就是一场兵不血刃的战争。股市中失去的都是家庭的血汗钱！

如果你是将军，这些钱如同你的士兵一样重要。一个将军，如果失去了士兵，那就失去了自己存在的价值。所以，你一定要像将军珍惜士兵一样爱惜你的本金。很多朋友没有这个认识，觉得操盘简单，所以特别随意，时常让自己的士兵处于危险之中，让自己的士兵被渐渐消灭。

市场之险恶，确如战争一样可怕。因此，我建议，从现在开始大家树立起战争的思维,把自己的每一次操盘都看作多空双方的一次战斗。

当你把每一次交易都视为战争时,在你的头脑中,交易就一定是建立在把安全意识放在首位的基础上,而不是建立在单纯的妄想和毫无危险意识的基础上的。有了这个意识,你就绝不会过多地臆测未来,妄想财富的美梦,而更多的是去思考当下战役胜利的概率,着眼于正确的操作。你不会盲目地对即将开始的战争结果下定义,你知道战争中的一切结果皆未知,虽有胜算,但一切结果都有可能。

过去,在你的意识里,操盘好似在果树上摘取收成的果实;现在,在你的意识里,你明白操盘其实是在果园里互相抢夺别人的果实。你有一种由羊变狼的感觉,你会开始适应弱肉强食的丛林生活,你会发现自己将具有狼的血性。

所以,炒股必须在战略上保持必胜的信心,但是在每一次战斗中却须格外谨慎和小心,绝不可掉以轻心,让你的士兵处于危险之地。

你已经完全脱离了投资的思维状态,进入了一种多空博弈的认识状态中。这是一个职业散户应有的态度和素养。这种思维决定了你不是羊,而是狼,并且要做一只有战斗力的狼。

你绝不再臆测未来,而是极为重视当下。你清楚,未来是由无数个当下的胜率慢慢实现的,妄想没有用。

在战争思维的统领下,你非常清楚,本金就是你的士兵,你必须非常关心和爱护你的士兵,你知道在战争中保存实力的重要性,只有保护好你的士兵,你才有参与战斗的机会和权利,才可能东山再起。

在操盘中没有较大的把握和出现失误之时,你一定要保持清醒！你要认真思考，如果是在真实的战场上，你应该如何去做？你最需要做的一定是立刻保护好自己的士兵，保存好自己的实力，绝不能再轻易地参加没有把握的战斗，让士兵白白送死。你应该避开恶劣的、对自己不利的、自己无法把握的环境去战斗。

而往往没有战争思维的人、意气用事的人，他们会想立即复仇，会向不利于自己的市场追加投入，让自己死得更惨！

所以，对我而言，交易最根本的思维就是一种战争思维。战争思维是一种更为主动的强势思维，也是一种更为主动的防御思维。在操盘中只要能真正树立起战争思维，相对普通投资者，你将更主动、更职业、更具防守性、更具攻击性和更有安全意识，也将更容易培养起用锐利的眼光看待市场机会与风险的能力。

风险管控将在这种思维的影响下成为你最看重的意识，这是入市者最稀缺的能力之一。风险管控意识是炒股最重要的意识，是判断一个人能否成为高手最重要的必要条件。只要你入市，你就一定需要这样的思维和意识。

你要记住，作为一名交易者，你是自己资金的指挥官。资金是你的士兵、是你的血汗钱、是你为家庭努力实现梦想的筹码，你绝对不可以轻视它。

(五)浅谈两大主力主要性格特点

市场中很多朋友都非常关心涨停板，非常羡慕涨停板，非常希望自己能买到涨停板的股票，这是大多数人的一种情绪。但是，如果我们不能把涨停板背后的"人"看清楚，那么问题就出现了。贪婪的人性,可能就会诱发你铸成大错!

比如,在大跌过后,市场要企稳时会出现一些涨停板,甚至有的个股连续涨停。有的朋友心里很急,自己太想要这种涨停板了,不管市场是否稳定就开始买入。而买入的方式,常常是用自己最熟悉的潜伏买入法,希望自己买的股票也出现涨停,或者是去追一只反弹了几个点的股票,希望次日涨停。

但是,这种幻想是致命的。因为他们完全不懂这是股票背后的主力特点所造成的。他们不明白,在市场刚企稳之时出现的个股连续涨停,背后的主力是游资。连续涨停是游资的风格。这种股票只能追涨或打板,是潜伏不了的。因为,游资股的特点是暴涨暴跌。你能潜伏的股票,要么是机构股,要么就是还没被人看上的股票。所以,股票的走势大概率不会按照你的想法进行。如果盲目去追游资股的涨停板,不明白游资玩的涨停股在次日如果不涨停必须走的道理,自己还幻想舍不得离开,搞不好会快速被套进去。同样,一只股票的涨停,可能是游资行为,也可能是机构行为。

我们如果只了解游资股的属性,却打了一只机构主力操作的涨停板。在次日一看,股票没有涨停,反而出现小幅调整,心里一慌,赶紧跑了,结果两三天后股票又大涨了,心里郁闷啊!这也是由于不清楚机构主力的上涨方式造成的。机构主力股很少连续涨停,上涨的过程通常是大涨后小调或小阳K线几天又上涨。

究其原因,都是不了解股市中的主力及其性格。

看看下面两幅图(见图1—1和图1—2),对比一下就能清晰地发现两大主力的不同性格。

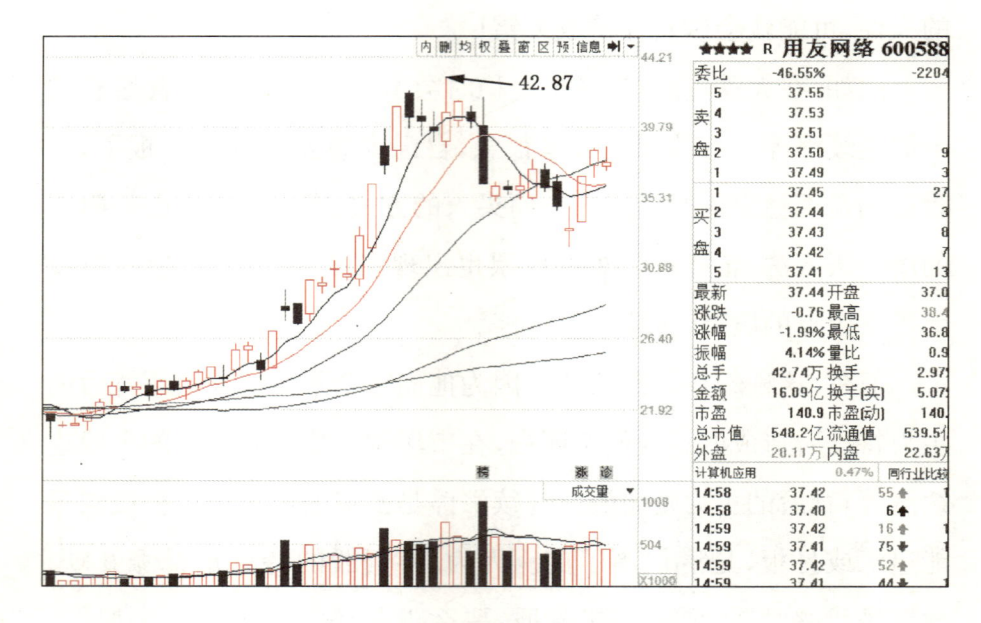

图1—1 机构操盘股上涨模式

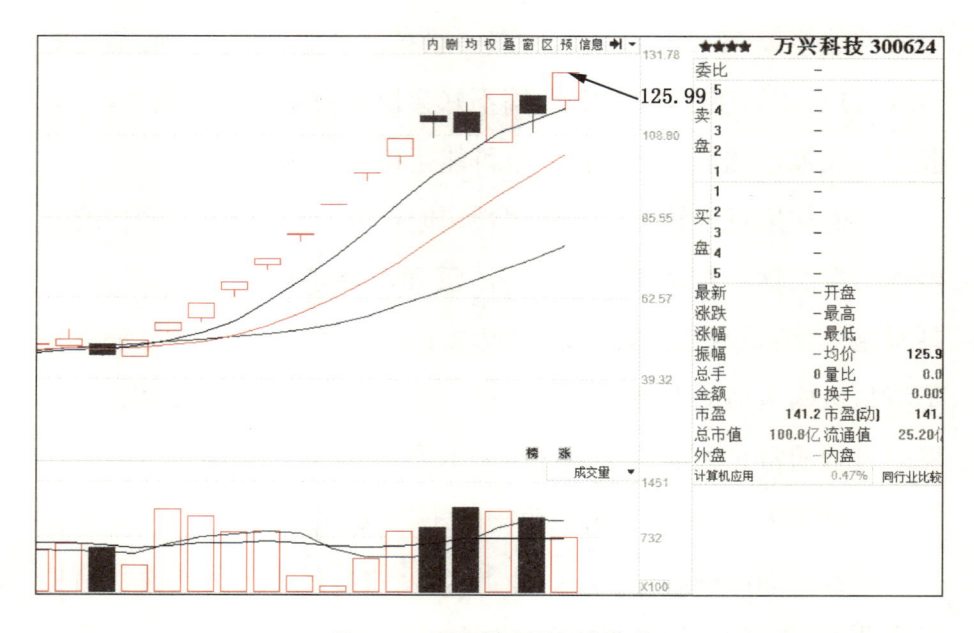

图1—2 游资操盘股上涨模式

这个市场中的主力很多,其实归纳起来就两大派系——价值派与题材派:第一类是由国家超级主力和公募基金组成,它们是市场的领导者,称1号主力;第二类由游资主力和部分私募组成,它们是市场的引导者,称2号主力。

一类如国企:讲政治,重稳定,可以碌碌无为,但是不能犯错。资金实力是市场中绝对的领导者,行动缓慢,稳大于利,也是资金效率低下者,只有在牛市和政策要求下,才能体现其资金上的绝对优势,崇尚价值投资,分享公司成长。

1号主力在近两年有了新的变化。

一是过去主要由社保和公募基金组成,它们的风格是买入后就持股等待个股的价值兑现,分享成长,喜欢安全股。基本上买入就不管了,基金重仓股多数在震荡市行情中碌碌无为。而在牛市中则不一样,基金在牛市特有钱,不断发行新基金,资金源源不断地进来,抱团买入价值概念股,推高股价,但长期碌碌无为是其个性。

这两年这一派系进入了绝对的"国家队超级主力"。这位主力与普通基金主力不一样,带有稳定市场的政治任务和兼顾国有资产增值的目的,为了稳定市场必须主动出击。其买入具有很强的政策性和计划性,在稳定市场的过程中,搭台唱戏,领导市场各路基金主力抱团,制造了不少白马龙头股,如2017年的贵州茅台等所谓的价值题材股。

二是目前国家对资本市场空前重视,资本市场承担的政治任务也空前加重。公募基金是市场的主流资金,必须讲政治,必须配合国家经济政策执行,所以也必须按照政策导向配置股票,这就给把握政策导向的朋友和符合政策导向的股票创造了巨大的机会,比如2017年的"上证50";2018年有利于创业板"四新"的蓝筹股。

从这个角度讲,其实1号主力也并非真正的价值派,而是政治派。

二类如私企:金钱第一,唯利是图,不讲价值,不讲成长,只重短期套利和绝对的逐利性。它们代表了市场中最勤奋、最积极、最敏锐、效率最高的资金,是大部分短期牛股的引导者和制造者。崇尚资金驱动,只重价差,追求短期暴利,题材与热点是其赚钱的工具。

市场中有很多朋友把游资主力视为神,对游资的认识很神秘。确实,游资是散户真正的榜样,他们中很多人都是从小散户成长起来赚取了上亿资金的大散户。但是,游资之道是博弈,没有真功夫,很难跟上一起玩,所以,在市场中跟对主力很重要。很多人对主力的性质与背景都不清楚就开始玩,是玩不好的。

不少散户朋友在认识上的错位是:一方面,希望自己买的股票尽快大涨,连续涨停;另一方面,又对基金重仓股非常感兴趣,热衷于去追随基金主力,结果可想而知。

根据以上内容,大家应该明白市场中个股的涨跌性格主要取决于市场主力的风格。熟悉了主力的风格,就能洞悉市场与个股涨跌的秘密。不然,你若在震荡市中选择买入一只基金已经重仓的个股,而期望这位主力能带你在短期实现大涨,那就是你天真的幻想,带来的将是无尽的煎熬。

同样,游资引导的热点题材个股的暴涨,让你错误地意识到这只股票的价值被发现,而憧憬它的未来能持续不停地上涨,兑现其价值时，结果可能让你感到痛苦，甚至很快到来的暴跌会让你损失惨重。游资一旦离场，涨有多高，跌就有多深。所以，要玩好股票，你必须认识市场主力，并深入了解其性格。

这里简单地给大家介绍一下两大主力操作理念的不同。

我把机构主力的玩法称为倚天剑，把游资主力的玩法称为屠龙刀。

倚天剑术：玩的是纯正的经典技术，为国内外机构主力所遵从。

其最核心的理念是："在别人恐慌时贪婪，在别人贪婪时恐慌"，走的是"九阴心法"，也就是所谓的"庄家套路"，是大资金的玩法，是通过吸筹、洗盘、测试等手段达到一定程度的控庄，把浮筹洗尽后，让股票"安静"下来，再开始向上拉升，收割散户，是阴功。

这套剑术最核心的理论融入了国外技术分析祖师们的"趋势通道、量价分析和波浪理论"。

这套功法也因形势的不同，在中国体现为"半庄模式""抱团模式"。比如，由一个核心主力搭台号令，其他机构主力抱团参加唱戏，"上证50"就是这么走出来的。

屠龙刀法：用的则是九阳神功，玩的是纯阳之力，是游资主力的独门武功，为中国涨停制度所特有。

其最核心的理念刚好与倚天剑术相反："在别人恐慌时更恐慌，在别人贪婪时更贪婪"。走的是所谓的"市场合力套路"，同时融入了股神利弗莫尔市场领涨板块与龙头股的理念精髓。

屠龙刀法如游资大佬们的体会：人气所在，牛股所在！"打最硬的板，喝最烈的酒"是屠龙刀的精义所在。

所以，倚天剑玩的是寂寞，而屠龙刀玩的是热闹。

这两套理论看似矛盾,其实都是抓住了市场这个整体太极的阴阳之面。取其一面而用之,都紧紧抓住了市场炒作的本质。

这套刀法最典型的绝技就是超短打板术与超短低吸术。

超短其实不短。短是因为对安全的极致追求,而长则是对市场情绪的极致把握。所以短起来可以隔日短,长起来就是捂龙头不动。

倚天剑术喜欢玩价值与成长因素;屠龙刀法玩的是当下的市场情绪,特别是市场否极泰来时情绪的裂变,把握住了市场短线"最强情绪"产生"最强力量"的要义。比如:过去股灾中的特力A,2018年初大跌中的智慧农业。

作为一名合格的散户炒手,对倚天剑术与屠龙刀法的了解皆不可缺。只有熟悉了主力的性格,股市的江湖才能混。

再从目标的不同来讲,也决定了两者在操作手段上的根本不同。

基金需要的是稳定的业绩,需要的是年中与年末业绩报表对其收益率的评价。所以,对于基金而言,短期的暴利不是其目标,稳定慢慢上涨,更有利于其公司价值评价体系的认可,这就让机构主力股更多地体现出趋势通道式的运行轨迹。

而游资需要的则是资金最快速、最暴利的实际收益。因此,游资操盘的股票雷厉风行,体现出了短期暴涨暴跌的特色。

事实上,资金的流动性也是分析主力的一个核心条件。

在这个市场上,我们所要关心的核心问题之一,钱往哪里走?后面,我们在市场上的G点与热点的问题中会详细讨论这个问题。这一节简单说一下:

市场主力的运作是有其特点和条件的,不是无序的。

不论你分析的问题是什么，分析如何详细，但是大资金往哪个方向走才是核心。你分析的目的就是为了验证大资金的方向。

机构主力是市场绝对的主力，其特点是稳，喜欢抱团运作。所以，机构主力群体的资金流向代表了市场超大资金的战略选择，一定是这个市场趋势的主流。

而游资的特点之一是借力打力，所以游资会借这个市场趋势之力。只要有市场超大资金的战略选择作为背书，这个题材就容易得到市场认同，游资也容易兑现盈利，不担心没有人接盘。

对于市场的大游资，其操作和小游资还不一样。大游资必须依靠这个势，没有这个势，资金的安全就没有保障。所以，市场的情况常常是机构主流主力搭台，大型游资唱戏，让市场热闹起来，让热点持续下去，形成良性循环。

而游资通常会选择机构占比低的冷门股票作为目标下手，避开与机构的冲突！而小游资则喜欢利用市场情绪赌一把就走。

所以主流主力的超大资金是市场方向，如果炒作是纯粹的情绪，那么游资们绝不敢过于恋战，太深介入，只会快进快出，导致盘面或个股出现脉冲波动与暴涨暴跌的行情。

(六)认识波段操盘技术的重要性

对于波段操盘技术的重要性，我不想用太多的文字来描述。凡是这两年在市场中的朋友，都应该有这种感受。

中国股市（牛市除外），基本都处于大涨大跌、小涨小跌、小涨大跌的状态中。这个市场有几个特点：

一是除了极少数的"上证50"股票在2017年被政策资金保护外,其他股票持有时间越长,你会越痛苦。

二是已经上涨的股票,在上涨段不及时卖出,常常又跌回去,甚至跌得更凶。

三是指数经常大涨大跌、小涨小跌或小涨大跌。而自己的股票在大涨时涨不了多少,在大跌时却跌得稀里哗啦。

所以,波段技术对于当下市场的操盘极为重要。

下面的指数图(见图1—3和图1—4)更能感受波段的重要性。

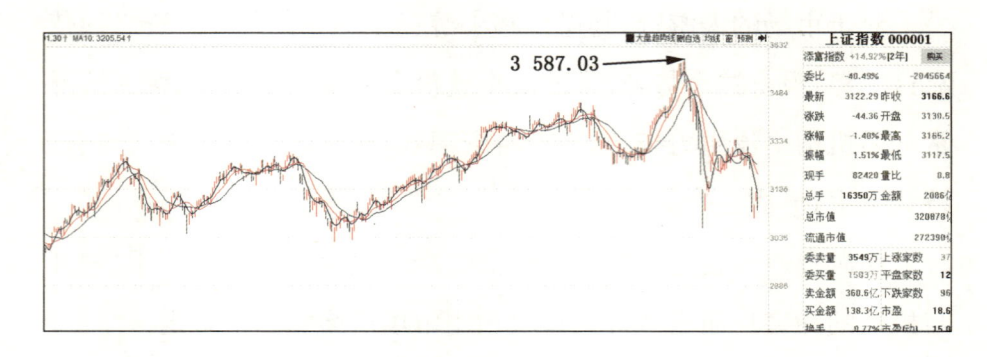

图1—3 上证指数波动

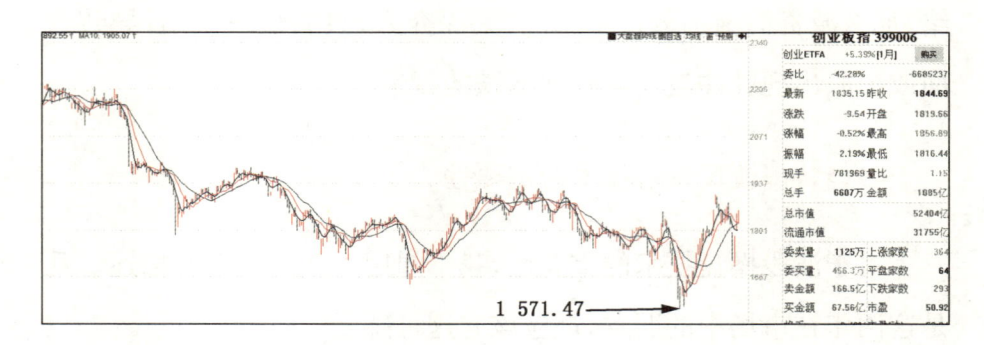

图1—4 创业板指数波动

实际上，对于处于震荡中的市场，我更喜欢用图1-5来理解。

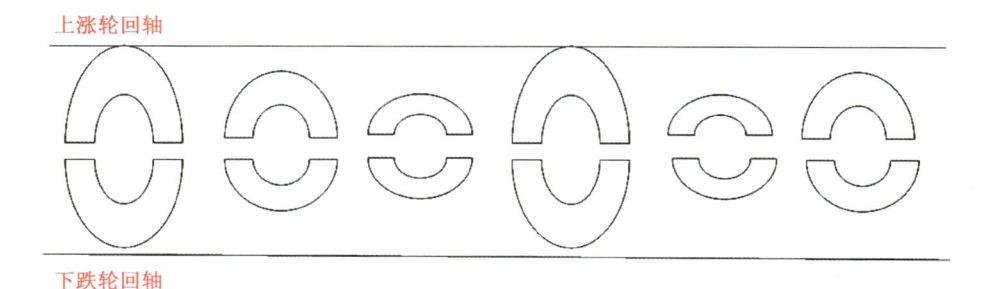

上涨轮回轴

下跌轮回轴

图1-5 震荡市的轮回

什么是市场？什么是交易？

我把市场交易当做一个平行的轮回通道。

震荡市的规律：利益产生与兑现的涨跌闭环规律。

它告诉我们，市场是圆的，也是平行的，绝不是直线的，所以机会与风险总在不断地交替出现，就是一个上下上下的关系。

市场总是在大跌后慢慢走出大涨，大涨后快速出现大跌，大跌后逐渐小涨，小跌小涨后慢慢又走出大涨。

理解了这种关系，就明白了交易的要点：你要做的是在大跌后敢主动参与，在大涨后要随时做好撤离。

切记：不要一根筋，一大涨就认为是牛市来临，一大跌就恐慌要跌入深渊（除非熊市初期）。

市场是逆人性的，它总是在众人完全看好后逐渐变脸，也会在众人最恐慌时酝酿机会。

另外，在每一次轮回运动的大涨中都会出现相应的龙头股，暴跌中可能会出现妖股。所以对于龙头股要有一个认识，龙头股与妖股非个股本身原因产生,是市场利益博弈行为的结果,是市场规律的产物和需要。所以不要拘泥于个股,因为一次没有买到而急,明白龙头股永远在不断地产生,抓好下次就行。

认识这个规律,就能理解市场节奏,学会在大跌后开仓,在大涨后空仓。但如果不会做波段,那么机会与风险在轮回中不断出现会折腾死你;踏不好市场节奏,龙头股也会在轮回中不断错失。

二、趋势通道战法的核心理念

(一)趋势通道技术分析要点

在顶底分析技术中,最经典和最重要的技术是趋势通道平台技术,这是历经百年印证的经典技术,是我们判断指数与机构操盘个股顶底变化的技术基础。

1. 技术学习的要点是什么

抓住市场分析的基石技术,把握市场转变的"关键信号",理解市场内部的运行逻辑,从而能清晰地识别市场机会与风险,达到指导实战操盘的目的。"关键信号"常常出现在"关键位置",趋势通道分析技术的要点就是抓住对"关键位置"的判断和分析,从而在大概率上把握大盘与个股的趋势方向。

技术的作用是要杜绝人性喜欢臆测的弱点,完全依靠有效的技术信息进行判断和操作,这是在市场中正确操盘最重要的思想。

正如利弗莫尔所言:我从不与纸带机争辩!

这句话是股神操盘的重要思想,体现了股神操盘思想的准则:重视技术,绝不自以为是。

而这句话常被非职业炒手所忽略。我们应该好好体验这句话,思考自己与职业操盘手在处理技术问题上存在的差距。

2. 认识趋势通道的形成

很多朋友在股市中喜欢盘根问底,这本来是好事,但是往往会采用错误的思考方式,用纯科学的理念来认识市场,结果会让自己陷入迷茫,忘记了股市的另一面是情绪,有人称为"艺术"。

所以,关于为什么会产生"趋势通道图形"的问题是没有纯粹的理论依据的,这正是股市技术中一些比较特殊的地方,而这些特殊地方都经过了百年的检验。

市场中有一些技术分析起来看似没有合理的理论解释,实际上和投资者不断重复的习惯及心理变化有很大的关联,一旦形成认识的统一性,它就会成为一种推动市场变化的趋势。

所以,股市不是完全"科学化"的东西,股市中的一些现象只有用"心理或习惯"促成来理解。我们不是做理论的,不需要盘根问底,关键要明白它确实如此,并能有效指导我们操盘就行。趋势通道技术也是一样。

记住:重要的是它确实"存在",而且在市场中发挥作用。

形成趋势通道的几种认识:

(1)趋势通道技术的形成与"价格和情绪"相关

这里面有一个非常重要的理念:

股价的变化,不仅受基本面的影响,更受"价格"本身的影响,也就是说,价格本身会影响人们的心理,而人们的心理又影响价格的变化。

这提示我们,有时市场买进和卖出的理由并非经济消息和政策新闻,而是由价格本身的变化促成。

对这个问题经典的描述是:价格涨了,是人们认为它应该涨;价格跌了,是人们认为它应该跌,而实际上基本面并没有发生变化。这说明价格自身影响着人们的情绪,而情绪又反过来影响着价格。

那么,股票走势会形成通道趋势就与这样的关系有一定的联系,也与技术派的认可关系紧密。这一理念能让我们更清晰地认识市场:

股票的走势不仅受基本面的影响,同时也受市场情绪的影响,而且市场情绪的影响更大。基本面再好的股票,在市场情绪崩溃面前也会泥沙俱下。所以,炒股不要执着于股票本身,还必须感受市场的情绪,依据市场的情绪指导操盘,这一点在实战中极为重要。

(2)从市场心理技术的角度解读

从这个角度讲,它实际是一种市场心理的"抢座位"游戏。比如,在上涨通道中,技术派的人士都希望比别人慢一些卖,冲过上一个高点后再卖,大家都这样想,就会让高点越来越高;而在下跌通道中,技术派的人士都希望比别人快一些卖,在上一个低点前更快出手,低点就会越来越低。

(3)从"历史"影响角度解读

从这个角度讲,一是在下跌通道中,每一次达到通道的压力位时就会产生新的套牢盘,形成不断降低的压力位。这是因为市场反弹达到上一个套牢区域前,前一个套牢盘的人因恐慌提前卖出解套,买入者成为新的套牢盘,套牢位就会不断地下降。

二是在上升通道中也是如此,在前一个支撑位没有抢到反弹的资金会对这个价位有历史记忆,会提前在下一次接近前一个支撑位时担心抢不到而提前下手,让买入位不断上升。

事实上,历史的关联性在关键位置中发挥着很大的作用,这一点对于操盘的指导很重要,在后面会详细讲述。

最后,不论是上涨通道还是下跌通道,在任何人都可以看出来后,按照图形通道自我毁灭的理论,将面临被破坏的问题,最终在破坏后,再慢慢形成新的趋势通道。所以,趋势通道不是长久不变的。

3. 趋势通道技术要记住的几个特点

第一个特点:图形具有"自我强化"的能力。

趋势通道是因为"价格变化与市场心理"(情绪)相互影响形成,而且有"自我强化"的能力,让这个通道得以形成。

由于通道"自我强化"能力的存在,就有了我们可以利用通道的核心原因。如果没有这个能力,也就不会形成通道,而通道形成的"规律"则被我们所利用,让操盘有了具体的方向,见图1-6。

第二个特点:图形具有"自我毁灭"的能力。

图形会按照一定的规律变化和演化,但是,它不会一直持续下去。它会因为图形的明朗化和所有人都明白时"自我毁灭",又去探寻新的图形,即图形一旦在市场上被清楚地显示出来,被市场多数人认识后,那么它慢慢地就会失去作用。因为,大家都明白时,大家都想当聪明人,就会去破坏图形原有的趋势,让图形毁灭,这一点应

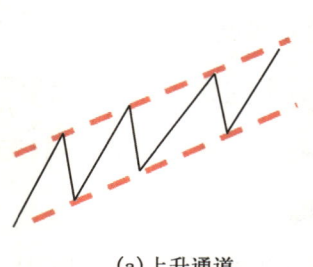

(a) 上升通道　　　　　　　　　(b) 下降通道

图 1-6　趋势通道的"自我强化"

该很好理解。

这个特点,需要大家牢记。

第三个特点:价格会沿支撑线上涨或压力线下跌。

一是趋势通道图形走势的特点。

在上升(下降)通道中,它会沿支撑线或压力线上涨与下跌,在初、中期,如果偶尔突破了压力线通道或跌破了支撑线通道,将很快拉回,延续趋势;让高点越来越高与低点越来越低,分别见图 1-7 和图 1-8。

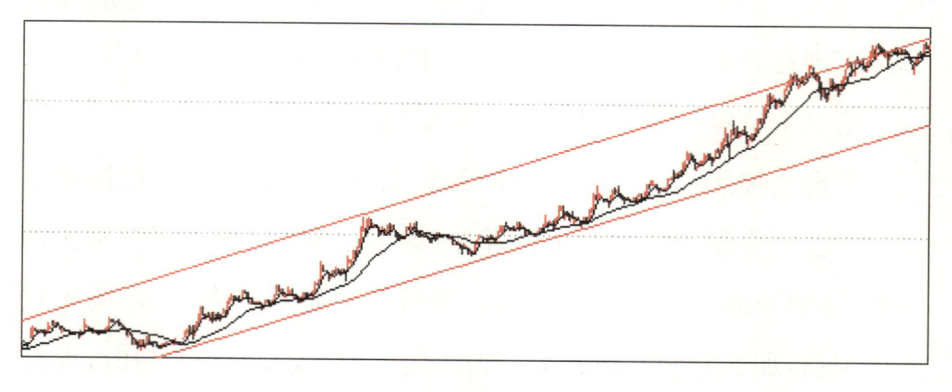

图 1-7　处于上升通道的个股,沿支撑线托住上涨

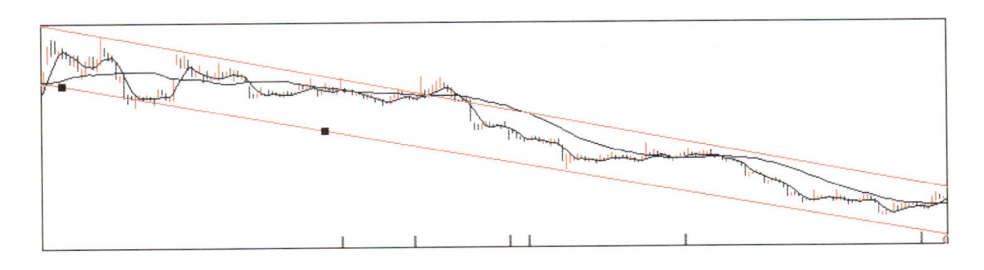

图1-8　处于下跌通道的个股,受压力线压制下跌

二是走势具有弹性而非刚性。

刚性的意思是指固定不变。弹性的意思是指会有变化,不会完全固定,但总体趋势一致。

比如:

(1)有时在压力位会假突破,有时在支撑位会假跌破,但大概率都会很快拉回通道内。

(2)在达到大通道的压力位或支撑位的过程中,会在大通道内形成小通道,在通道内行进的过程可能会一波三折,但总体趋势与大通道是一致的。

第四个特点:通道的主要形状。

一是标准通道:平行线通道(或正方形箱体)。

这是最常见也是最重要的通道形态,形成价格运动的平行线或箱体,牵制价格在平行线内或箱体内运动,见图1-9。

二是平行通道的变形:三角形通道。

为什么说对平行通道的认识最重要,因为它是基础,是其他异形通道的主体,见图1-10。

这是一种表示市场多空在犹豫中的不确定的形态。但这种形

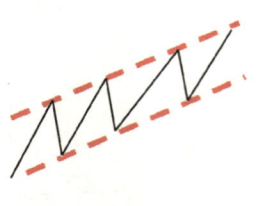

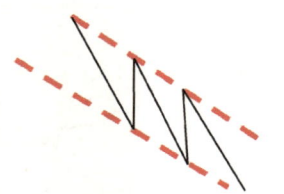

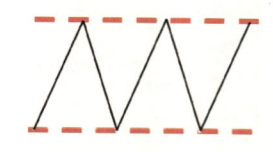

(a) 上升通道　　　　(b) 下降通道　　　　(c) 箱体通道

图 1—9　标准通道的三种形态

(a) 收敛三角通道　　(b) 正直角三角通道　　(c) 反直角三角通道

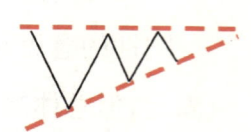

图 1—10　三角形通道的三种形态

态怎么理解三角形是平行的变形,下面为大家演示。

　　掌握了平行通道的标准含义,就有利于我们看明白三角通道可能发生的趋势。

　　(1) 收敛三角形

　　含义:是一种方向未明的犹豫形态,我们用标准通道技术图演示,见图 1—11。

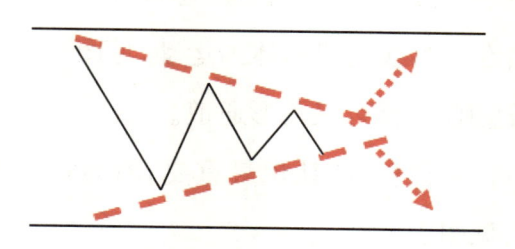

图 1—11　收敛三角通道

在这张图中，我们拓展成平行通道就一目了然。在这个箱体内，说明多空的斗争在犹豫，是一种方向未明的形态。它可能向上走，去找压力位，也可能向下走，去找支撑位。最好的办法就是等它选择方向后决策。

而在实际应用中，我们结合市场面当时的多空情绪与背景，其实也可以提前判断。如果市场情绪偏空，那么走势选择向下的概率很大；如果市场情绪偏多，向上的可能性就大。同时，还需要考虑指数与个股位置的因素。

（2）正直角三角通道

在图1—12中，我们同样拓展成平行通道，那也是一目了然。

在一个平行下跌通道中的正三角趋势，其斜边其实一直被压力线压住，最后选择向下完成通道的趋势概率较大，见图1—12。

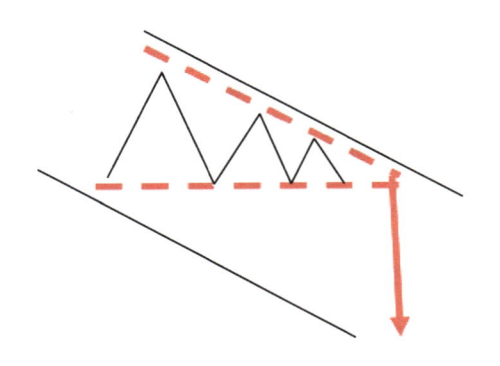

图1—12 正直角三角通道

（3）反直角三角通道

而一个平行上升通道中的反三角趋势，其斜边其实一直被支撑线托住上涨，最后选择向上完成通道的趋势概率较大，见图1—13。

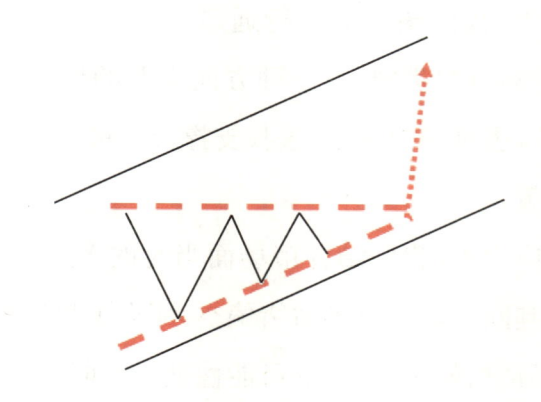

图 1—13　反直角三角通道

通过图形扩展演示,大家应该能轻松地掌握这项技术。

对直角三角形判断的要点在于:判断直角边在压力位还是在支撑位。判断的平行通道是向下还是向上。

实战中的决策判断要结合"背景"的定位来分析。

如上所述,如果在"进攻或强势"的市场中,出现反直角三角收敛形通道,那么吸收筹码的概率大增,在关键拐点大概率会向上走。

认识以上图形,对于实战,包括对个股的买入与卖出分析是非常有用的。用图形指导操盘,比用臆测强太多。

第五个特点:通道线的基本划法。

首先,通道线的划法没有严格的标准,因此经验就很重要。只要多练习,就会越有感觉。所以,划得宽一些或窄一些,没有绝对标准,关键是趋势的方向与角度要判断对,要能对自己的操盘有指导作用。

一是通常的划法。

高点连高点,低点连低点,至少连接三个高点或三个低点,形成通道(或平行箱体)。

标准趋势通道线是平行的,有一个划线技巧:用炒股软件画图工具中的"平行线"工具划线。划上升通道时,先划出支撑线,因为上升通道是被支撑线托起上涨的,然后再平行地拉出压力线,根据实际趋势调整压力线的高点来决定通道宽度。划下降通道时,先划出压力线,因为下跌通道是被压力线压制下跌的,然后再平行地拉出支撑线,根据实际趋势调整支撑线的低点来决定通道宽度。

大家试试,这个方法很有用。在股票软件中,都会提供划平行通道线的工具。

二是分大通道、次级通道和短期通道。

这是需要关注一个要点,在一个通道区间内的总体走势一定是平行N字形的,但具体的细节走势则不会是简单的N字形,而是会包含次要通道和短期通道。

因为股票价格的走势不是刚性的直线,而是具有"弹性"的,即在一个趋势大通道内,会产生次要通道和短期通道,在大通道内运行。也就是说,实战中上与下的走势不会是简单上下,会产生次要通道和短期通道。但它们都满足于通道趋势的基本规律,都可以用平行通道和三角通道来划线,这点非常重要。

所以,在具体操作个股时,一定要学会划大通道和小通道,通过大、小通道来指导具体的操盘。核心在于:大通道明确了价格整体变化的大方向,也就是总体机会,而小通道则会提供重要的交易点。

通过图1—14,大家应该能很好地理解这一点,并且能清晰地看到这种关系。

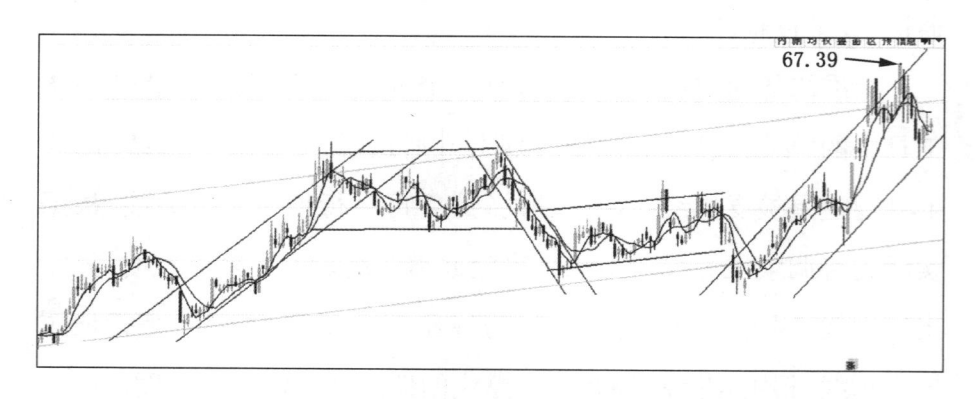

图1-14 趋势通道的主次之别

在图1-14中,最重要的是要把握好大通道线,这是主线。把握了这根主线,各级别的次要通道就很容易把握,也就可以利用划出的主次通道线指导操盘。

不要认为这张图很复杂,其实划线的技术是一种经验活,使用越多,就会越有感觉,对操盘的意义也会越大。

通常认为采用多周期的趋势通道图来界定机会与交易会更清晰。也就是说:

(1)用日线划通道的压力位与支撑位分析机会。

(2)在交易机会日用30分钟线划通道确定交易的买、卖点。

(3)用5分钟线划通道对30分钟级别的买、卖点进行辅助观察。

第六个特点:压力线与支撑线的转变。

一个主要趋势通道被破坏后,会形成新的趋势通道。同时,新通道形成后,压力线与支撑线会发生转变。

比如,如果趋势通道向下破位后,形成了新的通道区间,那么原有通道的支撑线就会变成压力位。同理,如果向上有效突破,原有通道的压力位就会变成新的支撑位,两者形成一个转换,而且这个转变后的力量是很大的。

第七个特点:重视"历史"位置的影响力。

历史高点与低点的影响力在趋势中长期有效,影响力的大小与其过去成交量的大小有直接关系。比如,一个历史高点,不论是半年前的或一年前的,只要没有被突破,那么它就会起作用,其历史成交量越大,在后面可能被突破时,就会存在很大的阻力,就需要一个更大的成交量突破,或是需要一个更长的时间消化。通常对于密集成交量的历史平台高点,第一次基本是很难突破的(除非在牛市中)。

4. 趋势通道的应用要点

(1)通道技术应用的核心:阻力位与支撑位

股市操盘最核心的东西,就是抓住市场的大拐点,做出正确的拐点趋势决策。趋势通道技术最重要的价值也在于此。

指数通道的阻力位与支撑位是趋势通道的重要规律,它们就是你要寻找的"市场拐点"。只要抓住了"拐点",就能实现对指数方向的把握,从而有效地指导实战波段交易,杜绝个人的臆测行为。其中,最具有价值的"拐点"是趋势通道的最后一个"阻力位与支撑位"。它的市场意义在于:这很可能是一个大级别的风险,回避掉这个风险的"拐点",就能抓住后面跌出来的机会。

从2017年底到2018年初的两次股市大跌就很好地反映了这个理念与位置的价值,我们后面会通过指数实盘讲解。

①大通道阻力位与支撑位的应用

通道的级别代表了"拐点"的级别,在月、周、日级别里,我们重点抓日线级别的趋势通道和 30 分钟级别通道。通过这两个通道来实现买入与卖出的波段策略,而在整体的通道里,阻力位与支撑位是最核心的操盘要点。

②小通道阻力位与支撑位的应用

通过日线级别的阻力位与支撑位可以捕捉市场与个股的机会。而通过 30 分钟级别以下的通道,能帮助我们更好地了解股价即时走势,抓住波段交易的买、卖点,避免一些冲动性的错误操盘。

(2)通道趋势越快划出越好

趋势通道线的形成需要时间,但是只要经验足,能够越快划出,就能越早地指导操盘。在划线的过程中,提早划出后,我们就需要根据实际走势,对通道间的平行距离做一些调整,让通道线更清晰、准确。通常只要抓住 3 个重要的高、低点位就基本能确定,但是三个点位的确定需要时间走出来。所以,只要有两个点位,就可以先划,等第三个重要点位出现后再修正。

(3)重视"自我毁灭"的能力

图形透明后会有"自我毁灭"的功能。这不是指你已经很明显地看出了图形的趋势就马上会毁灭,而是需要时间与真实的走势来确定。你对图形很可能已经非常清晰,但是它仍会走一段时间再毁灭。你要抓住的是它未毁灭前的规律并加以应用。

"自我毁灭"的意思是指出现"真突破"或"真破位",从而产生新的趋势通道。所以,只有"真突破"或"真破位"后,你再放弃原有的通道规律才行。而"真突破"或"真破位"前,其实也会有一些征兆。比如,上升趋势的通道中,趋势已经明显,而股价出现持续反弹无力,长时间在支撑位上方运行,说明趋势已经转弱,一个利空的信息出现就很可能让通道毁灭;反之,下跌趋势通道的反转也一样。

(4)重视压力线与支撑线的转变

一个新的趋势通道形成后,原有通道的压力线与支撑线就可能转变为新的压力线或支撑线,转变后的压力线或支撑线的力量是很强大的。

(5)断绝"臆测",强化执行,尊重规律

①任何技术学习的核心都是运用和执行。

对于通道趋势技术,这里有一个重要的认识,就是在图形"自我毁灭"前,会有1~2次"向上突破或向下破位",一个日线级别趋势的产生不会轻易结束,因此,多数情况下都会是"假突破"或"假破位",很快又会被拉回。切不可一有"突破或破位"就开始臆测是真的。

如果学习了通道技术不能坚持按技术行事,还是喜欢臆测,那么学习技术就没有什么价值了。

②"真突破"或"真破位"一般产生在底部和头部,仅从形态很难判断,还需要结合量能进行分析,通过量价关系、背景与形态综合判断。

(6)通道线最基本的应用价值

上面讲了通道技术的核心应用是阻力位与支撑位。围绕阻力位与支撑位开展日常操盘是其最基本的价值应用。

而在整个趋势通道的应用中,一个价值点是通道形成初期可以帮助我们按照通道规律观察指数进行个股的波段操作。另一个较大的价值点是识别通道被"真突破"或"真破位"前的那个阻力位与支撑位,就是最后一个阻力位与支撑位。

因为大的机会与风险主要产生在"新趋势通道"形成前。一旦你能够抓住这个"真突破"或回避"真破位",那么就能抓住各阶段最重要的市场机会点。比如,回避掉2017年末与2018年初的市场大跌,那么跌下来后产生的大空间就是你赚钱的大机会。

(7)重视运用好大通道内的次要通道或短期通道

在通道的日常应用价值中,对于大通道内产生的次要通道或短期通道,比如直角形态、收敛形态都应该加以运用,把趋势通道运用的价值充分体现出来。这种运用不仅对于大盘指数,同样对于个股的操盘也是适用的,所以,在操作中多划线没有坏处。

(8)认识"历史"平台会对现在产生作用

历史平台也就是我们所说的过去的关键阻力位与支撑位、历史高点与低点,它们会对现在趋势通道的突破与破位产生重要作用。

因为过去的关键阻力位与支撑位都是密集型的交易区,这些区域的套牢盘或支撑盘的力量是很大的,尤其是高成交量的关键位置,在心理上也会对突破与破位产生较大的阻力。

而一旦成功突破或破位,那么这股力量就会形成相反的转换,转换后的力量也比较大。比如,一个历史平台的大阻力位如果被有效突破,那么这个被突破后的阻力位会变成一个重要的、有力量的支撑位,向上拓展的空间也就打开了。

(9)纯粹的趋势通道是研究"价",实际还应重视"量"

一套完整的趋势通道技术,不仅是对"价"的研究,还必须结合"量"与"市场心理""市场环境"的关系进行分析。这就需要掌握"量价"与"市场心理"关系的基本知识。

5. 认识"量"的关系

给大家介绍一下,在经典的技术分析中,趋势通道与量价关系是最重要的技术指标,尤其是"量价"关系,它体现了这个市场最核心的东西——供需关系。而在不同价格点的关键位置上的"供需关系",反映的就是主力的买卖关系、主力的态度。

股票的操盘行为就是要寻找主力的运作痕迹。而"量价"是主力运作痕迹最真实的反映。所以,对于"量价"的研究,不仅是在经典的潜伏战法中还是在游资追涨战法中都是较核心的指标之一。

要学好炒股票,"量价"是必须要研究透彻的技术。

这里只是给大家简单介绍一下"量价"的重要性,"量"的问题很复杂,不是本书的重点,这里只能简单地讲解一下"量价"在趋势通道中的要点。

(1)认识量价的边界效应

这是指价格沿最小阻力线运动,而在边界区域产生最大阻力,这是形成密集成交量区域的主要原因。所以,大家在今后的划线过程中,特别是30分钟以下级别的趋势中会看到,股价反弹到一个压力位前,往往上涨的速度较快,从分时上感觉上涨的速度不错,因为股价在沿最小阻力位运动,但是涨了一段后,突然涨不上去,在分时图上是看不出原因的;而从30分钟以下级别看,滞涨的原因原来是已经接近或达到了一个压力位置（边界区域），产生了较大的阻力，即通道的阻力位与支撑位就是边界。那么股价在上升压力位或下降支撑位的过程就是沿最小阻力线运动，是一种快速运动。而在接近阻力位与支撑位时就会发生较大的阻力，如果产生较大的成交量，也称为密集交易区。在这些区域由于压力位套牢盘的存在和支撑位防守盘的存在而出现阻止股价运行的战役。

(2) 认识量价的位置关系

认识"量价"关系学习的是什么？

第一是位置。因为不同位置的量价关系，体现的是对主力吸筹或派发行为的判断。这些行为通常出现在密集成交区域。如果在阻力位（或上涨段的高位）出现放量横盘波动，出现较多的K线上影线，则表示是主力的派发行为，量价上体现的是放量滞涨形态与下跌放量形态。如果在支撑位（下跌企稳后）出现区间放量横盘波动，出现较多的K线下影线，则表示为主力的吸筹行为，量价上体现的是涨时放量，跌时缩量的规律。这就是位置与量价的关系。

可能有的朋友会问，在高位横盘后出现突破上涨呢？

首先，这种概率在震荡市中不大，真突破多出现在牛市中，称为上涨中继平台。

其次，在机构强势个股中可能出现，但它横盘的量价关系一定不会是上面那种横盘放量，一定是缩量横盘调整形态，绝不会是放量的，因为主力在拉升前已经吸足筹码，已经控盘。所以，横盘整理时放量代表的一定是派发。

最后，还有一种特殊的情况。在连续涨停后，突然出现一根放量大阴线,当日收盘价高于上日收盘价,成交量急剧放大,但是次日又开始连续涨停。

这种形态对于有经验的老手,一看就明白,这是游资玩的合力股票。这种形态是主力间高位接力换手,更强的主力接过了筹码。

所以,量价的分析是比较复杂的。要点是对关键位置上的吸筹或派发行为进行判断,借助主力性质、量价关系及市场环境综合判断。

特别强调:任何技术分析的一个核心条件都是对主力行为的分析,意思就是这只股票有"大主力"群体在操盘。而在当下的中国股市,资金缺乏,很多股票都没有大主力光顾,都不值得去分析。你就不要用这个技术去套那些在下跌通道中跌跌不休、没有主力光顾的个股,浪费时间。

第二是正常与异常的关系。

"量价"分析技术的另一个重点是对正常与异常的分析。一只被主力盯上的股票,量价是最可靠的信息。

量价就如波浪一样,是一种股价运行的能量。所以,量与价之间的匹配,必须符合正常的量能关系。如果一只股票的运行出现了不符合这种正常关系的形态,就是"异常",异常的产生一定和主力有关系。所以,量价分析的要点也是对"异常"情况的分析。

正常的量能情况:价涨量增,价跌量缩。

一只股票如果价格出现了上涨、大涨,那么一定必须有量能支撑,一定需要持续保持放大的量能。而一只股票在连续上涨后出现下跌,量能萎缩,那么说明之前持续放量买入的主力没有大规模地出货，属于正常调整。

异常的量能情况：滞量上涨，放量下跌，巨量K线。

如果出现了股票放量，而价格不涨，那么说明主力提升意图不强烈，根据位置关系，就可能是吸筹或出货。而放量下跌，就更好理解了，这是快速、大量的出货行为。而在大涨后爆出巨量，K线收阴下跌，则是出货的明显特征。

以上的分析，都是量能分析的常识。对于这个常识，我们还必须进行拓展。这里面需要理解的概念有持续量和位置。

①我们说"价跌量缩"。大家可能会遇到一种情况，就是今天突然出现一个放量涨停板，但是次日出现了缩量下跌，是不是意味着是正常情况，主力没有走呢？

如果你这么认为就错了，这就是异常情况。

真正的上涨，必须保持"持续放量"。如果只是放量涨了一天就缩了，还不够异常吗？

有的朋友会问，上一日涨停当天放量买入的主力，次日是缩量回调的，那一定没有出来啊！你又错了。

这种偷袭式的上涨，我在《一剑封喉：一位民间高手的股道笔记》中介绍过。短线主力在上涨前已经建仓，拉升涨停板当天，主力只是点火。在涨停板位置已经开始出货获利，而在次日再快速地将上日点火的成本卖出，实现一个偷袭套利。涨停当天大量买入的，其实是散户。所以，次日缩量是因为还在犹豫没有卖出的散户。

当然，玩这种偷袭式上涨，如果不成功，偷袭主力也会亏钱，跑得会更快，以减少亏损。

②位置代表了很多含义。位置代表的不仅是空间的转换,代表主力吸筹与派发的行为,还代表了"压力",代表的是套牢盘想倒货的压力和支撑位怕丢筹的压力。

大家要清楚,主力的行为都是套利行为。没有大的套利利好或背景条件,绝不会做解放军,所以很多位置用常识分析准确的概率更高。而到了这些关键的位置,"量价"就会出现异常行为。

如果大势不好,利好级别不高,那么上涨后就要提前在上一个套牢盘区域前先出货,因为主力一定不会去碰这个套牢盘,当解放军。

如果大势或个股利好很不错,那么在上涨中回调洗盘时,会提前在上一个支撑区域止跌,一定不会去碰这个区域,让更多等在那里的人在那个价位把筹码抢走,你就要抢在更高的价格参与。

(3)认识量价中的主力思维

我们再谈谈市场大主力的思维。

我们必须清楚,主力为"利"而生,主力不是解放军。同时,这个市场的资金是有限的。那么主力正常的套利方式就不会是一直涨。只有出现牛市这种"资金供大于求"的供需关系,才会出现一直涨的现象。

而在市场中主力们玩的"套利行为",最重要的就是空间。空间怎么产生呢?就是涨上去了兑现利润,再让它跌下来可以收集筹码,机构主力的行为就是低买高卖。

所以,技术派主力的行为:

一是上升通道中,在趋势通道的阻力位派发筹码,形成到支撑位的下跌空间,再在支撑位接住筹码,形成到压力位的上涨空间。

二是下跌通道中,在快速的下跌、大跌企稳后抓住跌下来的空间做反弹,在上一个密集成交区域前出货套利,形成快速的下跌、大跌空间,再做反弹,在上一个密集成交区域前出货套利。

很多朋友有一个疑问:为什么主力不能把股价打压得很低再买入?这需要认识清楚两个问题:

首先,这是不可能的。

第一,市场对于主力机构而言,是一个生金蛋的窝,散户就是主力要收割的"金蛋"。主力要想持续不断地收割散户,就必然要维护这个市场的持续稳定;否则,如果窝坏了,"金蛋"都吓跑,不敢再进来,那么主力机构还能收割谁呢?

所以,通常情况下市场或个股下跌到一定程度,主力机构会采取停止卖出,逐步买入的策略来维护市场稳定。对于主力看好操盘的个股也是如此,下跌的幅度和上涨的空间都有其计划性。

第二,一只好的股票,主力打压的目的是为了在计划价格内完成吸筹。如果股价打压过低,一定会受个股内部人士抢筹,要想把一只好股票压得很低是不现实的,可能偷鸡不成蚀把米。

同样的道理,如果是一只价格表现很差的股票,一直处于下跌通道,那么说明根本引不起内部人士的兴趣。这种股票根本不需要打压,也会大幅下跌。所以,我们不要老是想着那些大幅下跌的股票。你需要关注的是那些主力刻意打压吸筹的股票。

其次,市场的行为比我们想象得要复杂。

市场中的主力机构众多,对于个股的操作也许还相对容易。但是对于整体市场而言,则完全可能出现"失控行为"。因为,这个市场中真正最大的力量是"散户"。

这个就如"地主与农民"的关系。平时,地主剥削着农民,而一旦地主们为了各自的剥削行为出现失控,农民的情绪被激发,暴发恐慌,那么市场就会出现失控的行为。

(二)市场心理分析要点

如果仅从"趋势通道技术和量价关系"来分析关键位置的形态,很多朋友可能仍然难理解这个过程。但是,如果结合市场心理分析来参考,那么就能更容易理解这些行为背后的成因。

对市场心理分析的讨论,最重要的是理解"关键位置"的心理情况,只有关键位置才是技术分析的重点。我们需要理解的关键位置有三类:一是顶部段位置的心理;二是大跌段位置的心理;三是抄底段位置的心理。

1. 顶部段位置的心理

从形态上讲,最重要的顶部形态就是双重与三重头肩顶。

所谓顶部,就是指数或个股在大涨一段或反弹一段后出现的技术形态。

对于顶部分析中,最重要的判断依据是颈部。颈部在市场心理分析中称为绝对不能跌破的价位。

而顶部产生的核心:"股价不再创新高",大家要记住这句话,这是解释顶部问题的核心原因。

在市场心理分析中,股价不断上涨的原因有:

(1)股价上涨创新高意味着什么

股价上涨让原持有人担心卖早而惜售。股价上涨让没有及时买入的踏空者追高进入。

最重要的因素是：不论持有者或新入者，都获利了，都赚钱了。所以持仓者不愿意卖，而又不断吸引更多担心踏空的新买家进来，让股票不断上涨。

(2)股价不再创新高意味着什么

①如果股价不再创新高，这里是顶部，那么这里的成交量一定是放大的，会形成我们所谓的密集成交区域。在这种位置出现放大的成交量，表明有一方很大的力量在卖出，只有一种可能就是主力机构；同时也表明有一方很大的吸收力量存在，一定是散户。所以，在真正顶部区域的第一个特征是出现放大的"成交量"，出现典型的滞涨现象。对于阶段性顶部(趋势通道压力线)，量能则可能不那么大，因为主力不会全部出货，只是阶段性出货。量能可能保持与上涨段量能持平，进行横盘整理。

②如果股价不再创新高，在顶部密集成交区域大量进入的新入者将开始亏钱。而这些在最后高点密集成交区域的一批购买者发现亏钱后，一部分看着股价的下跌，由等待到恐惧，亏损扩大，最先加入抛售阵营，让股价进一步下跌，在跌到第一个头的密集成交区域时，会受到最后一批看多者，即在那个价位没有买到而后悔的追入者买入，引起缩量反弹，反弹的幅度不会太大，不会超过中间的头部。随后股价继续下跌。在头部进入的套牢者开始担心，他们恐惧亏损扩大而抛售，原有老持仓者担心利润缩水也加入抛售，股价将

向颈部区域下跌。

③核心问题:真正双重与三重头肩顶最终成立的红线在颈部。

前面讲颈部是顶部绝对不能跌破的价位。大家一定要明白:颈部是多头最后的防线,是前面多头最密集成交的区域,可以理解为多头大部队的总防守位。

如果 K 线在颈部没有受到更多的阻挡,而是轻松跌破,甚至无量跌破,说明多头已经没有部队,已经没有更多人愿意在那里买了。跌破后,不能快速收回的,下跌趋势基本成立,按纪律要先空仓。

如果 K 线在颈部跌破后,受到多方阻挡,并能快速收回去,那么就不能确定是一个真正的顶部,还需要观察。

但是,通常情况下,不论是真、假顶部,只要这种形态出现,一旦出现滞涨,我们都应该先出来观察。安全了,再进入,不要等到破了颈部再出来,因为破颈部后下跌,有时速度是很快的。

2. 大跌段位置的心理

市场的大跌是很多朋友在心理上难适应和判断的问题。持仓的一旦遇上大跌就被深套;空仓的又担心踏空,常常抄在半山腰上。这都是对大跌段的特征不了解的原因。

而大跌段最容易发生在趋势通道经过一段时间的上涨要毁灭前的压力位置与支撑位置。这个位置的指数通常已经有一段大涨,获利盘较大。机构有兑现利润的需要,让市场形成新的下跌空间,为下次赢得上涨空间做准备。如果这时再伴有或遇上不利的市场利空消息(包括美股市场的),那么"大涨必大跌"的情况就可能发生。

按波浪理论，指数的大跌段通常是三段趋势，是一个倒N型的下跌，会经历下跌、反弹和急跌三个阶段。

从波浪理论而言，真正的大跌就是要让空方得到尽情的宣泄后才能参与。很多不明白的人、等不及的人会抄在半山腰上。

一定要记住"多头不死，空头不止"的理念。

在市场上散户心理会出现以下阶段特征：

一是刚开始一两天的下跌，广大散户不愿意认为是顶部，在心理上认为是正常的回调，所以会出现缩量下跌，这是主力机构与敏感资金在抛售，市场的负面消息面不大。

二是持续几天以上的抛售，市场跌幅扩大让散户开始恐慌，负面消息增加，大家开始接受，这可能是一次大的调整，聪明的短线散户加入抛售，量能放大。

三是指数经过连续一周以上的大幅下跌后，空方力量得到了第一次有力的宣泄，主力机构与敏感资金实现了快速出逃。

四是空方力量第一次有力的宣泄后完成了倒N字形的第一段走势，随后抄底资金出现。这是因为连续的下跌让部分主力资金成功出逃，空头出现了暂时的休整，空方力量暂时减弱。由于市场在短期内完成了一次快速的大跌，聪明的职业短线资金开始进入抢反弹，只是为了一两天的反弹。没有出逃完的主力资金也借势用少部分资金拉起股价为更好地出完货。而此时，不少空仓或手里还有资金的散户们看到指数出现快速上涨，以为市场见底了，担心踏空或想补仓也加入了抢反弹。市场出现了典型的缩量反弹形态，这个阶段对于空仓资金是最危险的时候。

五是市场在缩量反弹一两天后,股价再次出现滞涨。通常普通散户的反应很慢,因为他们是抱着市场可能见底反弹的思维加入的。而对于职业短线资金者非常清楚,他们玩的就是超短,玩的就是抢一两天的反弹钱,会在市场反弹一两天后马上兑现利润,未完成出货的机构主力也会快速借机出货。所以,市场反弹后会出现滞涨,然后再次下跌。

六是市场反弹后的下跌,让还在股市中的散户产生了绝望的恐慌情绪,因为这次反弹是他们所期盼的。他们完全成了惊弓之鸟,而此时的市场弥漫着股灾形成的各类消息。市场再次步入下跌通道,这次是散户绝望恐慌情绪的抛售,成交量不一定放大,但是单日的跌幅却很大,出现明显的急跌特征。

七是在这个阶段抛售的主要是散户,主力机构已经停止抛售行为。在第二阶段末期,主力机构考虑维护市场,已经不再抛售,而是会逐步加入维护的队伍(如果在股灾中,国家已开始救市),这时市场的消息面开始释放偏多消息,以减缓市场情绪。

八是在市场急跌后,空方力量得到了充分的宣泄,因为主力机构们已经关掉了这艘巨轮的引擎(停止做空,加入做多)。但是巨轮巨大的惯性会继续向下运动,在下跌段的末期,不断出现带长下影线的K线。这是主力机构逐步买入救市的特征,以阻止市场进一步下行,逐步开始建仓,巨轮的下跌趋缓下来,市场开始进入见底阶段。

九是市场见底阶段初期,职业短线资金(游资)是最敏锐的资金。它们会对最新的热点题材,或当下的热点题材,或超跌股进行试探性买入，市场一旦出现一定的赚钱效应，则会吸引更多的资金关注并加入，投资者的信心慢慢地增强。

我们必须清楚一点，在通常情况下主力机构是市场行情的主导者。但是，市场真正最大的主力是散户群体。这就是我们举例的地主与农民的关系。绝对数量的人还是农民，而非地主。

主力机构阻止市场后期快速下跌除了买入行为外，最需要的就是恢复市场的信心，这个信心建立的核心在于散户群体。

如果一轮大跌变成了股灾，就是因为散户群体的信心完全崩溃。那时，主力机构也不可能抵挡住散户群体的情绪崩溃，这就需要国家加入救市。所以有一种说法，在股灾中市场最珍贵的就是"信心"。

对于市场发生大跌段的操作策略只有一条：卖得越早越好。

很多朋友在开始下跌时可能跌了10个点，就趴下不动了。这是非常错误的。大家应该算一下，在一轮大跌中下跌了10个点，甚至是15个点，能及时退出，都不会亏本。只要市场真正的见底止跌后，买入一只反弹股，反弹的空间可以轻松让你回本。但是，如果你选择趴下不动，跌幅可能在20%以上，而反弹时，你的股票可能就回来10%左右，你仍然会深套其中，关键还没有更好的选择权。

因此，在大跌段的策略只有一条：尽快空仓。而聪明的资金会在顶部提前选择空仓策略。我们在顶部空仓时，其实是不知道市场会怎么下跌或下跌的幅度是多少的？是会正常跌还是会大跌？但是，你空仓后，趋势会告诉你情况，你就能顺势躲过。

对于2018年的股市，大家要看到一点，就是资金严重缺"血"。

2018年初的那一轮大跌，深次新指数完全就没有主力资金抢救，成为掉线的风筝，连一个反弹都没有就直接跌下去。

2018年，很多人都看好创业板，创业板的指数会成为大家关注的重点，也会是我们分析的重点。

散户在熊市中的心理变化，也可总结为五个顺序发生的过程：拒绝、愤怒、妥协、失望和接受。这五个过程的变化会完全反映在市场的变化上。

暴跌开始前，多数人是拒绝不相信的，认为可能是正常的回调，只有聪明资金和机构主力资金在卖出，所以市场刚开始是缓跌过程，市场中的强势股还很坚挺，资金对强势股仍看好。

暴跌从缓跌开始加速，因为行情让卖出者大幅增加，这时强势股也开始补跌，大家对市场出现的这种下跌感到愤怒，但是暴跌不会因人们的愤怒而停止，人们越是愤怒和情绪化，市场的暴跌能量就越大。人们开始完全认识到市场已经进入熊市或深度回调，只是对于这个过程会有多深并不清楚，在心理层面对市场开始妥协。

急跌之后的市场，空方力量得到第一次有力的宣泄后，市场开始出现多方抢反弹，这次反弹是市场的希望，但反弹很快夭折，给市场带来的不是希望而是更大的恐慌与绝望。这种恐慌让空方再次开始更猛烈的进攻，市场完全进入失望情绪，人们看不到希望，只有更大的失望。

失望伴随第三段急跌出现，跌速加快，跌幅加大。人们从失望中开始完全接受了现状，甚至麻木于慢慢熊途现状。

3. 抄底段位置的心理

关于抄底的问题，大家把握三个要点：

第一，市场是一艘巨轮，巨轮要改变方向，那一定需要时间，所以，抄底不能太急。有一句老话"反弹不是底，是底不反弹"表达的也是这个意思。

真正的底部需要时间磨出来，也需要时间来恢复市场信心。

在大跌后直接V型反转的概率较小，直接V型反弹的概率较反转高。反弹的意思就是上去了还会下来寻找第二条腿，只有第二条腿站稳，市场才可能慢慢地走上反转之路。

第二，市场底部和市场资金量有很大的关系。大家要明白市场的本质是资金。市场不是单一的因素，而是一个综合体。有信心，没有钱，也是没有用的。在一个严重缺"血"的市场，遇到同样的问题和条件。见底的时间与点位肯定也是不同的。所以，成交量是市场反转最重要的指标之一，成交量应该在反弹中逐步增加。

第三，反转代表形成了上升通道。上升通道的表现是底部低点逐步抬高，上涨时量能逐步增大，下降时量能减小，这是底部很重要的特征。

在大跌中，我们只相信技术指标给我们的信息，绝对不受媒体信息和市场情绪的干扰。不论这些媒体信息来自什么层面（包括管理层面，实际上大家要有逆向思维，但凡管理层出手时，恰恰说明事情的严重性，还要抱有幻想就是情绪的问题），我只认技术指标信息，只认真金白银的进出，只关注于真实"量价"的变化。

所以，对于普通散户抄底不能急。

大凡一个下跌的底部触底前，很多信息是不能确定的。但是，在这个时间段中会出现不少涨停板,这并不意味着市场已经安全了。这些涨停板并非市场见底的安全信号,而是喜欢博弈的嗜血短线资金们在玩刀口舔血的行动。对于大部分朋友而言,这盘菜根本不适合,你需要的是等大盘企稳后再参与,或在自己清楚第三段完成企稳后的否极泰来点,先建一个头仓观察,抢反弹打板只适合于技术强的超短打板一族。

你要想明白,如果技术过硬,等市场企稳后,那么后面有不少机会,等等没有问题。可能会丢失提前建仓时的一些利润,但安全度增加。

如果你想参与博弈,那么就选择对目标股票建立一定的头寸,然后观察市场走势,如果市场走好,你就加仓;如果情况不同,你就止损走人,这是我提倡的一种方法。因为市场是走出来的,谁也不能百分之一百地明确市场走势。我赞成打提前量建头寸,占据主动。

(三)认识赚钱效应与亏钱效应

节奏是成功炒股非常重要的概念。对于节奏的理解,我们引用缠中说禅的一段话:炒股最重要的是准确率,而非频率。人一旦被贪婪和恐惧所支配,那就只有死路一条。所以节奏这个问题对于炒股太重要。所谓的节奏,也就是顺势交易,这是散户能否赚钱的必要条件和核心问题。

很多市场高手对"势"的理解极为重视,在交易中也把它看作超越一切技术的首要问题。"顺势交易"这四个字已经深入人心。但是很多朋友对势的理解有一个很大的弊端，就是只放在口头上，而不落到实处；只放在浅处，而不能沉下心来仔细思考。大部分人很难掌握好对"势"的操作。所以，对于节奏这个势的认识必须要深入到骨子里。有多年炒股经验的朋友应该有这样一种感受。就是在大势好的时候，可能你的技术差一些，你也可能赚钱，至少不会亏钱；但是在大势不好的时候，即使你的技术很好、很精妙，或者说你的钱很多，你是主力，如果逆势操作，也必死无疑，这个道理是浅显易懂的。

这好比当大势的洪流带着绝大部分人向东走的时候，你在人群中执意要往相反的方向走，你是抵不住的。同样的道理，你即使拥有能以一抵百的精妙功夫，但是在面对数百人的围攻时，你也是抵不住的。

这就是势这个"王者之剑"的真正含义。任何逆势的行为都是螳臂当车，自不量力，自取灭亡。所以，顺势者昌，逆势者亡，这段话在股市尤其适用。

炒股从一个大的角度讲：成功源于踏对节奏。

这些东西都很容易理解，对于大势和顺势重要性的理解我们就讲到这里。

事实上，很多朋友不是不重视大势，最核心的问题是不明白如何分析和看懂大势，不知道在实盘中应该如何来把握这个势和理解这个势。

这才是分析的重点。我们分析的所有东西，必须落到实盘上，必须具有操作性，对大家才有指导意义，光谈理念没有用。

在实盘交易中,你对势的把握,一定要把握住两组最核心的概念:一是赚钱效应和亏钱效应;二是阻力位与支撑位。把握好这两对概念,会让你比较容易理解什么是顺势,如何顺势。

阻力位与支撑位的概念我们已经分析过。这里重点分析赚钱效应和亏钱效应。

在实战中,大家把两组概念结合起来思考,就是实战中对势、对节奏的把握。

很多朋友对大势的理解很宏观,不具体。老觉得所谓的顺势就是在大盘上涨的时候买入,大盘大跌的时候空仓,这个理解在逻辑上完全正确。但是,如果把这个认识放到实盘中,很多朋友就懵了,因为无法指导操作。

这个思维换作更贴切的说法应该是:牛市时参与,买入;熊市时退出,空仓。在中国这个牛短熊长的行情中,这句话就成了完全正确的废话,一点用都没有。

中国股市的行情大部分都处在震荡市中(关于震荡市的介绍,大家可参阅《一剑封喉:一位民间高手的股道笔记》这本书,有一章专门介绍)。所以,明白在震荡市中如何看趋势,如何顺势才具有实盘的指导性。

震荡市的特点就是行情总在上上下下中变化,如果你用涨和跌来观察就很难操作。这时我们结合实战就总结出了一组很重要的概念,用这组概念来分析市场,它们就是赚钱效应和亏钱效应。

在认识赚钱效应和亏钱效应之前,大家还需要对市场的结构有一个认识才能很好地消化这组概念。

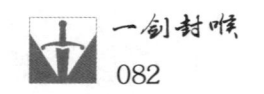

我们说除了牛市属于普涨行情外，中国股市更多的时间都处于结构性机会的行情中。大家应该清楚，更多的时候，比如2017～2018年，我们所说的赚钱效应都属于结构性的局部行情。

认识这种结构性的局部赚钱效应的特征很重要。因为结构性的赚钱行情不会是普涨。这时的大盘可能在涨，也可能横盘，所体现的是市场中的一些板块或热点很赚钱，但是可能很多的股票涨得并不多，但是也不怎么跌。换句话讲，就是感觉大盘稳，有可能在上涨，也有可能涨得不多，横盘，但整体的市场氛围偏多，有一部分热点板块赚钱容易，有持续性。这就是我们所谓的赚钱效应，不是大家理解的大盘普涨、指数大涨的效应。

我们再进一步分析这个问题。

如前所述，赚钱效应的出现是因为市场上的一些板块或热点很赚钱，这句话很重要。言下之意是，大盘的稳是因为市场中的这些板块或热点很赚钱，强化了市场整体的看多心理，抛售减少，从而带动了市场上涨或者维持市场稳定。

大家可能会问，这些板块或热点出现赚钱效应，肯定是有原因的。的确如此，让板块或热点出现赚钱效应是市场中的主流主力资金，也就是市场最敏锐的资金，这些资金会比普通资金更快地识别出市场机会，只要它们觉得市场的机会大于风险，它们就会行动，而赚钱效应是否出现也证明了它们的判断是否准确。

在股市里面有一个很重要的问题大家要理解透，就是市场是一个整体，而且它不仅是一个整体，还有领头羊效应或首领效应，我们分两个方面来解释：

第一,关于市场是一个整体的含义是说市场中只要一个部分出问题,那么整个市场都要出问题,都会受牵连。它不会是坏的部分出问题,而好的部分可以独善其身。不是这样,市场具有多米诺骨牌效应。所以,大家看到,当市场出现上涨之时,不会是普涨;但是一旦出现下跌,那一定是普跌。整体效应对于市场的下跌特别有效。

第二,领头羊效应或首领效应。

大家可能听说龙头股除了具有暴涨的特性外,还具有预测市场的功能,其反映的就是它的领头羊效应。

每一次市场的上涨,每一次赚钱效应的出现,必然会有一个板块起领袖的作用,板块中有一只个股会成为市场的一面旗帜,成为最强股。对市场这个特点的认识,极其重要,比你认识暴涨性的意义大很多。这个理念在100多年前,天才股神利弗莫尔就已经发现并提出来了。同时,他通过对这个理念的认识和应用赚取了巨额财富。

利弗莫尔操盘术的核心:如果你不能从领头的活跃股票上赢得利润,也就不能在整个股票市场赢得利润。这里所说的"领头的活跃股"就是今天我们所讲的龙头股。同时,他还总结了一段非常重要的内容:"在市场占据主导地位的股票,如果它们朝某个方向变化,整个市场也会随之变化",揭示了领涨板块股票的龙头股不仅有赚钱功能,还有预测顶部的意义,如果它发生了变化,那么整个市场的行情也会发生变化,领涨板块股票中的龙头股见顶时,也是行情阶段性见顶时。

这背后的其中一个重要逻辑就是市场的一体性、整体性，也是赚钱效应问题的一个反映。龙头股不赚钱了，赚钱效应就降低了。

利弗莫尔发现的这一套交易体系和思想是非常珍贵的，虽然已经过去了100多年，但这个操盘思想的精华一直到现在仍然非常重要，占据核心位置。

这也印证了他所讲的另一句话：在证券市场中，历史总在重复，太阳下并没有什么新鲜事。因为证券市场与人性密切相关，千百年来人性的贪婪和恐惧始终没有变化，所以证券交易市场关于人性方面的核心思想也不会有太大的变化。

在我看过的经典股票投资书籍中，这一思想始终藏于其中，被东、西方的高手们运用。

有了这一理念的基础，我们就可以为实战操盘清晰地梳理出以下关于赚钱效应与亏钱效应的判断条件。

第一，所谓的市场赚钱效应并不是单指大盘大涨或普涨的效应，而是指市场中某些板块或热点出现了持续的赚钱行情，让大盘处于稳定或上涨之中时，我们就可以称这段行情具有"赚钱效应"。

这里要关注一个关键词"持续"，凡热点不具有持续性，切换很快，也就谈不上赚钱效应。因为热点快速切换的行情，虽然有热点，但是很难赚钱。

大家应该非常清楚什么是赚钱效应了。

第二，每一个赚钱效应的出现一定会对应出现一个非常赚钱的热点板块。同时，在这个热点板块中，必须有一只作为市场的总龙头，赚足市场的眼球，它就是市场中真正的龙头股。它所代表的不仅是赚钱效应,更是市场多方的一面旗帜,是市场上多方的精神领袖。只要他不倒,市场行情就会持续。

所以,为什么有的高手说,从经验上看龙头股是最安全的,但是他们表述不清这个逻辑。其实,这个逻辑就是龙头股是市场多方的旗帜,这个旗帜多方是不允许它轻易倒下的,因为它代表了行情。

这也可以解释为什么说龙头股具有溢价效应,它会比板块内的其他股票先涨起来,又最后倒下去的原因。

因此,利弗莫尔说:如果你不能从领头的活跃股票上赢得利润,也就不能在整个股票市场赢得利润,因为龙头股是最会产生暴利的。

第三,如果龙头股出现滞涨和上攻乏力的问题,就是说龙头股的上涨出现了转变,这个时候大家就要注意了,可能市场已经处于阶段性的头部。如果这时市场需要保持行情,那么就必须要有新的持续热点出现,出现新的板块与新的龙头股接力,行情才能持续。所以,我们不少朋友看到市场中每天都会出现涨停板就会心动。殊不知,每天都有涨停板是很正常的,你切不可乱动,特别是在热点切换很快的时候,不要乱玩,一定要在有赚钱效应时玩。当然,妖股是一个例外,逆势出妖,如股灾中的特力A。

妖股与龙头股是有区别的,龙头股受板块驱动,而妖股则是纯资金的博弈走出独立行情。大家不能把妖股纳入这个范畴。这涉及板学的内容,不在这里阐述。

那么赚钱效应的问题说清楚了,我们再来解释亏钱效应。

实际上,市场多数情况下都是处于亏钱效应中。每年出现亏钱效应的时间会比赚钱效应多得多。

通过对赚钱效应的理解,我们应该知道在市场中没有赚钱效应时,就处在亏钱效应中。对于市场亏钱效应的把握,可以关注以下几点:

第一,凡是市场中没有出现某一个板块特别赚钱时,那亏钱效应就在滋生。

第二,凡是市场中虽然涨停板很多,但是热点切换非常快时,其实也处于亏钱效应中。

第三,凡是市场中的赚钱效应持续了很长时间,龙头股要熄火时,说明亏钱效应已经出现。大家要记住,市场是轮回的,赚钱效应之后一定是亏钱效应。行情不可能一直持续下去,只要赚钱效应持续了一段时间,头部出现时就是亏钱效应伴随出现的时候(牛市除外)。

通过上面的解释,大家在实战中应该有明显的感受:

市场上有赚钱效应的时候,我们不说会赚钱,至少也是相对安全的时候,不会亏钱。而市场出现亏钱效应的时候,不管买了什么股,都是处于危险的氛围中,提心吊胆;如果碰上下跌的大趋势,则所有股都难幸免。

我们用2017年的行情来做一个案例说明。

2017年下半年的赚钱效应比较明显的一段是"次新股板块的行情",受此板块行情的影响,市场出现了赚钱效应,而其中的龙头股就是"中科信息",中科信息从开板后的第一个涨停价27元左右一直大涨到最高点92元。从8月11日涨到9月21日,40天时间涨幅达240%,暴涨效应巨大。同时领导了"中科"字头的科技股和新上市次新股的大涨行情。那一段行情下,这两类股的赚钱效应非常突出。虽然很多朋友没有买到这类股,没赚到钱,但是自己的股票也不怎么跌,感觉市场也跌不下去。这就是市场中的赚钱效应。

这个赚钱效应不是指市场的普涨效应,而是指市场上的某些板块出现了连续的赚钱效应后,从心理与技术上支撑起了市场指数的上涨或稳定。

接下来,我们再看看亏钱效应的例子。

在2017年次新股领涨的这一段赚钱效应过后,迎来的自然是一大段亏钱效应。而且A股就是这样,如果前面一段的赚钱效应持续时间长,那么后面到来的亏钱效应也绝不会差。

赚钱效应过后的11～12月那段下跌如期而至,大家都看到了,市场开始从慢跌到大跌的过程,任你什么股,只要你持有,就是一种煎熬;只要你持有,你之前赚的所有利润都可能吐出去,还要赔上本金。而且在这种市场持续的大跌下,不管你之前认定会如何持续上涨的好股票,也一样要弯下腰,比如科大讯飞等很好的牛股,照常大幅回调。

因为,亏钱效应下的市场特点就是普跌,市场是一个整体。如果你是主力,重仓一只股,看好这只股,你也不会逆势而上,最好是跟着顺势打压。而短期主力操作的股票,一定是大涨大跌。

所以,中国股市的特征就是如此,涨时只有那几个板块;跌时却是泥沙俱下,换句话讲就是过山车行情。中国股市就是坐在过山车上。你必须顺应这种特点,必须在下跌幅度巨大后慢慢上车;上涨幅度大了,你就要快速下车。只有抓住过山车这个特征,你在市场中才可能不亏钱。

为什么我不说抓住过山车这个特征就能赚钱呢?因为赚钱效应行情也只是热点板块在涨,不是普涨。你选不好股票,赚钱和你也没有任何关系。但是,如果亏钱效应出现,你不下车,那你一定跑不掉!

所以,在中国炒股,顺势真的太重要,比你的技术重要得多。

请大家务必记住,赚钱效应持仓,亏钱效应空仓这个大原则。

记住:顺势交易才是真正的盈亏之母!

三、指数顶底技术的实战分解

(一)指数通道有效性实战分析

这一节让大家认识趋势通道战术的有效性。我们以上证指数为例进行分析。

市场在股灾企稳后的 2016 年到现在,上证指数的趋势完全体现了百年趋势通道技术的理念(见图 1—15)。

我们看看下面划出趋势通道后,能不能指导我们操盘。

1. 没有划线前,我们看不出这个图有什么用(见图 1—16)

2. 股灾企稳后开始划线(不知道后面的趋势与通道的关系怎样)(见图 1—17)

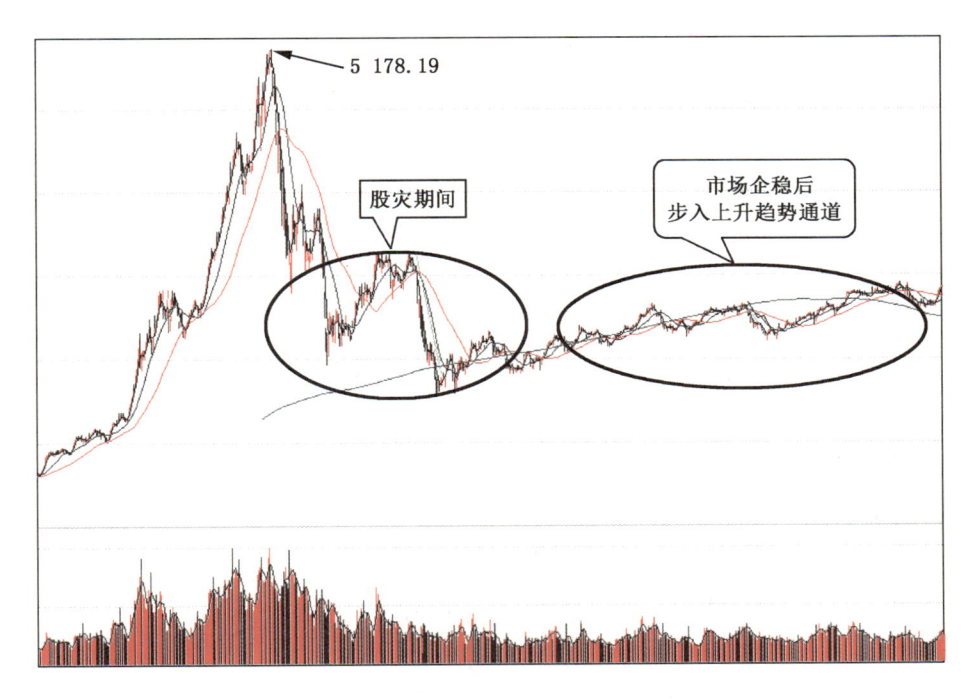

图 1—15　2016 年至 2019 年上证指数趋势

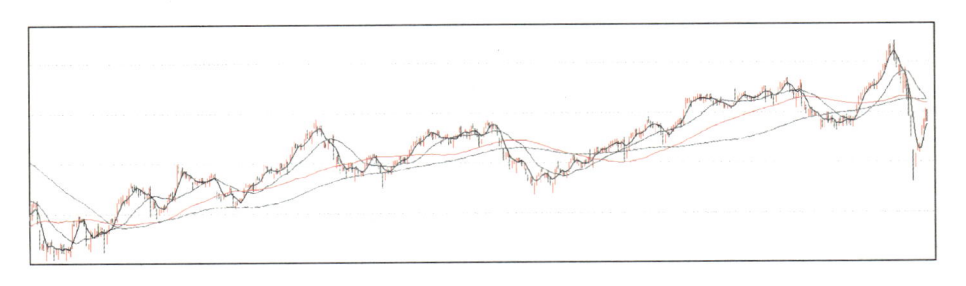

图 1—16　没有通道线的上证指数

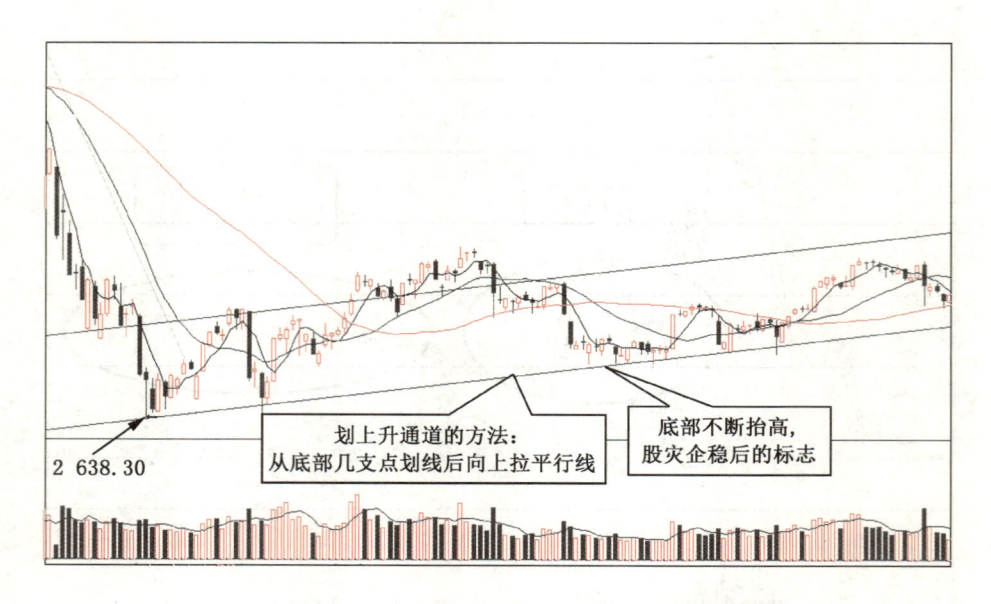

图 1-17 股灾企稳后上证指数通道线

3. 划线后的通道与真实趋势的比较（见图 1-18）

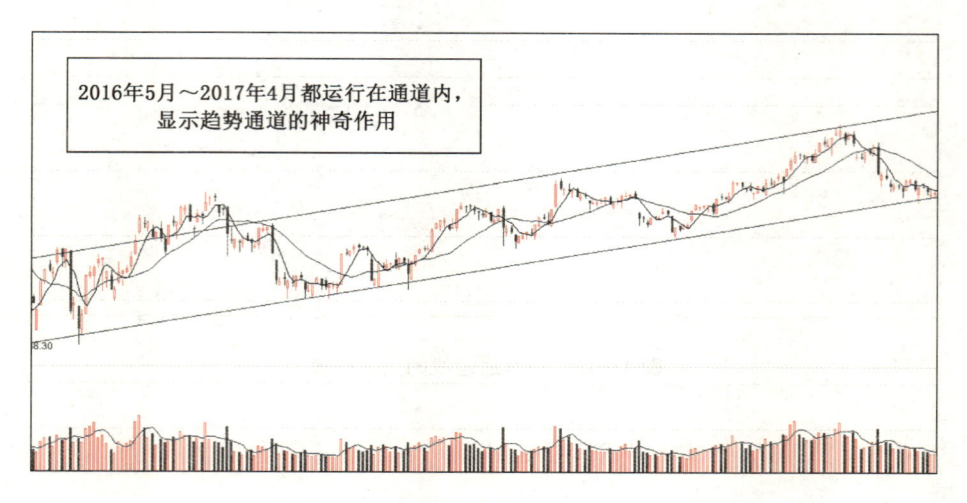

图 1-18 2016 年 5 月～2017 年 4 月的上证指数通道线

如果按照此通道操盘，是不是能更好地抓住顶底方向。

4. 图形的"自我毁灭"功能

图形到一定时候会因为过度透明而出现"自我毁灭"(见图1—19)。

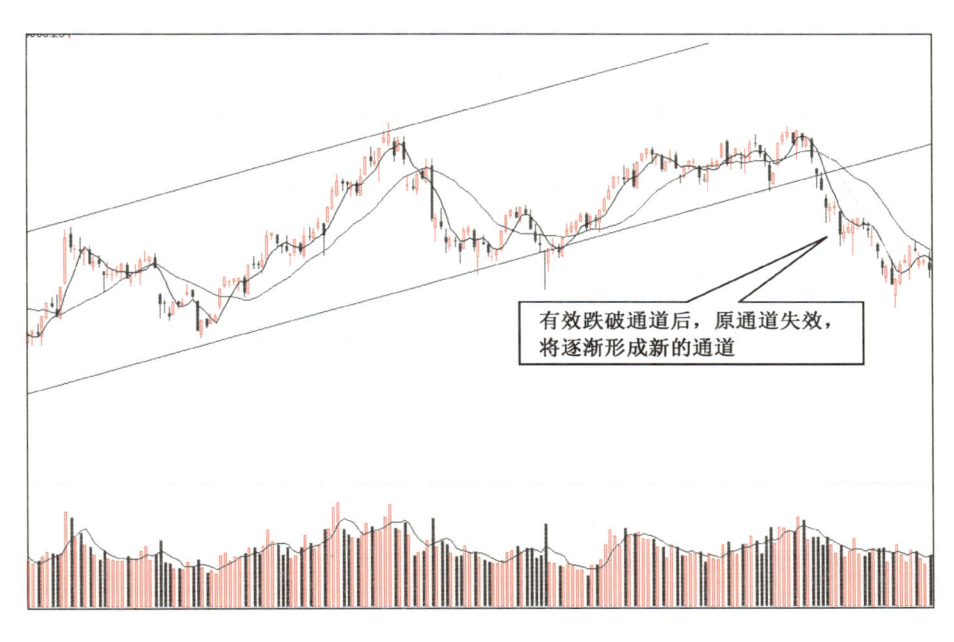

图 1—19 趋势通道的"自我毁灭"功能

（图中标注：有效跌破通道后，原通道失效，将逐渐形成新的通道）

5. 老通道毁灭，小级别新趋势通道形成（趋势在新通道内运行）(见图1—20)

6. 再次看看图形的"自我毁灭"功能(见图1—21)

(1)每一次有效破位，就会形成巨大的市场风险。

(2)破位企稳后，不断形成新的通道。运行的时间和通道的级别与高点和低点的幅度和宽度有关。

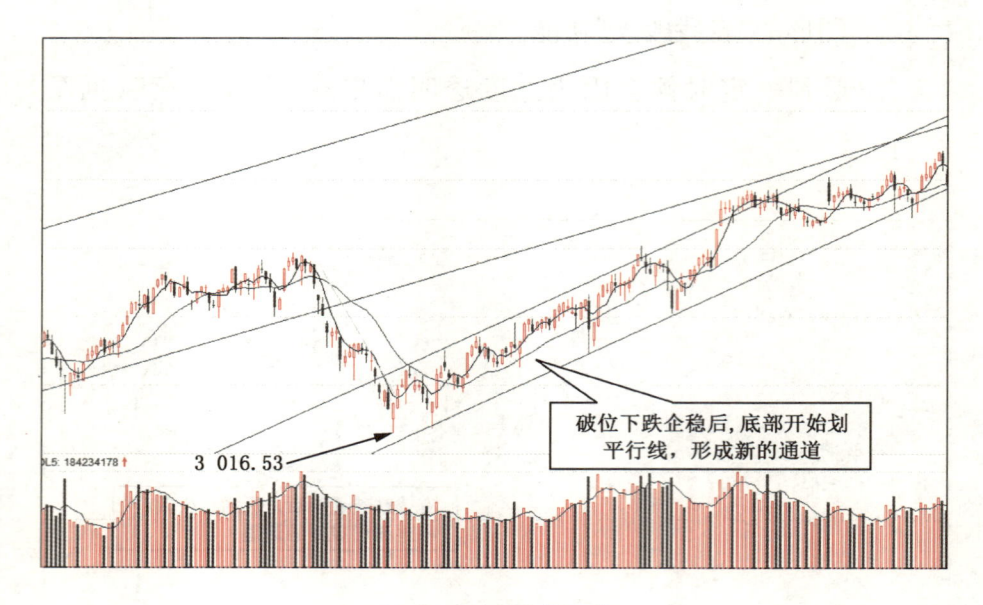

图 1—20　新趋势通道

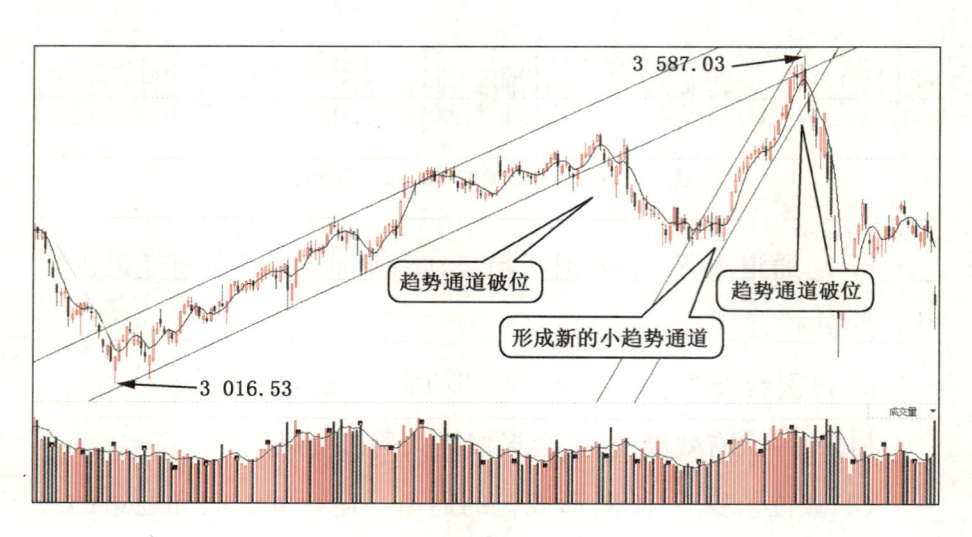

图 1—21　趋势通道的"自我毁灭"功能

7. 认识"支撑线与压力线"转换后的压力和威力（见图1—22）

新通道形成后，原有通道的支撑线带来的压力是非常大的，不会轻易被攻破。因为这一位置上有大量的历史套牢盘，机构主力不会轻易地去动它，更多的时间是回避。

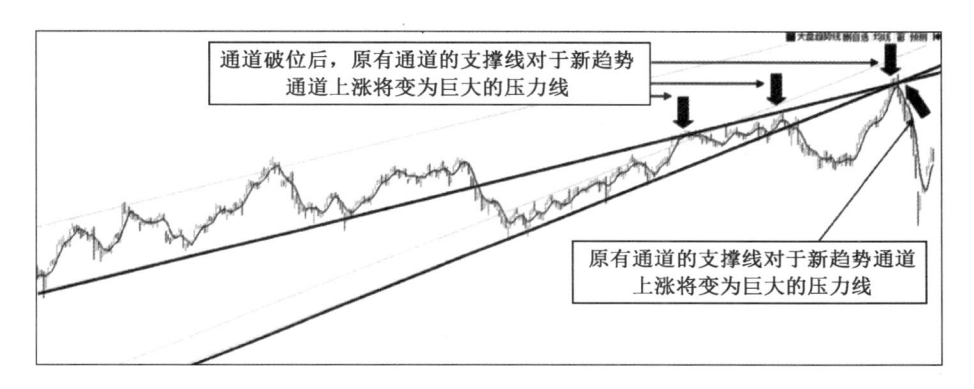

图1—22　通道破位后"支撑"与"压力"互换

8. 对于主通道内的小趋势，还可以划出60分钟、30分钟、5分钟级别的子通道做分析

9. 认识历史平台高点的压力位与支撑位的威力

平台就是之前的成交密集区，这一区域对于上涨是压力，对于下跌是支撑力。历史平台对于未来的上涨与下跌会形成重要影响，尤其是历史平台的成交量越大，影响也会越大（见图1—23和图1—24）。

从图1—25可以看出这是一个非常重要的位置，这轮上涨到图上的历史高点，我在公众号中做了空仓的提醒。在那个上涨段，很多人都在叫牛市来了，认为指数要创新高。但是我明白第一次要冲上股灾前的那个高点是很困难的，这张图没有显示下面的成交量，

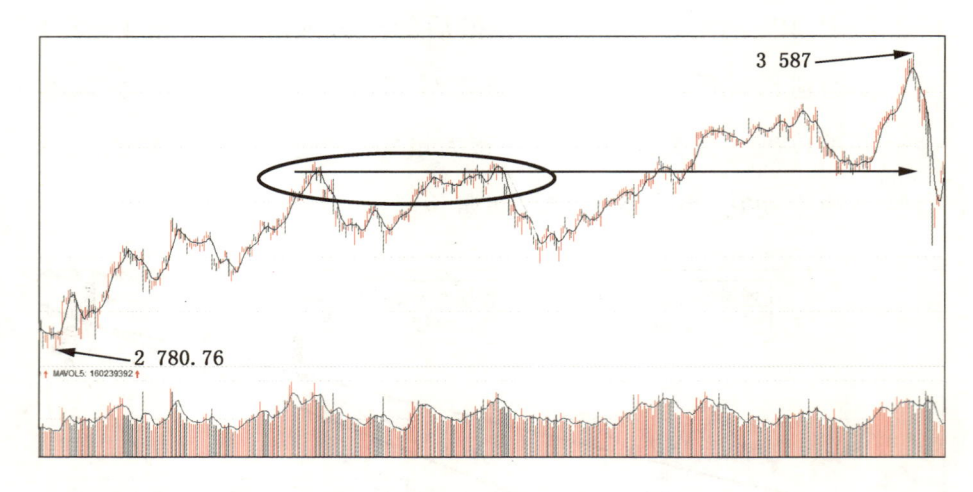

图1-23　历史平台的"压力"与"支撑"(一)

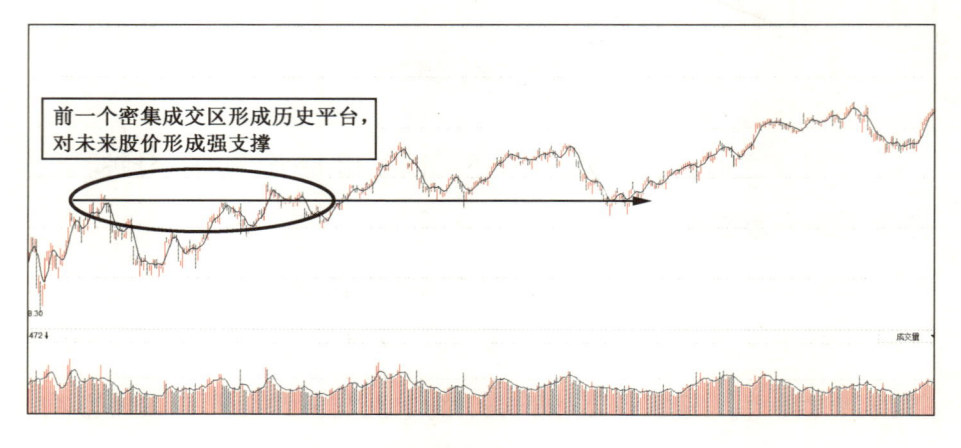

前一个密集成交区形成历史平台，对未来股价形成强支撑

图1-24　历史平台的"压力"与"支撑"(二)

实际上下面的成交量非常巨大，让我更坚定地看空不可能冲破。结果，市场在上冲几天后出现了一波暴跌！这种暴跌对于持股的人，完全是一种心里与资金的灾难。

而对于空仓的人，每一次暴跌都是幸福！这种幸福不仅是躲过

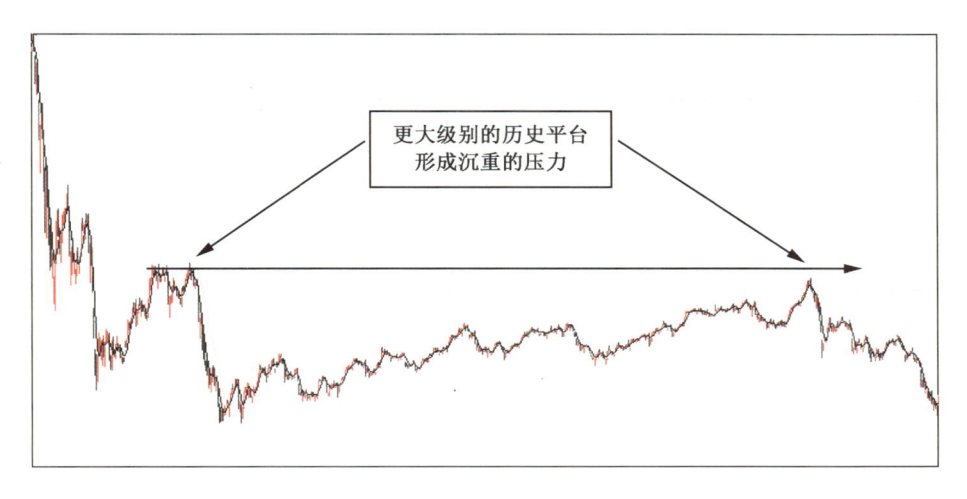

图 1—25　大级别平台的沉重压力

了大跌，而是看到了暴跌后参与抢钱的机会。

（二）指数顶部段趋势判断实战案例

本节讲解指数顶部区域的分析要点。

1. 压力位空仓法

要点：趋势形成后不会很快被毁灭，所以通道上会偶尔出现一些突破或跌破上下线位的情况，这是由趋势具有一定的"弹性"性质决定的。趋势不是刚性的，所以多数突破或跌破都是假的，会很快收回去。这一原理决定了在通道的压力位空仓大概率都是对的。

我们看看上证指数的案例（见图 1—26 和图 1—27）。

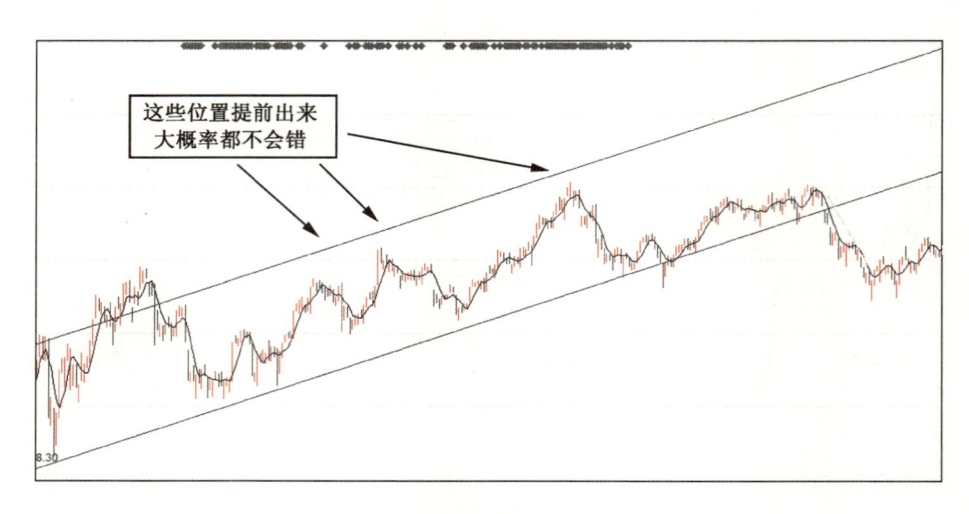

图 1-26　压力位空仓(一)

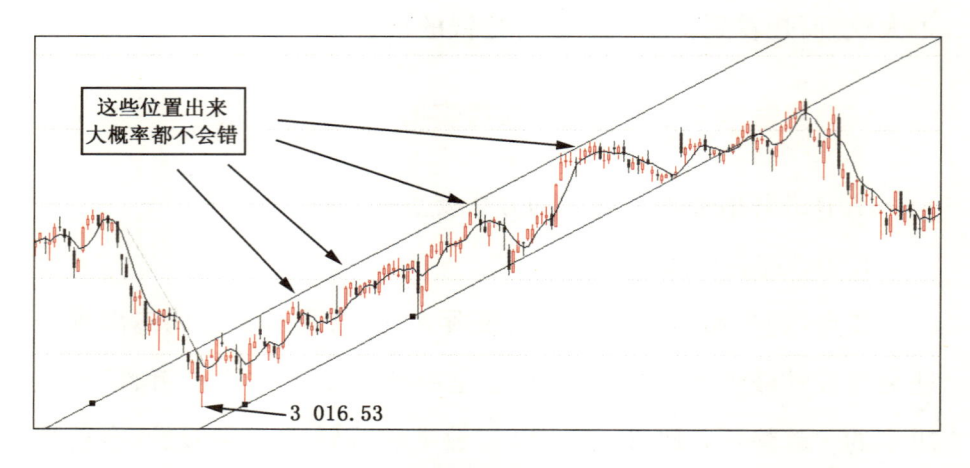

图 1-27　压力位空仓(二)

2. 对末期弱势反弹的观察

通道的毁灭总会有一些征兆,持续一段时间后出现反弹无力是末期的征兆(见图 1-28 和图 1-29)。

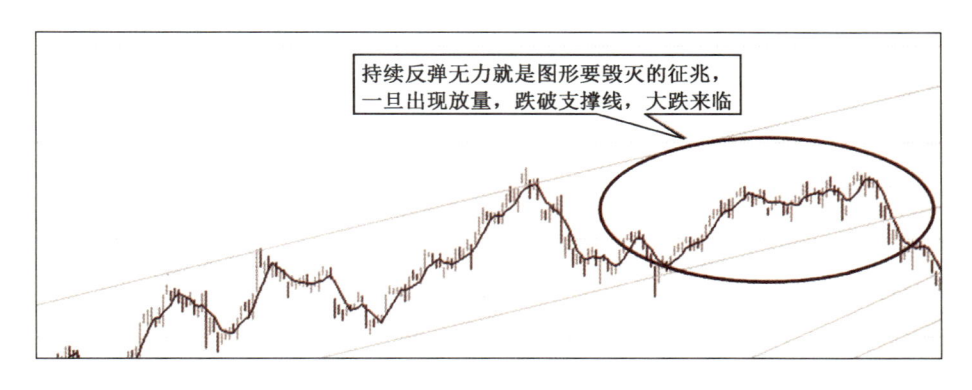

图 1—28 趋势破坏前的征兆（一）

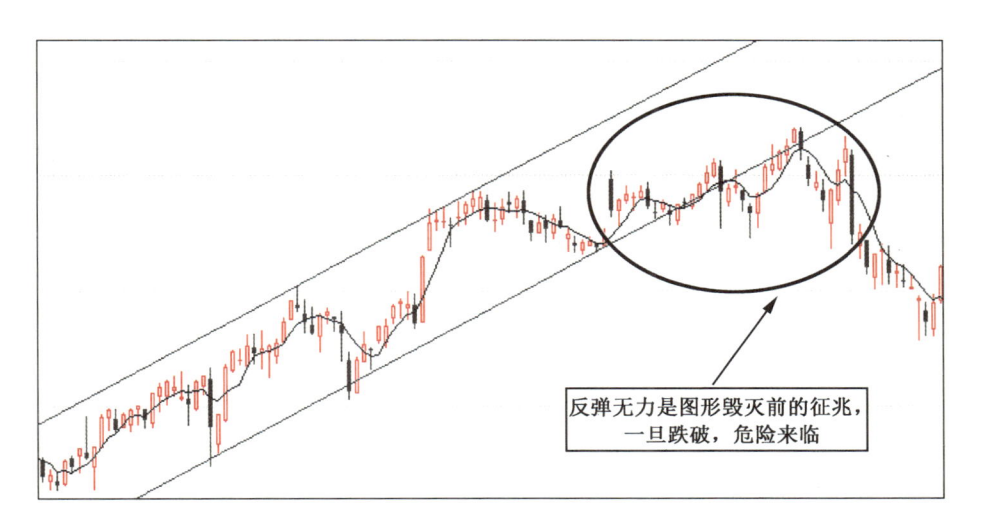

图 1—29 趋势破坏前的征兆（二）

经过一定的上涨，图形很透明后，如果出现这种持续冲高无力的情况就要引起警惕。一旦破位，那么大跌发生的概率就大增。

3. 重要历史平台位（见图 1—30）

历史平台压力位与支撑位是判断趋势的重要参考点。其中，历史平台的量能越大，其压力与支撑力也会越大。所以个股的上涨或

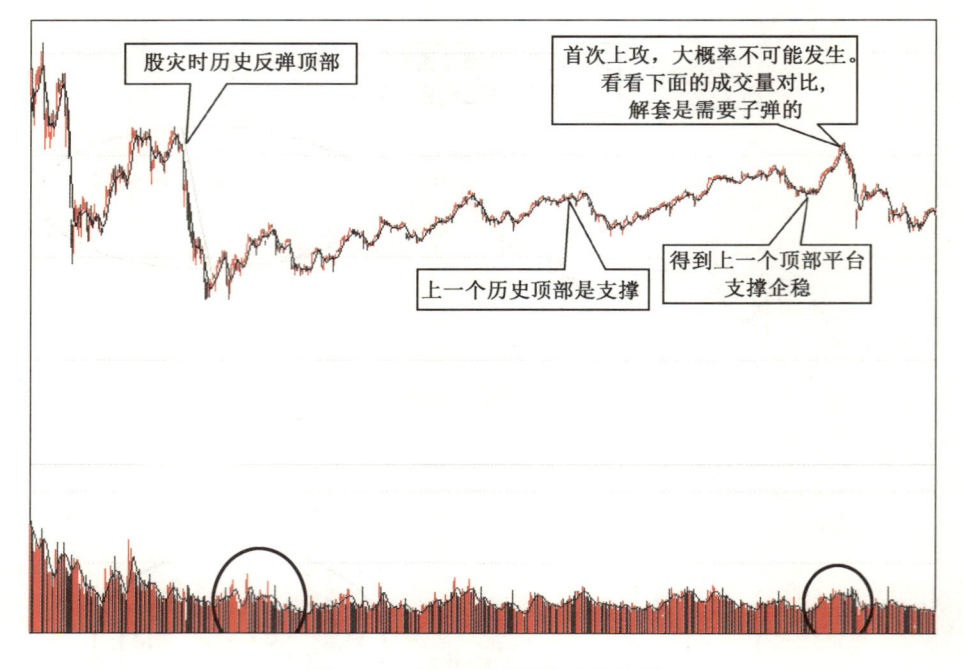

图 1—30　关注重要历史平台位置

下跌通道走势在接近历史平台位时，量能是非常重要的观察点。第一次上涨遇到历史平台位压力，大概率是过不去的。同样，第一次下跌遇到历史平台支撑位会有强支撑点。这些点位都是重要的观察点和操盘点。

4. 顶部的主要形态

以上是最基本的标准顶部形态，实战中遇到的还有很多变形。其中有几个要点：一是高点不断降低；二是最重要的核心：跌破颈部后不能快速收回；高点降低代表新入者不再盈利，出现亏损征兆。而有效破了颈线，那就可以确认顶部成立。

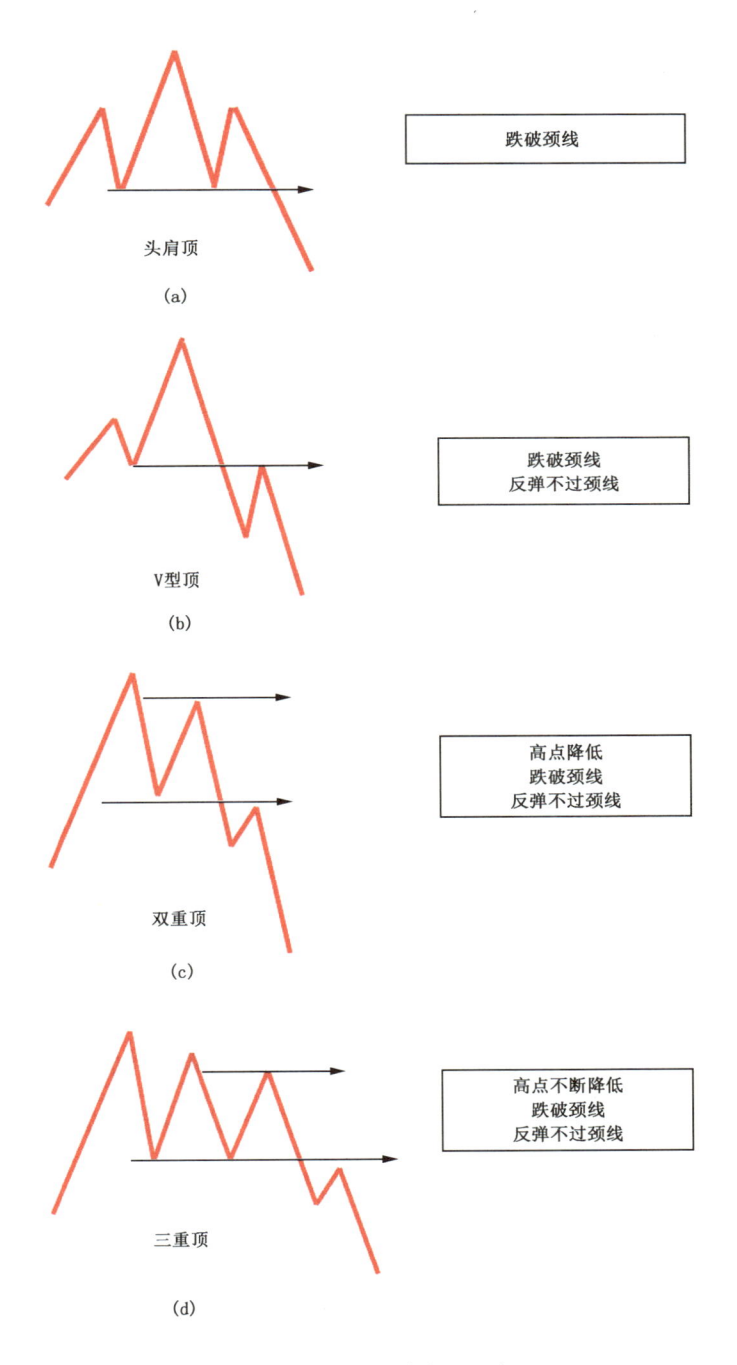

图 1—31 顶部的主要形态

5. 顶部心理分析

顶部的形成有很多原因,但是有一点大家需要认识:涨高了就会跌,跌多了就会涨。这里面最根本的原因在于三点:一是获利回吐套利的需要。主力炒股的目的也是为了套利。二是主力割散户需要空间。涨高了必须兑现利润,跌下来才会产生新的利润空间,不停轮回转换,这是主力之道。三是维护市场的需要。一个稳健的市场是主力收割散户的鸡窝,主力不能破坏这个鸡窝,所以下跌到一定的时候,主力一方面必然阻止下跌,另一方面会在低位收集筹码,操作的基本规律就是走通道趋势。

但是一旦市场失控,那么通道就会被破坏,形成新的通道。如果市场情绪和信心崩溃,那么主力也难阻止,就需要国家的力量共同维护。

所以,炒股一定要有主力思维,要站在散户的对立面。散户希望的是指数一直涨,这恰恰是散户的"软肋"。主力抓住的就是这种心理收割散户。

6. 顶部量能分析

顶部的含义就是出货,常伴随量价背离,量增价滞,量增价跌。

量价是顶部很重要的分析依据,也就是所谓的供需关系。主力出货在量能与形态上都会有所体现,通常会出现持续放量、草丛量;下跌初期放量,下跌中期开始缩量的关系。

但是,顶部有大顶与阶段顶之分,两者的量能也是有区别的。

量价关系的分析内容非常丰富,可以单独成书,一下子也讲不完整和讲不清楚。这里不单独讲量价,大家如果认为量能把握不好,可以先从形态上去把握。这个把握的要点就是前面介绍的顶部的几个基本形态,可以从这几个顶部的基本形态结合趋势通道位置来判断。

7. 认识顶部弹性

认识趋势具有弹性的问题,有利于我们在顶部保持耐心。

趋势通道非刚性指标,是弹性指标。在上涨与下跌的过程中,通常不会直上与直下;不会见上轨线就马上跌,也不会见支撑线就马上涨,而是需要时间。只有V型顶底见顶或底时,其下跌与上涨的反应时间才快。如果是其他顶底,则需要时间磨。

同时,对上下通道线,也不会完全100%准确地沿顶底线进行,有时会有突破,有时会有跌破,在趋势通道被破坏前,多数为假突破与假跌破,这是由趋势通道的弹性决定的。

所以,我们对这个问题要认识清楚,要把握好心态,坚定自己的信念。在接近上轨的位置选择做空仓或减仓,然后等待趋势确定再考虑操盘,而不是到了压力位后,就希望股价马上下来,而自己减仓后,如果股价又向上冲高(这种情况经常出现),自己马上心神不定又冲进去,不能坚持自己的信念。

实际上,因为现代市场技术的透明化,主力在顶部时常会伴有冲高涨过压力位出货的特征,让不明白的人动摇。

8. 重视市场背景

市场的强弱是所有技术分析的基础。在一个强势的市场中,技术会保持强势特征,让技术突破更真;而在一个弱势的市场中,技术突破多为假。

这个很好理解，在一个套利风险大的拐点面前，是不会有人去做上面套牢盘的解放大军的，资金会向阻力最小的方向流动。所以，任何技术都须以市场背景为核心进行判断和决策。技术是资金与心理的运动，大家不能背离这个核心的问题来思考。

比如，2018年整体市场不强，各种风险还较多。所以，请大家一定要谨慎对待市场，偶尔市场出现较好的赚钱效应时，也要随时把"谨慎"放在心里提醒自己，大涨之后伴随大跌，主力才能更好地套利，而且市场本身很弱，也有下跌的需要。

9. 一个核心技巧

在防"骗线"和判断趋势通道真假突破与破位时，有一个有效的经验技巧送给大家。

突破趋势通道的第一根K线是我们观察的"关键K线"，如果股价在突破趋势通道上轨后，则可把这根突破K线的最低点列为"观察点"。如果股价在突破后回调，而回调后的股价收在这个观察点之上，那么真突破的概率增大。再观察突破上涨时价涨量增，回调时大幅缩量，基本可以确定是真突破。这就是"量价"关系的研究。

大家可以对照实盘检验这个技巧的可靠性与概率。

这是一个非常重要的实战技巧，你需要的是将这个技巧应用到你的实战中（见图1—32）。应用之要在于：如果你确认了一根突破的K线而买入或看好时，你必须有一个预期值，同时进行后面1~3根K线的相互确认。如果K线走势并未如你期望大涨，则你必须快速锁定关键K线的关键价位，一旦破关键价位，快速对自己的操盘进行逆操作,或逆向思考。

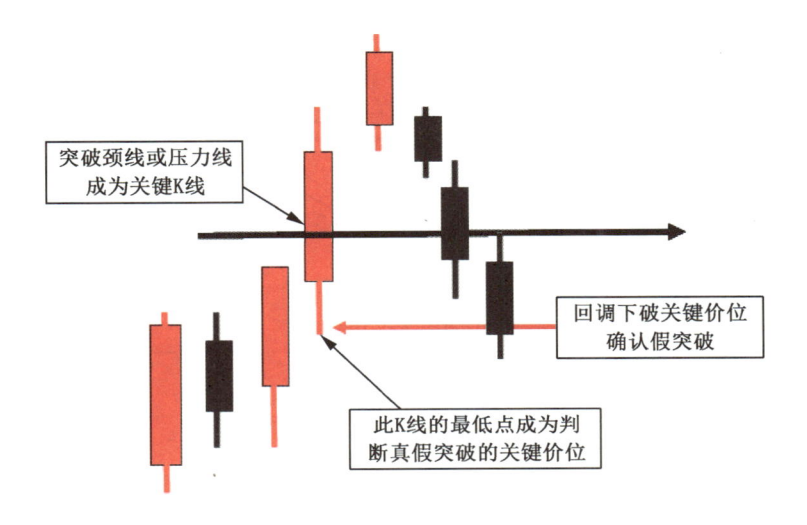

图 1—32　关键 K 线判断真假突破

(三)指数大跌段趋势判断实战案例

机会与风险是相对的。散户需要一直上涨的市场,一涨就希望一直涨上去;一跌就担心要跌个没完。而真实的情况是,主力喜欢在涨跌的轮回中不断收割散户。所以,市场的大跌恰恰是另一种机会。

按照波浪理论,下跌是倒 N 型的三段式。这个观念在大跌段的应用中很有价值,结合市场心理分析,就能更好地理解产生三段的原因。

下跌可分为大跌浪和普通回调浪。普通回调浪属于趋势通道内的回调,而大跌浪则属于通道破位下跌。

通过图 1—33 指数的变化,可以观察到下跌时,多会经历三个

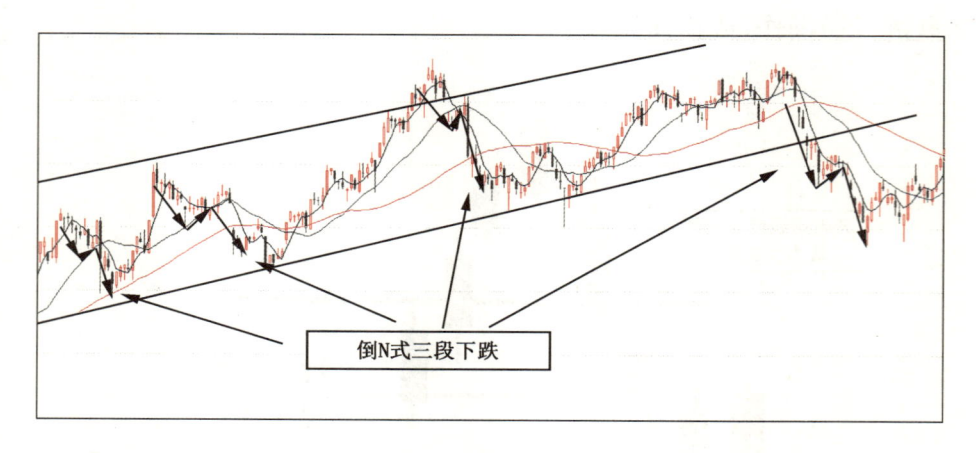

图 1－33　倒 N 式三段下跌

阶段,我们简单地从几个角度做剖析。

1. 从理论上讲

第一段要短一些,下跌量能很大;第二段是短线资金抢反弹,反弹时间短,上涨快速,但量能较小;第三段是崩溃段,下跌幅度通常会比第一段长。

但是,大家从图 1－33 可以看到,在正常的回调下跌段,第三段是长于第一段的,符合下跌的标准。为什么通道破位大跌后的第三段比第一段短,没有出现这个特征,这是因为有很强的外力介入。标准是一种市场的自然状态,但是有很强的外力介入就会改变这种状态。大家明白,因为有国家队主力进入维稳,所以改变了这个标准形态。所以,对技术必须要结合实际进行判断。

2. 从市场角色讲

第一段是主力在出货,第二段是短线资金博弈做短差,第三段是后知后觉的散户恐慌性割肉出逃。

3. 从心理角度讲

第一段是主力在顶部阶段开始分批兑现利润。利用了散户在高位追高被套希望市场突破的心理,散户的反应永远慢于市场,由于期望市场突破解套,由于担心市场突破踏空,所以往往散户们不愿意相信市场已经见顶,不相信这是大跌回调的开始。但是,连续的下跌让散户意识到回调发生。而在经过连续下跌后,空方的力量得到宣泄,主力资金在第一段大量出货,市场迎来空方的短暂休息。主力抛单量减少,而散户被套不动,期待反弹。这时只要有一定的资金量,市场就能被拉起,这就进入了第二段——弱势反弹段。

进入第二段后,喜欢冒险的短线资金决定抢一波反弹,打一个时间差;而货还没有出完的主力也会配合拉一下市场。短线资金是吃一口就走的主,而部分主力希望拉高出货。这时指数与个股会快速在反弹的第一天被拉起大涨,但是量能不会高。这时不明所以的散户看到指数快速上涨,心里急,担心踏空的、想解套的,都在高位接货,都被主力利用。反弹次日短线资金开始逢高出货,主力继续出货。反弹无量而终,散户希望破灭,心理恐慌度大幅增加,信息面开始有股灾出现的言论,市场进入第三段。

第三段是散户崩溃段。反弹夭折,让散户的心理崩溃,股价一泻千里。这时散户盘开始大量抛售,股价出现急跌,先是带量急跌,后面是缩量急跌(深跌后,很多人干脆卧倒不动了)。在第三段急跌后的中末期,为了维持市场的稳定,为了取得廉价的筹码,大机构主力开始逐步入场收集筹码,以阻止市场情绪继续崩溃,开始出现带有长下影线的K线,这是主力收集筹码的体现。市场又一次开始实现新一轮的收割运动。

但是,如果市场的情绪过于崩溃,危及市场系统性的风险,有股灾或已经出现股灾的特征,那就不是一个简单的市场行为,而是需要国家层面的干扰。

2018年,中国股市的市场情况比较复杂,不仅有内部的因素,还有外部国际环境的因素。中国股市处于一个历史性的特殊复杂时期。

市场的信心指数较低,资金供应不足,新股扩容,所以,一不小心在一段大涨后出现大家快速兑现利润时,一旦破位就会形成大跌,这个特点大家一定要掌握。

一定要记住大跌的原因:

第一条:机构主力兑现利润与收集筹码的需要。

涨高了,市场主力有了利润,就一定要兑现。同时,机构主力还要为下一次收割创造空间。先出货,然后逼空市场,再收集廉价的筹码;或借势打压,逼出阶段性获利盘,为个股的继续上涨扫清障碍。市场主力就是这样周而复始地玩这个游戏。而之前上涨的幅度越大,那么回调的深度也会越深。

第二条:市场情绪的影响。

第一是理性的逻辑。

而事实上,市场不会完全这么走。市场会受到很多方面因素的影响而出现上涨过多或下跌过深等因素,比如经济环境、国际环境、资金环境、政策环境等。当市场的综合状态处于疲软时,市场的信心就会很脆弱,一旦受到任何的利空刺激,情绪就会非常不稳,下跌的幅度就会很大。所以,市场的信心比金子还重要。

第三条:国内外环境的影响。

这个环境包括货币环境、经济环境与安全环境。其中,最核心的就是货币环境,市场上涨的核心是资金驱动。如果市场中没有足够的资金量,那么市场的行情就会受影响。尤其是股票规模不断扩大,而没有匹配的资金量增加,存量资金不断地被稀释时,市场就会很脆弱。

同样,如果国内外经济环境与安全环境不佳,则将很难吸引新的资金入场,资金面将更加紧张。市场资金面的紧张,就像人缺血一样,带来的后果和影响是非常严重的。

2017年最典型的问题就是市场本身缺"血",再加上政策导向大市值所谓的"价值股",形成吸虹效应,让紧张的存量资金流向那些巨无霸,再加上政策对游资最爱的次新股与小盘股炒作的打压,创业板与次新板块资金逃离严重,不受关注,就出现了次新板块在下跌时毫无抵抗力的情况,形成了一个大级别的倒N型三段下跌(见图1—34)。

市场大跌开始,一定要马上止损空仓,等待底部出现。底部出现,即使你在止损时已经被套了15%,那么只要抓住底部的反弹机会,也可能轻松回本。但是,如果在大跌中深套,不仅难回本,更重要的是在见底后你很难抽出资金去抓反弹最有力的股票。所以,在市场大跌时,持仓的一定要坚定止损空仓;而空仓的不要随意抢反弹,一定要等空方尽情宣泄完成第三段止稳后进入,建头寸。

记住一句话:"多头不死,空头不止。"只要有资金急于抢反弹,

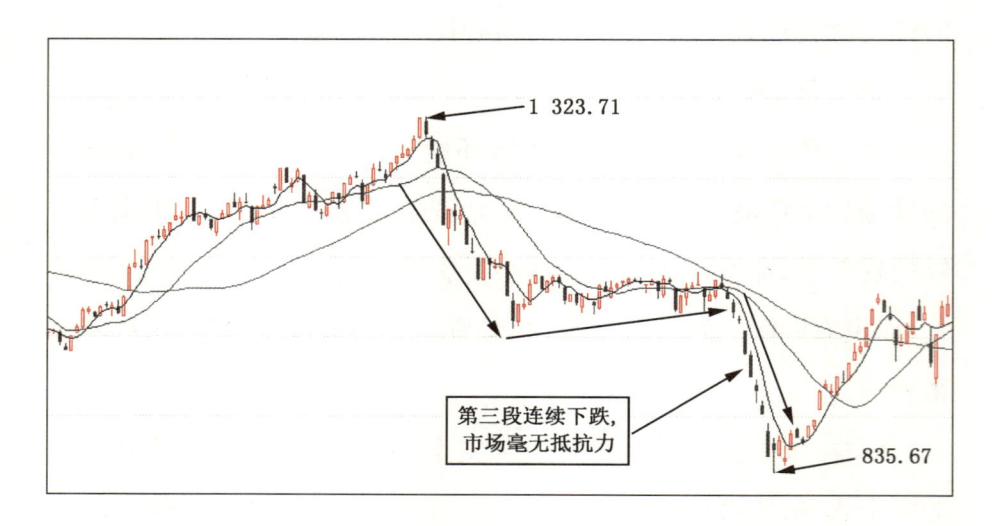

图 1-34 次新股指数

就说明多头没有死,空头还会继续,直至杀到没有多头,最后大空头转为多头,市场才会出现大反弹或反转。

下面是关于"多头不死,空头不止"含义的诠释。

多头不死,空头不止,这是理解真正大底最重要的理念,是我对市场本质的深入理解。

从常理和逻辑来理解,这句话应该是"空头死尽之日,就是多头重生之时",因为只有空头死了,多头才能存活。这是一种逻辑认识上的错误!

在股市中很多概念都是如此,看似对的,其实是错的!出现这个理解错误的核心原因在于:常理下的敌我双方是势不两立的两个独立部分,是完全不同的敌我双方。

而在市场中很多人忽视了一点:市场是一体的,空方与多方都是同一群人,是可转换的。今天是多方,明天也许就是空方,是同一市场里的同一群人在互相转换与博弈。这是需要理解的第一个问题。

需要理解的第二个问题是对手盘。就是说筹码的交换一定要有对手盘。没有对手盘，就不会有交换，也就不存在交易。所以，当一方快消失时，另一方为了利益，那就会发生转换的力量。当市场多方被杀尽之时，市场中就只有空方，没有人愿意买了，空方就会失去意义。

空方没有对手盘了，空方力量得到了最大限度的宣泄，这也代表空方力量耗尽，再没人陪空方玩了，空方就会反过来玩自己，因为只有这样才能保障自己的利益，更多的空方就会逐渐变为多方，反手猎杀死空头。这就是阴阳转换、物极必反的规律。所以：

"空头死尽之日，就是多头重生之时"；

"空头最强之时，也是多头衰退之时"。

一切都是市场力量的阴阳转换。

赢亏同源，多空本一体，多空无边界，都因利益显。所以，市场在空头趋势下会把多头杀尽后才能让多头置死地而重生。

我们用这个理念来分析市场化大跌的过程：

(1) 通常在下跌初期，下跌是缓慢的，多头在观望。在下跌一段时间后，市场会受到多头抵抗，出现小反弹。

(2) 在反弹受阻后，多头发现空头的强大，继而会出现恐慌性带量下跌，大跌后会立即遇到多头最强的一次抵抗，在这次抵抗中，空头会稍事休息，多头的反弹虽有一定的高度，但量能绝对不济，完全是强弩之末，继而多头的反弹结束，这根反弹的 K 线很容易让不明所以的散户改变三观。这说明市场仍有多头在抵抗。空头不会罢休,将会在暂时休息后进行更惨烈的反扑。

(3)空头得到休息后全力反扑,形成又一波力量更大的下跌,但量能开始减少,因为多头越来越弱,市场创出新低。

(4)随着下跌空间较大(处于第三下跌段),下跌量能大幅萎缩,成交量和K线形状都较小时,反弹点就会出现。只有这种让空头充分宣泄,已经没有多头反抗的过程,只有在市场经历恐慌盘抛售后,才会出现空头真正对手盘的消灭。

对于下跌的整个过程,通常死空头会对市场上的多头下手,让第一批多头套死。随后,已经卖出的一些假空头,会为抢反弹变为多头,死空头再将其套住。再往下跌,会出现一些假空头的空转多,再被套住,直到逼出最后死多头的恐慌盘,空转多与死多头们死掉,深套的卧倒成僵尸。最后就会进入没有量的磨底阶段,这一阶段会让更多的空头因利益的需要转换为多头,反过来搞死死空头,一个短期的反转趋势就会形成。

所以,这种大级别的下跌趋势里,在多头未死之前,一定不要随意"抢反弹"。"抢反弹"这个词就是一个害人的词。

当然这是对完全市场化下大盘的分析,如果有外力介入(国家救市行为),会有一些改变。

对个股也不完全是这样,如果不是市场大跌,而是个股大跌,就会在恐慌盘出逃后的末期,个股反而会出现成交量扩大加带下影线的K线形态,这是机构主力开始阻止个股下跌,提前收集筹码,空转多的体现。对于个股,资金强的机构主力是有能力控盘的,这是个股与大盘的不同点。

对于大盘,特别在股灾式的恐慌下跌中,如果有主力资金救市、国家救市,那么市场的下跌可能因为多方力量的暂时增强而减缓下跌的速度,甚至出现反弹。

按照这个理念,这种救市就是多方未死的表现,表示空头仍会继续!市场一定会在暂时反弹一段时间后,再向下探出真正的底。

所以,在熊市中,任何"利好"消息的出现,暂时反弹后都会受到更强的打压,利好消息表明多头未死。

因为在熊市中每一次出利好消息,主力一定是出货,但同时会有很多不明真相的人冲进去接盘。这批人在冲进去时是多头,而一旦进去,市场不能创新高,赚不到钱,过两天他们中的很多人就会止损出来,变成空头,助力市场继续下跌。

所以,最好的上涨,真正的底一定是磨出来的自然底,政策底不会是真正的底,市场底通常在政策底之下。

任何救市行为开始时,都不要马上看多市场,反而应该继续看空,借救市行为的短暂拉高后跑人。所以,在市场恐慌时救市是需要的,但是到了一定的程度就需要把握力度了。

很多经验丰富的高手在市场见底的末期,见到有机构主力或救市资金急拉,因为他们非常清楚这个理念,只要一拉,不明真相抢反弹的一批人一进去,见底的时间反而会拖长,还浪费市场有限的子弹,真正的底就是要等多头死掉,真正空转多后才会开始。

在市场的大跌过程中,很多朋友抵不住的是踏空的恐惧,最容易犯的错就是在初次大跌后和恐惧性带量大跌前参与多头的抵抗,甚至被一根反弹的 K 线改变三观，抄底抄在半山腰。

真正的底部在哪里？只有大家明白了"多头不死，空头不止"的含义，才容易把握市场底部的实质。

(四)指数底部段趋势判断实战案例

所谓"牛市不言顶，熊市不言底"。

对于整体市场的牛顶与熊底，没有谁能知道。所以，对于整体市场的牛顶与熊底的判断意义不大。真正影响我们的是市场每一轮阶段操作的阶段顶底，这是我们研究的重点。永远关注的重点是当下。而对于阶段性的顶底，可以做一定的预判，并组织操作策略。

这一节，讲两个重要内容：一是底部判断的两个角度；二是底部的主要交易策略。

1. 底部判断的两个角度

一是下跌的力度；二是成交量与形态。

(1)下跌的力度

学习通道技术后，我们要清楚，市场的下跌有两种：

一是趋势通道的正常趋势回调。对于通道内的趋势回调，我们按照重点观察回调支撑位后是否止跌反弹就行。如果止跌反弹，那么它将延续通道趋势，由支撑位向压力位反弹靠近。通常一个刚形成的趋势通道是很难被破坏的，我们可以在下跌支撑位企稳后开始建仓。

二是趋势通道破位大跌后的底部，这个判断是最重要的交易机会。

对破位型底部力度判断的因素有两项：一是空方是否已经完成三段宣泄；二是与背景环境相结合。

(2)成交量与主要底部形态

①强势 V 型反转

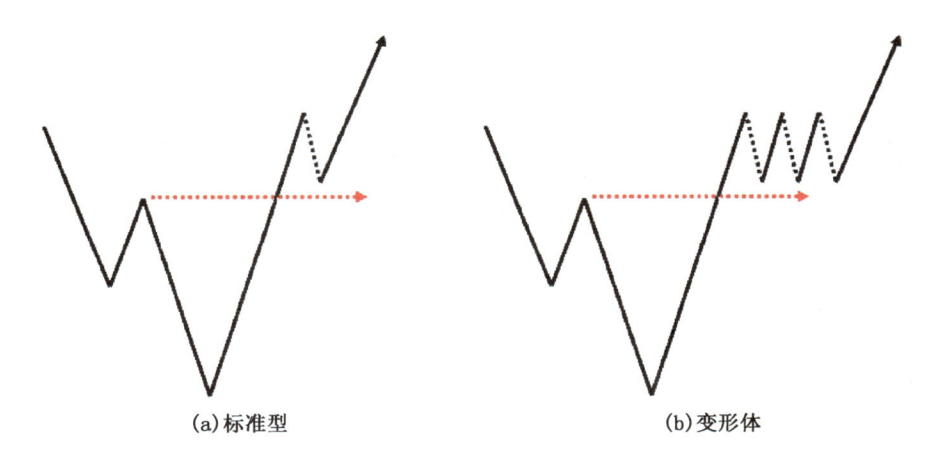

(a)标准型　　　　　　　　(b)变形体

图 1—35　底部形态

这是一种力量比较强劲的反转方式，代表的是一种强势，表明市场力量当下对此指数或个股看好。

但是，反弹拉高出货也有 V 形形态，对于是反弹还是反转的判断，是强反还是弱反，依据以下几点因素：

一是看反弹量能，二是看反弹高度是否真实突破颈线，三是看反弹高度。

具体地讲：

一是有力的反弹或反转，一定是来自资金的强度。所以在图 1—35 中，左侧下跌段的量能要逐步减少，而右侧反弹段的量能要逐步保持持续提升，即反弹段的平均量能必须大于下跌段的平均量能至少30%以上,大于50%更好。如果这个拉升量能不济,很明显会是一个弱反弹,更不可能是反转。

二是看反弹的高度,这个高度的评价标准就是颈线。真实突破颈线代表前高被突破,套牢盘压力被解决,也代表市场的力量看多,多方强于空方。

只要这两个指标成立,一个有力的拉升突破了颈线,就可以先判断市场处于强反弹或可能性反转中。

最后判断是强反弹或是真反转,再通过第三步确认:回撤压力与上涨高度。

一是突破颈线后的每一次回撤,都必须缩量,调整时间要短,代表是洗盘,而不是出货。而且回撤的幅度不能破颈线,特别是那根突破颈线的关键K线的最低价位。

二是突破颈线后的上涨高度,理论上要超过2倍最低点到颈线的高度。如果上涨幅度低于或等于此高度,同时又出现连续放量阴线,那么就只是一个大级别的反弹,而非反转。但是,就算是一个大级别的反弹也够我们吃好一段了。

最后强调,任何判断必须加入市场背景的强弱分析,这是市场分析不能缺少的内容。

实例:创业板大跌后反弹(截至2018年3月13日)(见图1—36)

A. 这一轮创业板出现V形拉升的市场背景:政策突然转向支持"科技创新型企业",带动了市场资金的态度,由价值投资向新经济投资的改变,让创业板受到资金重新关注。

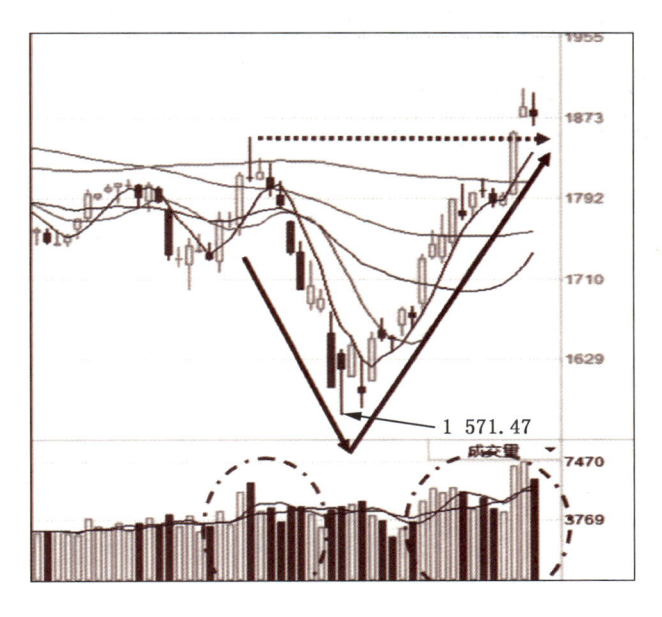

图1—36 创业板V形反弹

B. 创业板上涨已经突破颈线,是强反弹或反转,就看上涨的高度与回撤量能的变化。

一是要确认对颈线真突破,如果回撤缩量调整后,向上继续有力反弹,强反弹就成立。

二是理论上反弹的高度要超过2 200点才能确认反转,如果在2 200点内大幅放量回撤再破颈线说明反转失败,就是强反弹;如果突破2 200点,说明市场较强,就可能是行情的反转。

只要回撤在颈线上调整到位后,如果继续放量向上,就先按强反弹操作。

注:后面的走势受中美贸易战影响,形态被破坏,所以技术与环境的关系密切。

C. 创业板的这个 V 形反转,受突然出现的中美贸易战影响,使 V 形趋势出现了变形,我们就需要及时做出调整,从形态图调整到趋势通道图指导操盘,如图 1-37 所示。

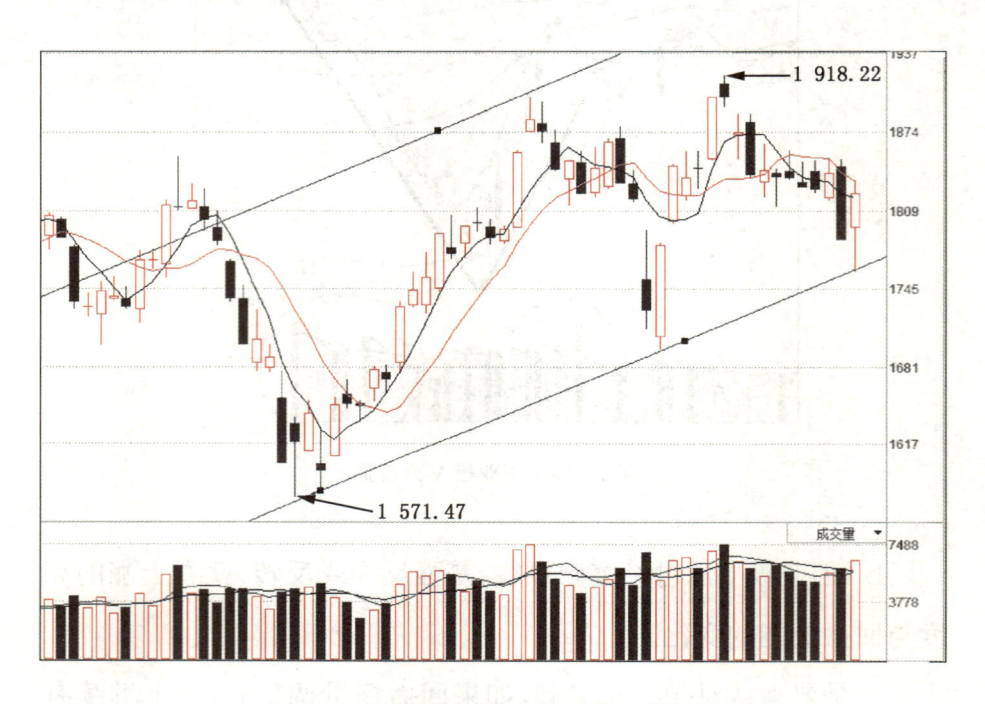

图 1-37 受中美贸易战影响的趋势通道图

所以,趋势技术是动态变化的,是在动态中不断跟随和修正指导操盘的过程。

②双重底型(底部形态之王)

图 1-38 是最常见的底部形态。

判断要点:

A. 量能分析。L0 通常应该缩量,也可能有短线资金抢货,出现量增。H0 应该放量。H0 代表的是短线资金获利出货,出现放

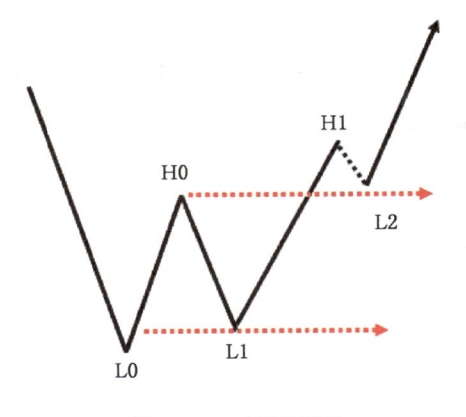

图1-38 双重底型

量滞涨形态,随后因短线资金出货而下跌,而下跌到 L1 时量能缩量,代表空头力量减弱,愿意卖的减少。随后反弹冲破颈线 H0,达到 H1,突破颈线时应该有力,即放量。L2 位置为回调洗盘,所以量能必须缩小,然后放量上冲。

B. 位置分析。L0 称为第一只脚,L1 称为第二只脚。W 形态中,第二只股必须于第一只脚上方止跌,这表示市场仍处于多头,如果 L1 破了 L0,说明空头趋势仍强,这里就可能不是底(但是,现在的技术市场过于透明,主力也有可能让第二只脚破了 L1 又快速收回,造成假破位,这时破 L1 的量必须低,而且必须 1~2 天内快速收上去,高于 L1)。H0 是颈线,强势反弹必须突破颈线,不破颈线,说明市场极弱,是弱反,要格外小心;而破了颈线后,L2 如果是洗盘就不能下跌到 H0,破了 H0,说明空方占优,就不是洗盘,位置是判断的要点。

C. 底部的核心特点。高点与低点均逐步抬高,这是常规判断的要诀。如果底部的低点不断抬高,通过形成通道,就可以不按图形,而是按趋势通道进行判断分析。

　　D. 真实破颈线后,强反弹理论上涨幅度为 2 倍 L0－H0 值内,如果超过此值,则可能是反转行情。

　　③三重底型

　　这其实是双重底的一个延伸,即市场在反弹或反转前多洗了一次盘,使得形态多了一只脚(见图 1－39)。

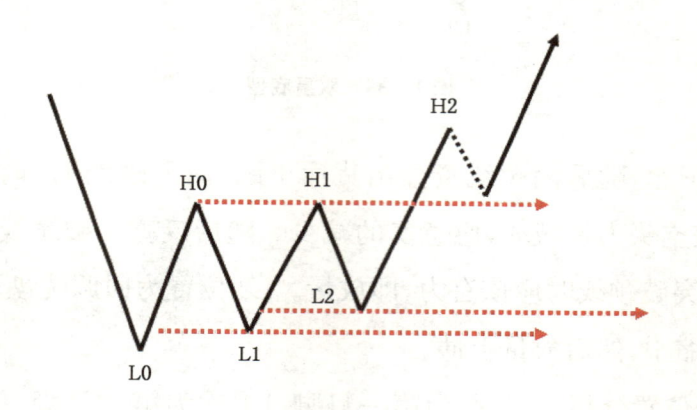

图 1－39　三重底型

　　这个形态的主要特征和双重底一样,另再把握几个要点:

　　一是量能方面,经过第二只脚洗盘后,L2 的量能会明显减少,突破颈线时的量能可能不会放太大。

　　二是比双重底磨的时间长,突破颈线后的上涨幅度可能更急,更大。

　　三是很重要的一点,底部的低点一定是越来越高的。

　　④头肩型

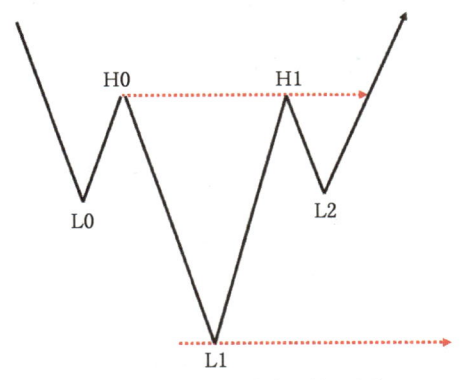

A. 标准型：左右肩与时间对称

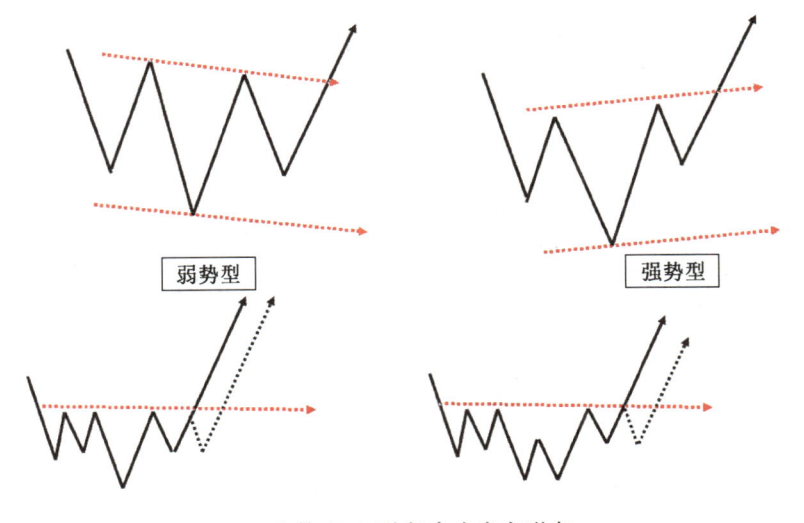

B. 变体型：四种复合头肩底形态

图 1－40　头肩底形态

判断要点：

头肩底的形成是由于在深跌中出现惜售现象，筹码稳定，短线资金或机构进入抢反弹所致。

一是量能方面。下跌是缩量，反弹要有力，大于下跌量。对于量能，需要注意的是，正常情况下的下跌末期量能应该少，但是如果出现逆势量（量能反而增加，K线带下影线）的情况后，则可能是机构与短线资金提前进入布局的情况。这些情况可以通过加入背景环境来分析。

二是位置。短线资金在上冲颈位后开始兑现利润，止步于颈线，随后下跌时须缩量，且跌幅有限，在一个底部止跌，受到支撑，表示市场空方力量有限，随后就会出现放量上攻。

所以，在底部的"量价与位置"要体现的都是一种多空博弈，底部一定是多方力量占优，多空转换的力量对比。

⑤杯底型（特殊形态）（见图1-41）

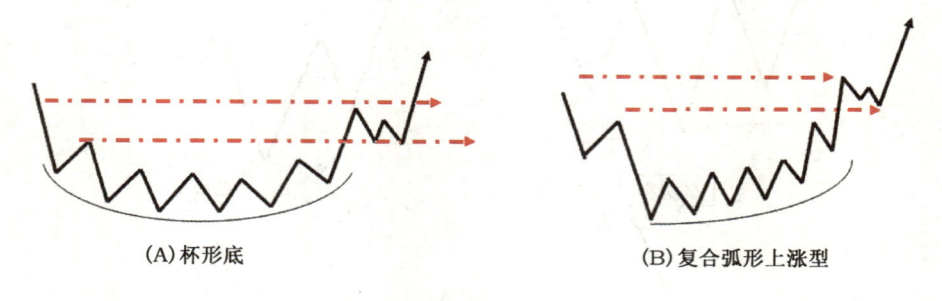

(A)杯形底　　　　　　　　(B)复合弧形上涨型

图1-41　杯底形态

一是这是两种特殊的形态。杯形底是《笑傲股市》作者欧奈尔最重视的形态。这种形态来自长期或较为明显的深跌后出现的修正形态。量能出现萎缩，多空双方出现拉锯式的牛皮走势，并由空方占优变为多方占优，从向下走到向上。

二是量能方面。缩量的同时也比较混乱，只有在出现向上突破时，会形成量价齐升。而突破后会出现一个杯把，这个杯把视为洗盘，其回调幅度要小，低点要高于下跌时的高点，且量能萎缩。随后调整到位，再次出现量价齐升涨势，启动股价上涨。

三是复合型与杯形底的区别在于,复合型是在急跌后就形成弧形上涨的趋势,高点与低点均抬高。而在上涨的过程中,量能体现为涨起量、调缩量,其他都一样。

通过上面的分析,大家应该清楚,高点与低点的相对位置比较及量能的变化在市场判断中很重要。这些位置的变化,代表了市场"势"的变化。突破或跌破关键的位置,在大概率上都表示"势"在强与弱上的转变。

2. 底部的主要交易策略

常规的底部交易策略认为,只有在有效突破颈线,明确趋势成立后,才开始进入。

比如,以 V 形形态为例,图 1—42 代表了常规的交易方法。

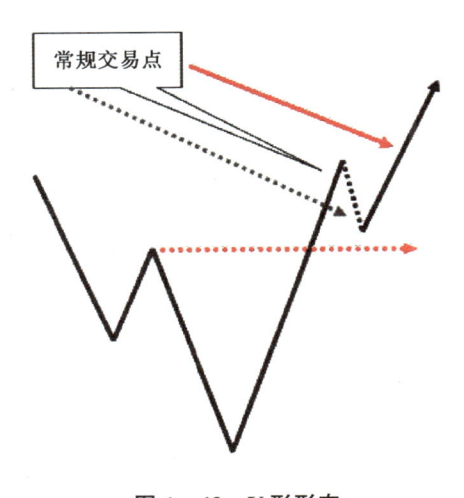

图 1—42　V 形形态

一是放量突破颈线段后先假定为有效突破,开始在突破段建头仓;
二是如果回调出现放量下跌,则设立止损价位。
三是如果回调是缩量,在颈线位置止跌,并开始放量上涨突破头仓价位后加仓。

但是,在实战中,我的经验不是如此。

常规交易法是一种右侧确定交易策略,这种策略在牛市或强势市场中可能是有效的。但是,在震荡市中,追求这种确定性,往往会很被动。尤其目前的中国股市,大涨与大跌同行。而且,在一段时间内如果没有提前参与,看似一段上涨的趋势明显时,恰恰可能是主力要出货时。结果这种右侧交易带来的将会是前后打脸,即在观察时,指数不断上涨。在确认上涨趋势形成买入后,指数开始滞涨,甚至买入不久就被套住,容易成为打提前量的接盘侠。

所以,我的策略如下:

(1)交易要会打提前量

在确认指数出现三段式下跌的末期(初期下跌、反弹、恐慌下跌),在指数恐慌大跌出现后,若出现缩量止跌,开始大胆建头仓(20%仓位)。

(2)选股对交易极重要

震荡市是结构性行情,个股的反弹也会是结构性强势。因此,打提前量不是随意选股,目标要非常明确。

①选股的第一要点仍然是题材。

打提前量潜伏的股票有几个特点:

题材一定要保证有热度。这个热度有两层含义:一是如果市场已经出现新鲜焦点题材,那么首选一定是新鲜的。二是如果市场没有新鲜焦点题材出现,那么就要把目标放在前期热点中。这是因为,市场喜新厌旧,但在没有新热点时,也会炒冷饭。

②选股的第二要点,在同题材中选超跌个股。

在选股的问题上,必须清楚自己选的股票的主力类型是机构型还是游资型。抢反弹通常建议选择适合游资操盘的股票或机构庄股。选股时还有一个区分:

一是如果市场是炒冷饭,那么就把目标放在前期深跌的龙头股上。

二是如果市场有新题材,就放在最适合游资的小盘股、股价低、K线深跌后形态走好,没有基金或占比低、业绩好的股票上。

三是自己股票池中符合题材要求,一直跟踪,已经完成吸筹与洗盘形态的股票。

③建立头寸,仓位不能重,等待市场反弹,而如果市场出现反弹,则可根据市场的强度与潜伏个股的强度酌情加仓。如果市场没有按预期走,感觉市场仍然很弱,则一定要及时空仓或止损。

④如果符合预期,已经上涨了一段后,在市场都一致看好时,有很多人都想开始右侧交易时,做好减仓与出货的准备。对于机构庄股,以30分钟级别的趋势通道把握好买点与卖点。

⑤获利出货后,如果不是滚仓操作,则一定要观察市场的阶段,如果是赚钱效应末期,切不可再买入,要等待市场完成这轮下跌,并确认新反弹机会来临时再开始交易。

大家应该清楚,获利出货后,非超短选手,最忌马上又买入操作。如果你出货的节奏与机构主力一致,那么你再买入就完全成为接盘侠。

所以,炒股踏好节奏很重要,波段很重要。

我对市场波段的理解:

波段就是在别人犹豫时你参与,别人看好时你退出。交易永远是这样。当你认为是投机时,恰恰是最好的交易时机,当投机变为众人都认为是投资时,在大众都看好时,最好的时机其实已经过去。

这个原理和比特币的炒作是一样的。在价位几百元时,大家争论最多的是它有没有意义!政府也不认可,没有前途!买的人都在冒险,在玩投机。当涨到1万元时,很多人都觉得它是好东西,是投资的圣品,虽然政府仍不认可,但是大家就是认为它是好东西。

实际上比特币本质没有发生变化,一切都是大众在贪婪与恐惧面前的情绪!

(五)指数趋势的秘密:通道、线和图

1. 指数趋势的秘密:通道、线和图

指数的趋势看似无序,其实是有序的。在宇宙间就没有无序的东西,只是依空间与时间的角度不同而会在结果上形成差异。就比如一块石头里的原子其运动看似无序,而实际上从石头的角度看则是非常规则有序的。

那么指数的趋势也一样,只有两种形式:通道和线+图。也可理解为"立与破",立是成立,是通道的形成,破是通道的毁坏。通道的形成体现"通道趋势",而通道的毁坏体现为"线+图"。

若在时间上的大级别处于"立"时,则时间上的小级别也处于立。而时间上的大级别处于破时(线+图形),小级别通常处于图形+通道。比如:

(1)日线级别处于"立",形成趋势通道时,30分钟级别也会形成各种小级别的趋势通道。

（2）日线级别处于"破"，趋势通道破位下跌或突破没有形成新通道，则趋势一定会处于"线或图"形态；30分钟级别也会形成小级别的"线、图和通道"形态。

这些规律给我们在日常交易中的决策带来了很大的帮助。

总之，指数的趋势即使在无序中也可以在不同的时间级别里找到支撑操作的短期规律。下面，我们用图来观察这个规律（见图1—43和图1—44）。

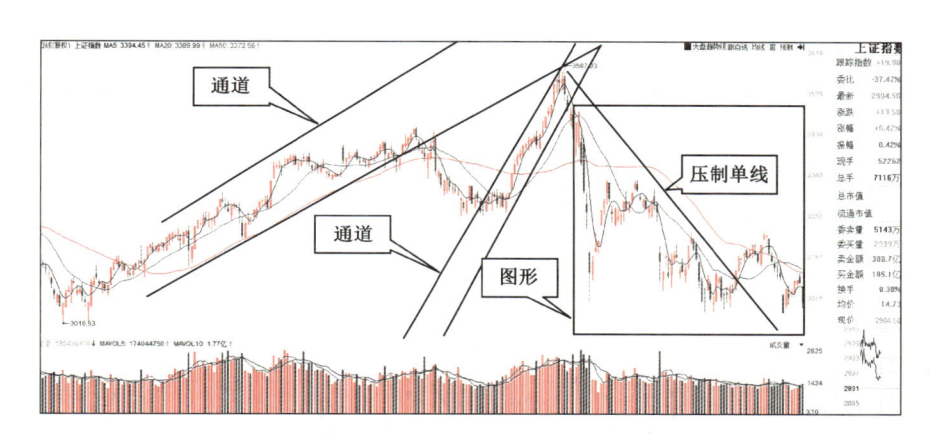

图1—43　指数趋势规律(1)

好好利用这个规律：任何指数图形，都应该多划通道、线和图，而且是要分时间级别划线。画图的好处在于通过不同时间级别的划线，一定可以从中发现当下趋势的短期规律。

（3）利用这些规律就可以实现对短期趋势的预判。

如果你没有通道、线和图形的概念，那么你的操盘就缺乏基础，就容易出现混乱。

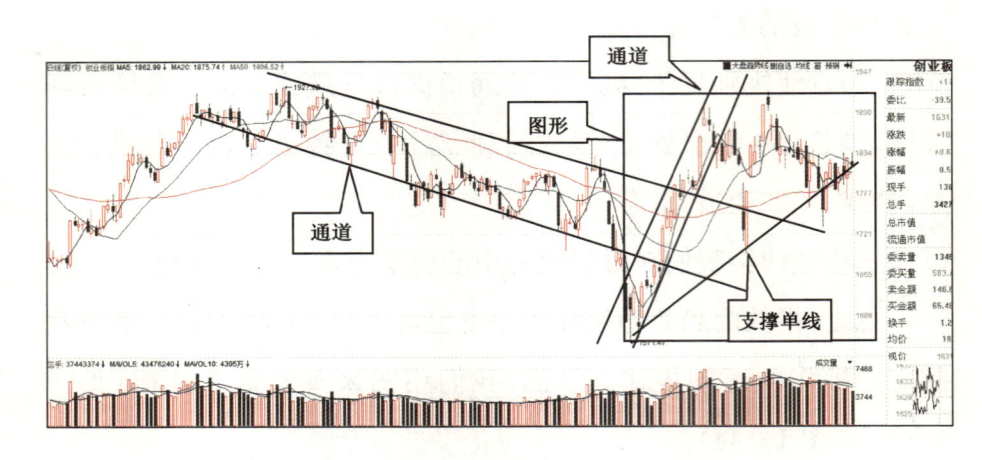

图 1—44　指数趋势规律(2)

上证与创业板在实际趋势中演绎的都是通道、线与图形。

应用：比如下面创业板的趋势图(见图 1—45)。

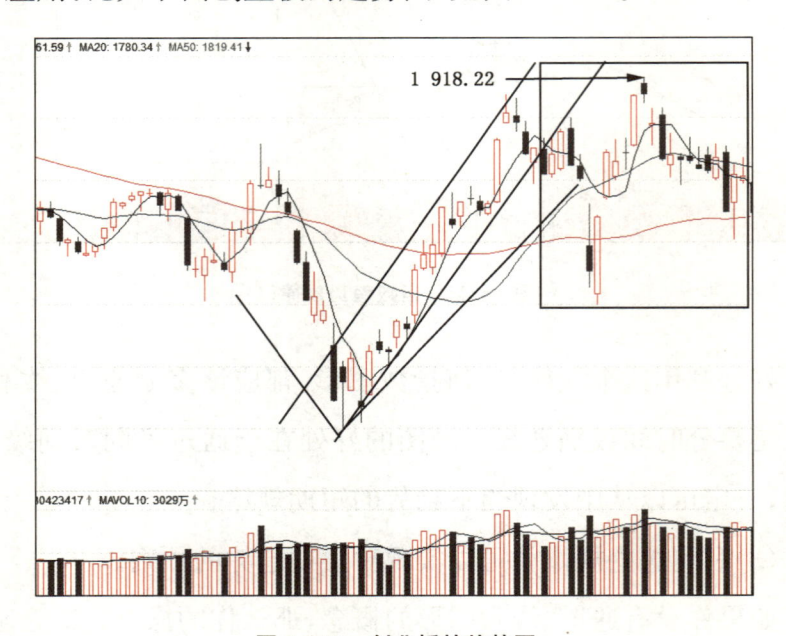

图 1—45　创业板的趋势图

原本创业板走出了一个 V 形反转的形态，结果受中美贸易战影响,破坏了形态,在方框内出现了一个未知趋势走势,让我们对短期走势感到迷茫。

对于图1-45的分析:

(1)指数的趋势不需要看太远,最需要了解的是短期趋势。

(2)对于一个短期的未知形态,一是用线,二是用图形来辅助判断。

(3)日线级别划线,30分钟级别看图,结合预判。

图1-46是日线级别,图1-47是30分钟级别。

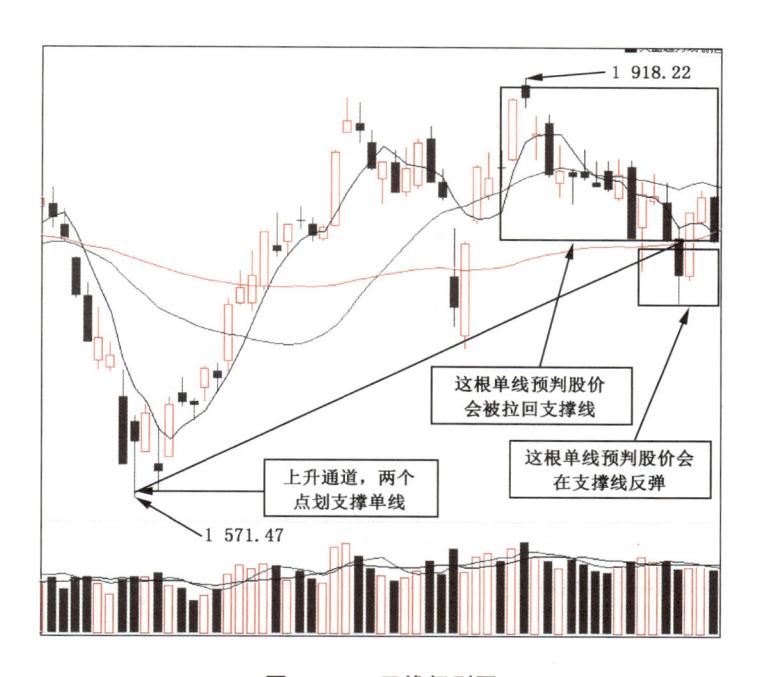

图1-46 日线级别图

通过对指数日线级别"线"与30分钟级别"图形"的分析,可以得出一个结论:指数有回调支撑线的需要,短期趋势就是跌。如果回调,支撑位出现在支撑线周围,在这个位置会有反弹。如果不能有效跌破支撑线,这根线将继续发挥作用,如果在这根线上产生第

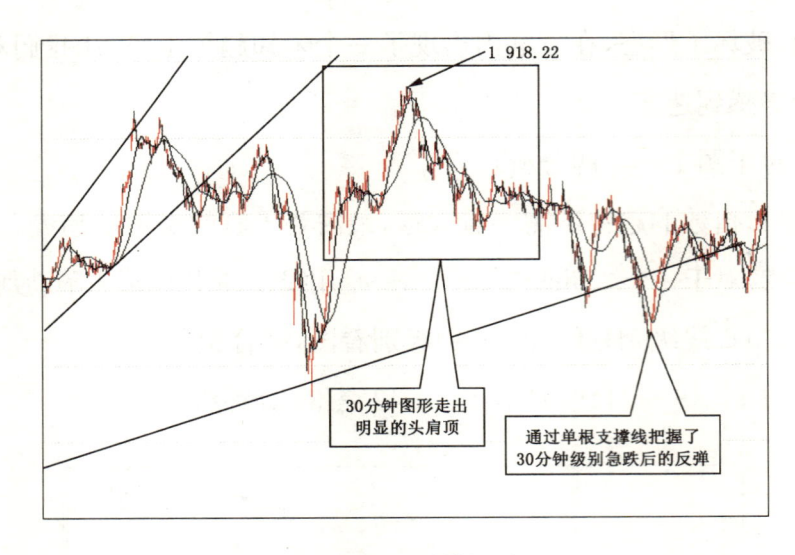

图 1—47 30分钟级别图

三次回踏反弹,那么这根线就可能形成通道,牵引创业板上行,通道规律出现。我们通过上面对创业板的走势分析,就能有效地回避短期下跌和把握住短期的反弹。

2. 实际上在机构庄股的运行中,这种通道与图形相继的关系也是非常明显(见图1—48～图1—50)

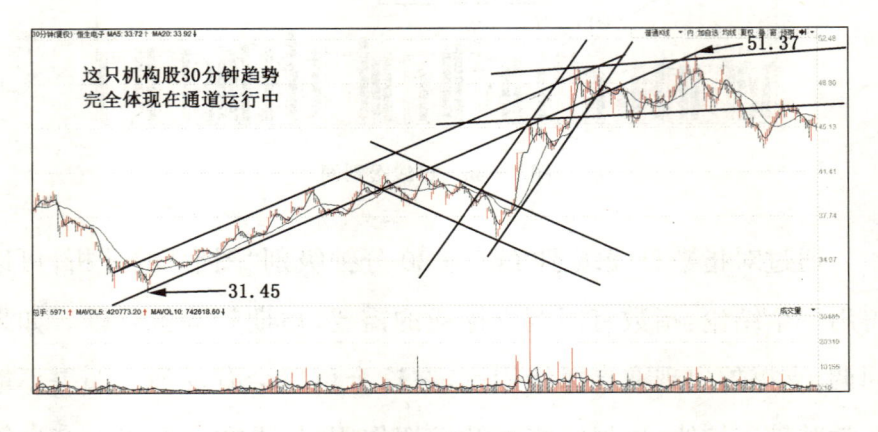

图 1—48 恒生电子

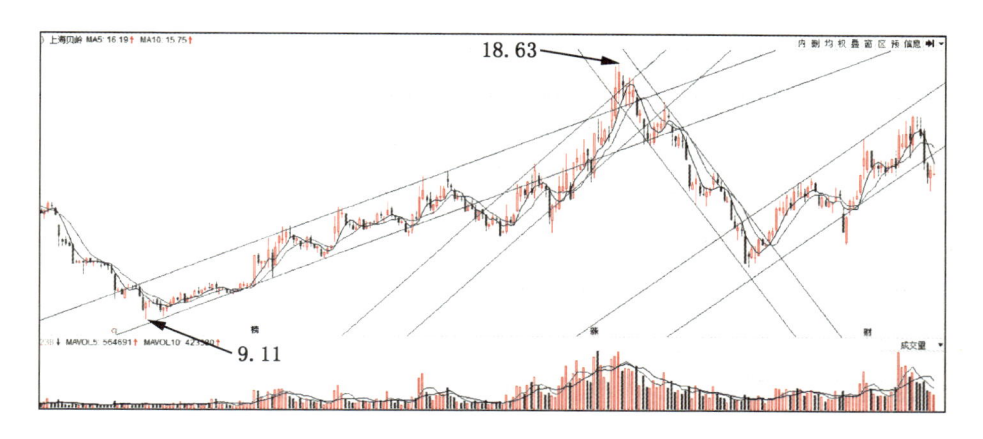

图1-49 上海贝岭

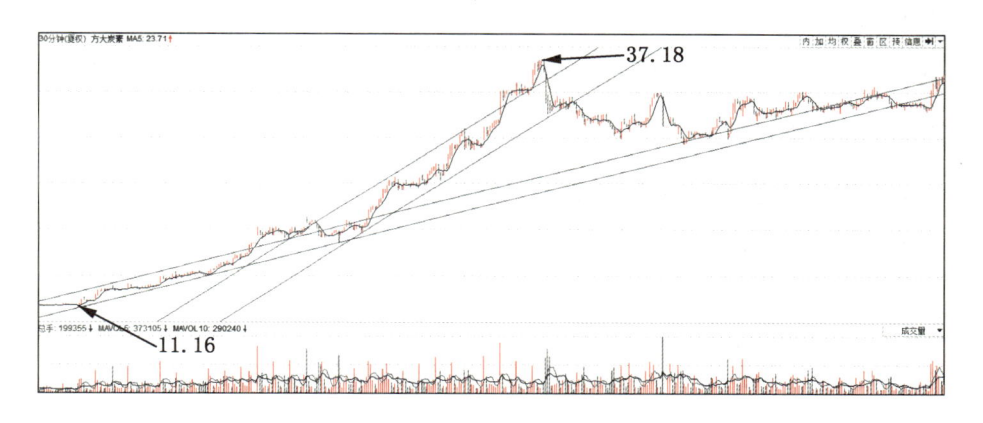

图1-50 方大炭素

对于很多机构主力股,在各级别时间段内观察,我们都可以在某一级别中看到其趋势通道运行的轨迹。所以,不论对于指数或机构股都要多划线,以提早发现其通道规律为自己所用。

第一部 技术基础 | 129

四、揭秘 G 点与热点判断要义

(一)不懂 G 点,炒股未入门

不懂市场上的 G 点与热点,炒股连门都入不了。这句话说得一点都不重,其道出了市场上的 G 点与热点在操盘中的重要性。

为什么这么说?我们首先要明白炒股的实质是什么。通常大家接受的理念是:买股票买的是企业的未来。而事实上,真实的市场没有这么简单!这种理念只适合于教科书,对于实战毫无用处,因为看得太远了。

散户炒股如果不能在无数个短期机会中实现利润,实现复利的积累,在牛市到来后完成复利的爆发,那是很难真正在股市赚到大钱的。

抱住一个企业来操盘,带来的将会是市场残酷的猎杀!等那个企业的黎明到来时,可能你已经葬身股海多年。可怕的是,企业和你一起葬身股海。看看昨天的造梦大师,今天的乐视网,有多少人被埋于其中。

所以,炒股时你只有明白了市场与股票短期上涨的本质是什么,才可能抓住短期的机会。这对你才是最实在、最重要的东西。炒股炒的是确定性,最忌虚无缥缈的东西。

那么市场短期上涨的本质是什么?是主力资金愿意引导市场向上做。主力资金要向上做,不能是一片散沙,必须形成合力,有了合力,市场就有了上涨的动力,这个合力的焦点就是所谓的市场上的 G 点。

而主力资金形成市场上的 G 点的载体是什么呢?就是热点。主力资金形成了 G 点,产生了热点,那么市场上涨就顺理成章了。

对于普通散户而言,炒股的实质是什么?我们都明白要顺势,顺应市场之势。但是,很多人不知道市场之势在哪里,就是市场上的 G 点与热点。如果连 G 点与热点都搞不明白,那么炒股一定连门都还没入。

炒股是一个系统性的科学与艺术相结合的职业,要学习的东西的确非常多,在学习中必须由简入繁,在实战中又必须由繁化简,实在不容易!

(二)揭开市场在 G 点选股的秘密

市场在 G 点选股是实盘炒股十分重要的环节。

前面我们讲了如何判断赚钱效应和亏钱效应的问题,点出了炒股必须踏准市场节奏,在赚钱效应中持仓,在亏钱效应中空仓的问题,这是炒股成功的必要条件。但是,要在市场中赚钱,只是踏准市场的节奏是不能保证你一定可以赚到钱的,因为市场长期都是局部的结构性行情,不是普涨行情。

结构性行情决定了每一轮市场赚钱效应的出现,市场中上涨的股票都只会是少部分,这个赚钱效应也只能体现到领涨的热点板块和个股上。而多数股票都涨不了多少,而且市场在一段赚钱效应结束后,必定迎来亏钱效应,其他没有涨多少的股票同样要一起大跌。

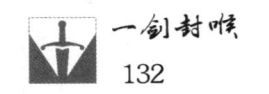

其中最核心的原因就在于：

一是市场总体的资金量太小，只能在局部的少数板块中形成赚钱效应。

二是市场在水（资金）不多的情况下，还在不断地扩容做大水桶，发行新股，让本来已经较弱的市场承担不起这个负重，市场根本没有普涨的条件，除非国家出台吸引更多国内外资金进来的政策。

三是国家2017年将防范金融风险放在市场的首位，说明市场发生整体暴涨的可能性几乎没有；而要防范风险，就要打击抑制投机，当时连比特币都赶出了中国。市场内外"热钱"的观望情绪很重，亏钱效应持续时间长。比如，2017年11～12月份，很多一线游资都休息，处于观望状态，如果市场中的"热钱"都缺乏积极性，那么结果可想而知。

四是社会上的闲散资金虽然不少，但刚经历过2015年的股灾，人们谈股极恐。加上近两年市场上的实际赚钱氛围很差，现有环境基本上没有可以吸引大量社会资金入市的条件。

因此，要想在当时的股市中赚钱，这些问题必须想明白。我们不仅要知道如何踏准节奏，还必须清楚如何选对个股才行。如果说踏准节奏是赚钱的必要条件，那么选好个股就是赚钱的充分条件。而要选好个股，要掌握选股的核心，就需要了解市场在G点选股的原理和优势，吃透市场在G点选股的要义。

1. 市场在G点选股的基本原理

我们先讲股市上涨的核心是什么？

之前已经讲过，中国股市的上涨主要是源于资金驱动和政策驱动，这是股票上涨的本来面目。而在背后承载资金驱动与政策驱动的主要力量就是市场中的主力资金，而且是主流主力资金，不是普通的小主力或特立独行的主力。

任何股票如果离开"主力资金"这个角色，那么上涨基本就没有多大可能。这和龙头股的理念是一样的，市场的上涨必然有一个领涨板块和龙头旗帜。同时，市场中不论散户的数量有多庞大，但是能起到决定作用的一定不会是士兵，只能是战场上的元帅和将军。股市中的散户就是士兵，而主力资金才是元帅和将军。没有元帅和将军的部队，再多也只能是散兵游勇，成不了气候。所以，研究和思考"元帅和将军"无限接近主流主力思维，这是决定你能否正确选股的最核心问题。

炒股作为博弈之术，其要点与出发点一定不是把技术形态作为核心，更不是在新闻消息上打转，而是必须建立在"主力思维"上。只有能把握住主力思维，才能把握住选股的关键，因为市场是人的市场。

但是，很多朋友对于主力思维的认识，只知其一，不知其二。只知头脑中所谓的主力思维是个股主力思维，而不明白真正的主力思维是"市场主流主力思维"。

迷恋于个股主力思维是散户炒股最大的障碍和错误。

很多人没有认真想过，市场中的存量资金从长期看都是有限的，这个有限不仅指散户资金，还有主力资金。这种有限的资金结构必然会导致主力资金们需要抱团炒作才能形成市场合力，才能制造机会和引导市场。所以当市场出现持续的赚钱效应时，会是一整个热点板块的启动和热炒,会出现主力资金们不断地在热点板块中聚集,形成合力,推动市场,很少会有单打独斗的,因为单打独斗在市场上形不成气候。

这就是为什么在选股时必须聚焦"主流主力思维"的原因。而只要抓住"主流主力思维"的 G 点,你就能抓住"主流主力思维"。

选股的首要目标是要通过分析后聚焦、再聚焦,最后落到主流主力思维的 G 点上,保证自己能跟上主流主力资金,并抓住主流主力资金的兴奋点进行操作,这就是市场在 G 点选股理念的核心。

通过上面的讲解,你一定要明白,在当下的市场中只有跟上市场主流主力资金的合力才是赚钱之道,其他都靠不住。

2. 在个股的 G 点与市场的 G 点选股的优劣

"G 点"是什么?不说也明白,就是高潮点和兴奋点。

G 点可以分为个股的 G 点与市场的 G 点,这是一个不能搞混淆的重要问题。而选股只要懂得抓住市场的 G 点,那么就一定能有肉吃。但在实战中,对于 G 点的判断,恰恰是很多朋友容易搞混淆的重要问题。

大部分散户都有个股的 G 点的概念,而没有市场的 G 点的概念。理解清楚这个问题,它将形成你和普通散户在选股认识上的第一个分界线,因为这是成为股市赢家的一个秘密。

(1)我们为什么不能通过个股的 G 点选股

通过个股的 G 点选股是广大散户朋友最喜欢做的事。很多朋友在分析买入一只股票的时候,最习惯的动作就是去分析单个个股的 G 点,寻找和分析这只股票所有的有利信息,包括其形态上的、业务上的、业绩增长上的及重组并购上的种种利好信息,以此推断出符合常理的理由,并做出买入决策。总之,会尽一切办法分析优点,让这只股票具有大涨的潜力。

但是,大家没有仔细思考过,这种选股方法存在天然的致命弊病,因为单一的个股具有非常高的"不确定性和被操纵性"。

为什么这么说呢?

首先,对个股基本面的分析存在很大的漏洞。

对于一只股票的基本面,散户往往只能通过这家公司在媒体前的各种真假信息进行分析。而一家公司真实的基本面是很少让外界知晓的,所以信息的真实性就有很大问题,即你的分析多数是建立在各种虚假信息基础上的一种主观臆测。你所分析的大涨潜力其实是不可靠的,可能是你自己主观的想法,也可能是上市公司发布的虚假信息,并非事实。

其次,中国股市垃圾股成堆,世界经济处于艰难的转型之中,很多企业的处境很困难,如果以个股为切入点,希望找到已经明显存在很高价值和具有成长性的公司而大涨的股票,难度是非常大的。你要知道,市场不光只有你一个人,还有更多的人也想寻找这样的股票。如果有,可能价格也不低。

再次,由于市场垃圾股成堆,主力资金有限,现在大部分股票基本不会有主力或者长期有主力的关注,这是不少股票一直处于阴跌状态的原因之一。如果你选择到的是一只完全没有主力资金关注,或者主力资金只是短期运作的股票,不仅会让你浪费时间,更重要的是会在阴跌中被套牢,而这种概率在个股的 G 点选择方式中的确不小。

又次,即使市场中存在主力,在一只个股里如果有长期运作的主力,喜欢吃独食的主力,你参与其中,在它真正拉升前,你完全不知道它会怎么折腾死你,强悍的庄股向下挖坑洗盘30%以上都有可能。

而且,如果遇到的是一个要出货的中长线主力,那结果就悲剧了,你所分析的所有利好信息,都可能是对方为出货而放出的烟幕弹。别人给了你一个假古董,你还以为自己捡了一个大宝贝。这类事并不少见。

最后,散户一旦钟情于一只个股,就会丢不下,这是一种非常危险的行为。A股股票的坑实在太多,最头疼和恐惧的是你所分析、你所期望的所谓利好点与爆发点根本就不存在,甚至还是相反的。看看造梦明星"乐视"的骗局,不知害了多少人。

我曾碰到一只股票,同一个利好消息在两年内发布了多次,但是在两年的时间中都没有兑现过,每次都能找到一个理由敷衍市场、敷衍股民。

还有朋友告诉我,他选过一只股票,自己非常看好,因为股价在26元左右时,某信托主力一次买入近3亿元,这让他的信心倍增,并让他有无数的理由充分相信,这个信托主力的大手笔买入绝不会是空穴来风,一定有潜在的大利好,并知道内幕消息。

但是,他万万没有想到,这只股票随后没多久就开始阴跌,信托持股一年后,在股价跌到10元时,竟然在这个价位全部亏本清仓。这位朋友非常疑惑地问自己:信托为什么要清仓?也许这只股票已经跌到了底部,即使现在不在底部,亏了那么多,就算是散户也不会再割肉,它竟然全部清仓了,怎么能接受这样的亏损?他完全想不通是什么问题,想不通这些主力是怎么思考的。其实,这种事在股市上经常发生。

金融领域是一个完完全全的利益场、赤裸的利益场,尤其在一级市场里,利害关系非常复杂,利益输入与利益输出都不是小散能了解的。

有的问题还可能超出我们的认识。就如这只股票一样,这个信托主力的资金性质是什么,背景是什么,你完全不可能知道;它为什么要这么做,你也永远不会知道。市场中资金的性质、目的与手法真的非常复杂。

所以,讲了这么多,你应该清楚,把分析、时间、希望寄予单只股票的 G 点上是非常不明智和危险的。尤其当你所分析与期望的结果完全就不可能实现和存在时,此种情况下守股就变得非常可怕。

通过以上分析你应该明白,希望抓住个股的 G 点的风险在于:不确定性非常高,被操纵性非常高,被欺骗性也非常高。

说到这里,希望大家能认真、安静地回想一下,在你们的炒股经历中,当你们选出一只股票重仓买入后,它却老是不涨,还长时间地把你套住时,你最希望、最渴求的东西是什么呢?

你好好地回忆一下,你是不是太希望这只股票有突然的利好出现让股票上涨,你太希望有主力能发现这只股票并进行操作,你处于一种夹杂着失望与哀求的心理状态中。因为你无法正视自己,已经看不清这只股票未来的走向和希望,时间与股价已经让你的希望不断破灭、让你的恐惧在增加。

在这种状态中,稍清醒点你一定能明白,现在的你已经被市场所奴役,已经到了哀求市场的份上,但是很不幸,市场是没有感情的,它对你的一切视若无睹。而当你在不断祈祷哀求市场的时候,在这个漫长的过程中,市场中却出现了不少大涨的股票,但都和你毫无关系,没有缘分,会让你痛苦万分。

当每一次出现这种情况的时候,你却从来没有静下心来思考过,或是没有思考清楚过这是为什么。没有明白你太希望这只股票有突然的利好出现,你太希望有主力能发现这只股票,让它上涨,而这两样东西为何都和你没有关系呢?

其实原因非常清楚。因为你选择的是一只以"个股的G点"为主的股票,还可能是一只G点根本不存在的股票。

而那些在你不断地祈祷与哀求过程中在市场中出现的大涨股票,它们都满足你最期望的两个要求:有利好出现和有主力操作。

为什么?它们上涨的原因并非因为个股的G点,而是符合了主流主力资金的G点,被市场中主流主力资金的G点的大风所驱动并被这阵大风吹起来,问题就这么简单。

所以,选股的过程其实就是一个押宝的过程,这个过程成功的关键在于你押宝的理念和操作程序是否具有确定性和可行性。

(2)选择市场的G点优势在哪里

选择个股的G点最大问题在于:不确定性非常高,被操纵性非常高,被欺骗性也非常高。而选择"主流主力资金的G点"正好可以回避以上问题。两者最大的区别:一个是集体合力,一个是个股独力。

主流主力资金的G点因"市场合力"而推动。市场合力的特点：具有更强的确定性、难操纵性、防欺骗性和可辨识性。

独力玩的是个股利好，而合力玩的是等风来或跟上风口。独力让个股利好真假难辨，可能让你无限等待。而市场合力属于等风到来，可辨识性强，机会相对确定。

所以，在当下市场中选股成功者的秘密都在于对确定性的把握和认识。

我们详细讨论以下几个问题。

第一个问题：为什么说"合力"具有更强的确定性。

这其实是由市场的性质和主力资金的利益所决定的，我们知道主力资金是为利而生的。为了"利"的实现，主力资金们就需要思考如何在市场中赚钱，怎么才能在市场中赚钱，是否潜伏有利好的个股。

比如，明星基金经理王某某曾喜欢潜伏重组股，守候个股的G点，但是玩这一招最成功的也只有他，这说明成功的概率非常小，必须具有特殊的能力。但是，现在他的光环已经消退，因为市场变了，A股已经由庄股时代进入了市场合力时代，由独食时代进入了合力分食与抢食时代。

合力时代最大的特点是什么呢？是人气。

人气，我们称之为流动性，也可以叫流量。

"流动性"在当下的市场中是一个非常重要的词语，它代表了资金的活跃度和充裕度。在任何市场上任何一只股票，只要流动性出现问题，那么这个市场上的这只股票基本就废了。因为没有流动性的股票，就没有人玩，买卖盘就会枯萎，变为一只死股票，没有流动性就没有了赚钱效应，走上阴跌的命运。

而人气越足的市场和股票，说明玩的人就会越多，其持续性就会越久。持续性越久，可以折腾的利润空间也就会越大，也就存在大家一起博弈的价值和大量可以收割的散户。

因此，在这个市场上，主力要想赚钱，他们就必须合力抱团制造人气，增加局部和板块的结构性和流动性；否则，主力资金也就失去了存在的意义。

为什么称为主流？因为这是大部分主力资金的必然选择与共同选择。

再加上资金成本有时间性，受时间的制约，如果不能在一定时期内获利，那么成本就会增加，对主力也会不利。

这就让主流主力资金们一定要不断轮动地抓住市场中的各种机会去引导市场，吸引散户，制造人气。可是市场散户资金和主力资金都有限，它们就会默契地集中到可利用的局部热点板块上来形成合力，制造局部人气与增加流动性。市场一旦认可这种机会，就会出现热点领涨板块，出现龙头股，产生持续性的赚钱效应。

所以，从这个角度而言，主流主力资金为了共同的利益，合力推动股票形成局部结构性上涨就成为必需的共同意识，而且是非常确定性的事情。这个机会只属于被炒作的板块与热点，就是我们所谓的市场上的G点。

第二个问题：难操纵性、防欺骗性与可辨识性也就变得非常清晰了。

一个市场板块或热点能不能成为大热点,具不具有炒作的有效性和持续性,这就不是某一个或几个市场主力说了算的,必须要得到市场中联动的主流主力资金们及广大散户的认可才行。

这也不是某些主力资金只要发动行情,就会有行情的。大家看到市场中有时热点切换快,炒作分散,就是因为没有让市场完全认可,没有形成好的合力;形不成好的合力,大家都赚不了钱,主力也要亏钱。

所以,综合上述问题而言,在合力时代,主流主力资金要形成市场合力赚钱是非常确定的事情,而选择追逐主流主力资金形成的合力将是个人散户在股市中踏准大盘节奏,在选股上作出最明智、最优化和最靠谱的选择,比你去选择押宝个股所谓的重组利好、并购利好,或是其他利好,概率更高,更安全。

通过上述讨论,我想大家已经掌握了成功炒手选股理念的核心要义。

(三)揭秘判断市场热点的方法

这一节我们单独讲"热点"。

认识了市场上的G点的重要性,就明白了市场热点对于炒股的重要性,因为热点是市场上的G点的载体。从这个角度讲,G点就是热点,热点也是G点,只要抓住了市场热点,就等于抓住了市场的G点,就能随主力吃上大肉。

对于热点的重要性我们不再阐述。大家最关心的问题应该是如何选择和判断热点？这对很多朋友来说是比较困难的一个问题，也是市场中较稀缺的一种能力。

事实上，只要把"热点"的本质搞明白，这个问题就可以解决。在把握住热点的本质后，你所要做的就是结合市场的行情走势，不断地反复思考和修正自己对市场兴奋点的判断，反复进行验证，对于判断的结果做好跟随、潜伏和确认。让自己选择的题材大概率成为风口是热点分析最直接的能力。

炒股是必须反复思考和琢磨的行业，这个琢磨的过程就是我们讲的持续聚焦G点的过程，这是炒股的基本功，和打仗的道理是一样的。

如何认识和分析热点？

什么东西会成为主力的兴奋点？题材，而且是具有热点潜质的题材。所以，对于热点的分析，第一步需要关注的就是题材。在对题材的理解上，有两点需要搞明白：

第一，认识主力为什么需要题材。第二，明白题材是有级别的。

1. 主力为什么需要题材

首先，我们要明白主流主力资金是为"利"而生，不是为所谓的好股票而生。而要有利，就必须不断地制造"市场事件"。这个市场事件的目的是让某些板块出现赚钱效应，在这个板块产生局部活跃的流动性。局部板块有了好的流动性，不仅可以稳定大盘，更重要的是主力有了利益兑现的基础。

所以，为了达到这个目的，共同制造"赚钱效应事件"就成为众主力的共识。这个事件成功的关键在于广大散户的认可和参与。

市场主力的任务之一,就必须研究市场中什么东西最有人气,最能吸引散户的眼睛。题材就承担了这个责任。

很多朋友都知道散户喜欢跟随主力,跟庄的思维在中国股民心中根深蒂固。但是,绝大部分人不明白,主力又跟随谁、研究谁呢？

其实,主力最喜欢研究的就是散户。主力跟随的是散户群体。

所以,游资大佬炒股养家说了一句高度概括的话:"人气所在,牛股所在"。这句话告诉我们,主力对市场研究的一个用力点就是散户群体的心理。

因为主流主力资金最核心的一个思维是"借力",市场主力制造的所有东西都在于会借力,会借力打力,会用巧力,不是蛮力。

可能有的朋友连热点与题材都分不清楚,给大家科普一下。题材尚未成为热点前称为题材。题材一旦被市场认可与利用而产生了赚钱效应,就称为热点或热点题材。所以,热点和题材既是一回事,又不是一回事。

那么什么样的题材最有可能成为热点呢？这就涉及第二点,对题材级别的理解。

2. 题材是有级别的

我们把题材分两个层次级别来理解,在第一个层次级别里,又可以归纳出三条规律。

(1)一定要关注国家政策导向,特别是经济大政

A股是政策市。政策是中国股市最需要关注的焦点,市场炒作必须与国家大政相符,这是所有主力炒作最核心的主线,在现有中国股市不能超越的主线。

这里面要注意一个概念,就是经济大政的级别。对于经济大政不能泛泛而谈,一定要重级别。什么是级别?就是国家层面对它的重视程度非常高。如果管理层还需要资本市场配合这个政策的话,那就要引起足够的重视了。

对于级别的问题,我举一个例子。

比如,每年国家的1号文件,基本都会是农业发展的文件。这就是属于国家的经济大政,但是这是一个常规性的经济政策,其级别很普通,有不少朋友容易混淆,只要国家一出文件、一出政策,就觉得都很重要,不是这样的。这个问题就出在他们没有级别意识,把常规的东西与特别的政策相混淆。

对股市炒作有用的经济大政有两个特点:

第一是重要性。国家举全国之力在聚焦推动或解决它。

比如,2016年国家提出的"去产能、去库存、去杠杆、降成本、补短板"的政策和经济任务,全国上下大小经济会议都在讲,都在推动它。这个主题在2016年的股市就体现出来,主流主力资金对煤炭、钢铁等行业展开了炒作。

第二是新颖性和历史性,前所未有。

比如,雄安题材的出现,就充分体现了新颖性和历史性。市场出现了"千年雄安"的提法,雄安题材一跃而起。

那么2018年在政策方面需要关注什么呢?就是十九大的精神、十九大的目标。十九大上,国家提出了实现中华民族伟大复兴的中国梦、实现人民对美好生活的向往而继续奋斗!在这个历史使命下,必须实现经济强国、军事强国和科技强国,那么国家的整体政策导向与政策支持都必将向这些方面集中。

在2018年的两会上,管理层提出了对"独角兽IPO"开放特殊通道的政策,就是对十九大精神的快速响应。这些概念都体现了新颖性、重大性和独特性。

(2)一定是关乎人类未来生活与发展的新技术

能对人类生活形成巨大影响与确定性的创新科技,一定都具有实现商业化的巨大机会。所以,一个充满了巨大想象空间和具有确定性的新科技,一定会受到市场的重点关注。这里面有几个重点词要理解到位。

一是能对人类生活形成巨大影响,它代表的就不是小创新和小技术,而是起核心、主导与具有前沿性的高科技技术。

二是必须要有确定性,就是科技创新在发展上是板上钉钉的,在发展中已经能看到其必然要发生的东西。

三是它已经开始出现实现商业转化的巨大机会。

理解了这三点,就具有了对市场强大的吸睛能力。

给大家举一个例子:人工智能技术。这个题材就很大,在2017年已经炒得很厉害,重点炒什么呢?就是人工智能芯片和5G的产业链。因为这两项是人工智能崛起最重要的基础产业和条件,将来市场还会根据它的发展来挖掘整体产业链中各环节的价值。

对应来看,人工智能就具有了以下三项因素:

第一,人工智能对人类生活未来将产生巨大影响。

第二,人工智能崛起是大势所趋,非常确定。

第三,人工智能已经出现巨大的商业转化机会。

以上因素就是炒作的逻辑，这三个因素缺一不可。

以上分类讲了两大最吸睛的题材。我们可以再联想一下，是否还有没有比这两个更好的题材。当然有，这就是我们要讲的第三个题材。

(3)复合性的大题材

什么是复合性的大题材，就是在当下被国家大政所关注和大力支持，又属于影响未来人类生活的大创新科技题材，这类题材就是大级别的题材。

实际上，从2017～2018年人工智能为什么在市场中炒得这么热，就因为它具有了复合性题材的属性。前面我们讲了十九大提出要实现中华民族伟大复兴的中国梦、实现人民对美好生活的向往而继续奋斗！这个历史使命离不开科技强国，而满足人民对美好生活的需要，也离不开科技创造。

所以，在国家战略层面必然要加大和引导对创新科技企业的全面扶持，作为服务国家战略最前沿的资本市场对创新科技企业的全力扶持就责无旁贷了。国家通过真金白银加政策支持人工智能产业的发展，一旦成为国家大战略，市场炒作的主线就非常清晰了。

这是对题材级别第一层面的认识。

除了第一层面外，市场中的题材还存在第二级别层面，这个级别相对第一级别弱一些。

我们来理解第二层面的题材分析。

2017年的热点题材非常突出，上半年有雄安，下半年有人工智能技术等大型的复合性题材出现，热点很容易判断。

可能有些年头没有这种第一级别的题材,怎么办呢?或者说,在第一级别层题材暂时没有时,市场的赚钱效应如何保持呢?这时,第二层面的题材就可能会承担"热点"的作用。

第二层面的题材比较广泛。它具有规律性、突发性、周期性与政治性的特点。

什么是规律性?比如每年的年报行情,过去经常炒年报高送转,这就是一个规律。这个高送转,可以炒预期、可以炒公布,还可以炒除权。

什么是突发性?比如涨价题材,2017年底天然气供应紧张,还炒出了一个妖股——贵州燃气。

什么是周期性?比如有的行业长期处于低迷的大底后,进入了复苏性的周期,还有的进入了消费升级周期等。

什么是政治性?市场中还存在一种特殊题材,就是政治任务。我们也可以理解为政治题材,就是监管层为了达到其对市场管理与控制的目标或要求,而通过国家队超级主力的资金优势和号召力,人为强制引导的行情。这种行情在2016年与2017年的"价值投资"导向中比较突出。2016年的"中"字头大盘股行情制造了中国建筑、中国联通等牛股;2017年的"上证50"制造了贵州茅台、美的电器等牛股。

以上就是我们认识市场题材和判断市场热点最重要的两层级别。

但是,只掌握了以上内容,你还不能完全真正掌握热点的实质,或者叫根本。

通常对于热点的问题,包括龙头股的问题,我们最常用的解答方式就是用"级别"来阐述。大级别题材出大龙头,小级别题材出小龙头,在《一剑封喉:一位民间高手的股道笔记》一书中也是这么讲的。实际上,这个阐述不够全,还没有深入到根本。这里面是有原因的。

一是因为讲太深了,担心大家理解不了。

就找一个在确定面相对高的经验上的东西来概括。"大级别题材出大龙头,小级别题材出小龙头"就来自这种经验概括,包括很多高手对打龙头股的概述也一样:"谁最先涨停,谁就可能是龙头",这也是从经验的概率上讲的。事实上,谁最先涨停,谁可能就是龙头股,这些都是概率上的东西,并非根本和实质。

二是重要经验不能轻易托出。

这个市场上的人太复杂,人心难测。有的人,你给了很有价值的东西给他,反而会被骂。当年不少游资大佬公布自己做超短的经验后,也被很多人骂,特别那些对做超短不屑一顾的人。所以不少职业炒手讲这些重要经验的内容时,都不会放在书中和视频课里,都是当面授课。每次两天时间就要收 2 万~3 万元。毕竟这都是职业炒手们花了很多年时间,甚至上百万元学费才领悟的炒股之道、赚钱之道,收这么高的学费也是值的。

同时,也可以避开一些专门花点小钱窃取别人经验在网上贩卖赚钱的人。所以,学技术一定是要有缘分的,这个缘分就是你愿意跨过这道门槛。

关于"热点分析"这个问题,网上就曾有一位朋友希望专门出学费,只让我教他把热点这一个问题搞明白。现在把这个问题的根本毫无保留地告诉大家。

第一,认识清楚"热点炒作"的根本关系。

这个问题非常重要。只要把这个问题搞清楚了,判断热点与抓热点的问题才能解决好。

前面我们讲:"题材的级别越大,成为热点的可能性就越大",从逻辑上看是完全没有问题的,但在实战中,则不全是这样。同样,是不是一级题材成为热点后就比二级题材强呢?是不是一级题材才出大龙头,二级题材只能出小龙头呢?未必。

以 2017 年为例,题材级别很大的"千年雄安",还有"区块链"成为热点后,持续性并不强,而且在第一波炒作后也没有出现比较强势的龙头股。

这么好的题材放在过去,早出"龙"出"妖"了,为什么没出来呢?因为管理层不允许炒作,一炒就被打压,多打压几下,主力们不敢动,炒作的氛围也就差了。所以,热点的问题和政策的管理要求是相关的。热点是受市场与监管双重影响的,对这个问题的认识必须要清楚。市场炒作一定要在政策允许的范围内玩,才能玩出高度。

如果你偏不管这个,认为只要题材好就一定要坚持做,认为它一定会成为大热点,那就要出问题。炒股绝对不能以我们自己的意识为转移,必须以市场为中心。

另外,在 2017 年的热点题材中,年末的天然气涨价题材就属于二级题材。但是在这个二级题材里却走出了一只妖股——贵州燃气,它比某些一级题材里出的龙头股还要强,成"妖"了。

所以，题材的级别与出"龙"出"妖"关系非常密切，但是并非根本。

那么，热点炒作的根本如果不是题材，那是什么呢？

要理解这个问题，就需要我们返回来认识"主力资金"的性质。主力资金是为炒作题材而来的吗？绝对不是。主力资金是为"利"而生的。炒作题材的目的是为了创造每年赚钱的机会而已。所以，热点的根本是主力炒作的工具，题材也是。

热点是主力每一年为了制造赚钱效应收割散户而利用的工具，这里着重强调每一年的原因是希望大家明白，在一年中，当市场出现了比较好或比较大的题材时，主力一定是不会放过而制造赚钱机会的，尤其是一级题材对市场的号召力与吸引力非常大，容易成功。

但当市场中没有这一类比较大、比较好的题材时，是不是主力们就不炒作了呢？绝对不是。主力成本是有时间因素的，每年都必须要想办法赚钱的，只要有赚钱的机会，主力们绝不会闲着，他们必然会在次一级的"利好题材"中去制造机会。

一句话，主力资金是不会闲着的，他们不仅要抓有利可图的机会，也要善于制造有利可图的机会。

当然，炒一级题材市场的吸睛度高，容易成功；炒次一级题材，其吸睛度肯定会差一些，能不能炒成功，散户认不认可就不好说了。主流主力对市场的理解力是非常深的，对于市场工具的利用也是非常老道的。他们非常清楚，如果炒作时市场环境比较好，看多的氛围高，那么次一级题材炒作的成功率与高度就会大幅提升，因为炒作效应与市场环境的支撑有直接关系。主力们清楚，只要有环境的配合就容易事半功倍。题材差一些,市场环境配合较好也可以大干,主力行为的所有目的都是围绕"利益"而动。

例如,2018年底在人工智能题材第一波炒作结束后,市场环境还比较配合,这时主力就顺势启动了天然气涨价题材,继续轮动炒作,制造赚钱效应,收割散户。

题材炒作方面有一个词叫超预期。什么是超预期呢?就是这个题材的表现力超过大家的认识。如上面所述,次一级别的题材走出了一级题材的效果也是超预期。实际上,超预期的本质是市场在当下环境中的一种共同需要,或者是渴望。尤其在市场长期没有下雨(赚钱效应)之后,各类资金是非常渴望出现一个持续性的热点的,一旦在市场中自然形成共识,一个题材恰好产生,就会形成较大的合力,推动题材持续上涨,所以题材的生命也是要讲机遇的。

上面关于题材炒作根本关系的阐述文字内容虽然不多,却是非常核心的内容。希望大家通过上述分析真正能把握好"热点的根本",做好对选股与择时的分析。

第二,热点炒作需要关注的其他问题。

我们再讨论一些在热点的具体操作上需要引起关注的细节问题。

一是担心踏空热点的心理问题。

这是散户在热点选择与操作中最突出的问题。

散户心理总是希望能够买在"热点"的启动点,而一旦热点形成,不少股票已经启动上涨,又担心追高而不敢买入,或是担心热点很快就没了,最后常常让自己与赚钱的机会擦肩而过。所以,对这种心理和情况我们需要做一个彻底的剖析。

很多朋友都希望能够百分百准确地潜伏到热点。更有甚者希望能够潜伏到热点中的龙头股,这完全是不切合实际的想法。

首先,热点是走出来的,不是提前设计好的。特别是有几个潜在题材时,哪一个最有可能首先走出来,没有谁知道。龙头股也是一样的道理,也是走出来的。在成为龙头股前,后面参与的主力也是不可能提前知道的。热点与龙头股都不可能是提前由谁100%设计好的。

但是,结合对政策与题材的认识,我们可以提前预判多个热点,做好潜伏。通常我们会潜伏在预判的2~3个热点中,待热点形成后加仓走出来的热点股并换掉非热点股,而不是固执地死守一个潜在热点。

二是要懂真热点与伪热点的区别,克服患得患失的心理。

上面我们讲了,热点在出现前没有谁可以100%提前确认。

抓热点最好的办法有两个:一个是提前埋伏几个潜在热点,另一个就是在热点出现后再做跟随。

通常游资主力和打板一族玩的是跟随策略,而机构主力玩的是潜伏抱团做庄策略。无论哪一种策略,大家都明白热点的最大特点就是持续性。持续性是真热点的标志,没有持续性的"热点"都是伪热点,比如很多题材都是一日游行情。

而热点持续性的特点给了主力与散户比较充足的上车机会。这和龙头股的特点是一样的,真正的龙头股出现后不仅会持续上涨,游资操作的龙头股有时还会有近十个板。重点是它在每天的涨停中都会给散户上车的机会,在三个板时就已经出现了龙头象,但是很多朋友因为不敢赌其会成为龙头股,所以每天看着它涨停,就是没有动作,只有懊悔。

热点也一样,真正的热点不会是几天就消停的,而是会经历市场分歧到市场一致认可,到涨高了后再形成分歧的过程。只要真热点被市场确认,你就不应该等待,而是要快速上车,最好是在热点被市场确认前能打提前量。

市场里还有一种不切实际的心理是老想买在最低点,卖在最高点,通吃全段上涨,这种想法更荒唐。

这种心理好像看不上后面的一段"肉",难道能吃上一段就不是"肉",要吃整段才是"肉"吗？这种心理也要克服。炒股是博弈之术,本身就没有完美的操作。很多人不知道,没有哪一只游资主力在龙头股里是吃完全段"肉"的。而往往多数游资主力在龙头股里吃的空间比例比有些散户还小。

对于那些只有一日游行情的"热点",就根本不值得去参与,因为那就不是热点。所以,对于热点参与的问题,要想清楚,要现实,要明白交易博弈的本质。

只要有了对热点级别与根本关系的认识,结合实盘多总结,慢慢就会产生判断热点的盘感,在具体的操盘中学会埋伏潜在热点,学会热点出现后跟随。只要真正的热点走出来,你就一定要参与,不要错失机会,而且还必须清楚,级别较大的题材,比如人工智能会分波次炒作。第一波结束了,可能休息一段时间又开始第二波,每一波又产生一个新的龙头股等。

从新能源与人工智能产业的炒作上,大家可以清晰地看到这种热点持续性炒作的脉络。好的题材是不会轻易结束的,会给足你研究与参与的时间。因为好的东西,主力是需要反复利用来赚钱的。新能源产业就分波次炒新能源汽车、新能源电池、新能源充电桩等;人工智能产业现在才刚开始,已经在炒人工智能概念、芯片、5G,这个题材的产业链不会简单地结束。

三是对于热点个股的主力性质要清晰。

对于热点的操盘还有一个问题要明白,就是针对两种性质不同的主力要采取不同的策略。散户玩股票就是跟主力,但是主力不同,性格不同,操盘风格也不同。所以,你如果成功潜伏了一只热点股票,则必须马上对其主力性质进行确认,是游资主力股还是机构主力股。并结合主力性格操盘,保持操盘风格与主力性格的一致性,这样你才能驾驭好个股。

关于热点个股的主力性质,我们要注意以下两个方面:

第一,理解市场上的主流与次主流热点。

在市场赚钱效应好的时候,往往会有几个热点板块一起行动。市场中的主力们往往会分散在这些板块中共同炒作市场。但是一定要记住,任何时候市场的炒作都只能有一个主流,这个主流是市场上涨的核心和旗帜。受主流比价效应与示范效应的影响,与之相关联上涨的还有次主流,其他还有非主流。所以,当你潜伏的股票上涨后,你要有这个意识,判断它是属于什么流?如果是次主流与非主流,建议一定都要换到主流的股票上来。两者的区别是很大的,只有主流才具有较好的溢价效应和安全性,非、次主流股票常常在主流倒下前就已经倒下了。

第二,忌题材的过时性与重当下的问题。

炒题材最忌讳炒过时的题材,一定要重视当下。如果一个题材已经明显过时了,就不能再坚守。

我举一个例子:2016年初有一个题材VR虚拟现实技术非常火。这个题材火的原因是因为它具有我们所说的三大因素:对未来生活影响巨大;这项技术的发展非常确定;具有巨大的商业转化机会。

这三个因素在炒作时是比较明确的。所以,当时非常火,大家认为其产业链的炒作会反复持续很长时间。但是在第一波纯概念的炒作结束后,市场发现这三个逻辑有问题:一是对未来生活的影响没那么大;二是技术还不成熟;三是商业转化的机会基本没有体现。这个题材就在市场发现问题后被抛弃了,因为过时了。如果你还盯住不放,守着之前看好它的观念,那问题就大了。

所以,我们讲炒题材绝不要炒过时的,永远要关注的是新鲜的和当下的。

细心的朋友可能发现,如果不能炒过时的,为什么有些龙头股会有第二春呢,尤其是妖股?其实这不矛盾,我们称这个现象为吃回锅肉。吃回锅肉的逻辑是非常清楚的。

你可能还有一个疑问,为什么不是所有的龙头股都有第二春呢?

我们把两个问题结合起来回答就清晰了。

股市是一个"喜新厌旧"的利益场。当有新的热点题材出现时,旧的题材一定会被抛弃。之所以不少龙头股没有第二春，是因为市场出现了新的热点题材。但是，市场在"喜新厌旧"的同时，还有一个性格就是"无新就吃旧"。换句话讲，就是如果没有找到新的题材，与其随便找一个，还不如找老题材好。这就是有些龙头股存在第二春的原因。这里面的逻辑是没有新热点时，老热点仍然是最容易引起市场关注的焦点，仍然最具有人气。

特别是在市场经过一轮下跌后，没有新的题材出现时，而之前的龙头股跌幅较大，回调到60日均线附近受到止跌支撑后，就可能有游资主力吃回锅肉了。

热点的问题全部讲完了，我们对热点的认识一定要从根本关系上去把握。不论是价值题材，还是概念题材，都要把握好这层逻辑关系，不能唯炒题材而题材。自己选了一个"好题材"就认为市场必须炒。这个"好"不是完全由主力说了算，更不是你说了算，必须是市场共同认可才行。

好的题材加环境配合，必然会在市场中形成大的合力与持续性，有了持续性后才会走成热点。没有合力就不会有持续性，没有持续性也就不会有赚钱效应。市场就是这么一种关系。

所以，真正的市场热点是赚钱效应的代名称。

第二部

实战赚钱

一、把握选股与操盘的步骤

(一)指数分析的步骤与要点

任何分析与操盘,都不可能也不应该离开对指数的分析。

顺势而为是炒股最重要的原则。

第一部分里,我们重点对指数三大最重要阶段(顶部、下跌与底部)的规律进行总结和分析。这里综合再讲一下指数分析的步骤与要点。

大家记住一点:不论是对大盘的分析或个股的分析,都必须重视整体性。市场是一个整体,脱离了对市场整体关联性的思考与判断,都是不成熟的和极易引起错误操盘的行为。不能建立起市场整体的关联性,说明你的技术与思考还很不成熟。

1. 市场背景

不论在顶部、下跌段与底部区域,还是在具体某一天的判断上,对于市场大背景的把握都是最重要也是最基础的功夫。因为市场背景会影响到市场主力与散户群体对盘面的态度,市场背景是根本。

市场背景的问题也较复杂。具体地讲,我们要清楚整体的一个大背景,还要明白当下的一个小背景。

大背景是主背景,比如,目前国际经济的环境、国内经济的环境、A股市场的性质、管理层的政策态度、市场增量与存量资金的情况,把这些综合起来,然后给出一个定性的认识,指导操盘。这个定性的认识,就是你操盘的定海神针。

例如,2018年国际经济环境不好,美国发动贸易战,美股处于顶部区域,国内经济形势仍然严峻,管理层反复强调要管控好金融风险,足以说明市场形态复杂、问题复杂,A股市场仍处于震荡市中,市场中的存量资金有限,没有看到吸引增量资金进场的具体措施,且上证指数在2017年上涨后有回调的需要,创业板在政策支撑和持续下跌后有修复上涨的需要。

这个大背景,我们就定性为"谨慎市场",而且是"很谨慎的市场"。市场可能会出现较好的阶段性赚钱效应,但是我们仍看不到更多的增量资金,看到的是"黑天鹅"密布。所以,以上情况没有明显的改变前,我们对市场仍保持"谨慎跟随"。有赚钱效应我们就抓紧赚钱,赚钱效应结束就要跑得快。不要一出现好的赚钱效应,就马上改变三观,认为牛市来了!

有了这个大背景,在判断指数关键位置与重要事件时,首先考虑的就是安全,对判断进行偏空处理。比如,在趋势通道的压力位,我们都认为是有效的,即使偶尔突破了压力位,我们也按假突破处理。

小背景是次背景,比如,近期的市场特征、指数的位置、政策管控情况、有无突发事件等,综合起来,作为短线交易判断市场的重要加减分项。

例如,2018年初,美股突发大跌,让A股市场在压力位引发一轮大跌。管理层维稳意图强烈,对于创业板频出利好政策,但市场并无大量的增量资金入场。

这时对于创业板在底部反弹的机会与力度,我们就可能乐观一些;对于上证大盘股就要谨慎一些。因为,政策导向倾向于创业板,必然会对大盘股形成吸虹效应,吸引部分机构从大盘股中慢慢抽出部分资金进入创业板,支撑创业板上涨(创业板的体格小,机构不可能抽出全部资金,一方面是稳定市场的需要,另一方面是不能全部吸纳),上证指数可能出现阴跌。同时,美股对A股的影响绝不可掉以轻心。

把握好了小背景的关系。对于操盘的重点与节奏也就清楚了。2018年上半年看空上证指数,重视创业板科技股。结合大背景的分析,谨慎操作市场,并看多创业板机会,重视美股影响。

这就是市场背景分析。这个分析很重要,它是总体的方向和在关键位置判断的重要加减分项。其中,政策导向、A股位置、增量资金政策与变化情况及国际环境较为重要。

2. 位置分析

有了背景的定性。第二步要分析研究的就是指数在通道中的位置。这里面有几个方面的思考:一是时间,二是级别,三是位置。

时间是指这个通道形成后运行的时间是否够长,如果够长,那么通道被破坏的可能性随时可能会发生。

级别指通道是大级别的,还是小级别的,可以从两个方面判断:一是日线图上的级别,这和通道的高点与低点的空间有关系,空间大的通道运行时间比空间小的长,级别小运行后被破坏的时间就短。二是可以从时间上判断。比如,日线级别、30分钟级别、15分钟级别等。

位置是指处于通道中和通道被破坏。第一种是处于通道中,那么关键位置就是压力位、支撑位和平台位,根据这些位置指导操盘。

第二种是大跌后,通道刚被破坏,还没有形成新的明显通道,这时通道技术用不上,你就要通过底部和图形来判断。

3. 量价关系

我们在前面讲过,量价和趋势通道平台技术一样,是非常重要的经典技术。尤其对于超短打板一族,如果不懂量价,那么根本学不会打板。

对于日内交易,我最常用的量价是看30分钟与15分钟级别,在短线交易中,日线级别更重要。所以,在判断趋势时趋势通道平台技术在考虑了市场背景与位置后,必须加入日线与30分钟级别的量价分析。对于日内买卖点的判断,用30分钟级别较适合;但是对于短线级别的判断,日线级别的量价更重要。

比如,我通过30分钟级别的趋势通道与平台技术,可以在通道支撑位找到日内交易中一个好的买点,它可能是上午非常好的买点,像美股是T+0的规则,那么当天可能就上涨到30分钟压力位,美股的日内交易规则就可以出来。但是,A股是T+1的规则,上午我们用30分钟级别找到好的买点,当天如果不能卖,而在日线级别,尾盘指标可能已经出现卖出信号,那么,你只能在次日卖出,这个30分钟级别的买点就可能掉坑里。

因此,我们通常是用日线级别的趋势通道和 K 线与量价关系来找机会与风险。等这个机会出现后,再用 30 分钟级别来定买卖点,这个关系一定要清楚。

对于日线级别的判断,重点是量价,而量价的含义与位置有关系。最常用的正常关系是:价涨量增,价跌量缩。如果在高位出现价滞量增、价跌量增,通常都是调整的信号。

4. 图形分析

图形就是我们所讲的头肩顶、头肩底等顶底形态。

结合形态分析有两个要点:

第一个要点是在日线级别。在顶部区域或是底部区域如果趋势通道还有效,就结合一起看;如果趋势通道已经被破坏,就要采用顶部与底部的技术分析,结合图形分析。

第二个要点是在 30 分钟以下级别。如果没有形成趋势通道或原有通道已经破坏,则也需要结合图形分析。

5. 综合考量

认识交叉验证与判断纠错。

(1)交叉验证

大家一定要清楚这条原则:经典技术分析的要点就在于多技术指标的交叉验证。技术学的核心是概率学。多技术指标的交叉验证确认就是一种概率的确认技术。这里的多技术指标,不是其他指标,是经过时间经验的经典指标,就是我们讲的趋势通道、平台、量价与图形,还有级别。

所以,指数判断就在于你能在实战中抓住这个要点,综合运用技术。这个要点就是你要把市场大小背景、位置、趋势通道、平台、量价与图形,还有不同级别综合起来分析和做出判断的决策,在实战中形成你觉得最有效的组合。绝对不能单凭某一个技术指标就断言市场方向,而固执地采取行动。你一定要记住,任何单一的技术指标在市场上都是单薄的。

(2)判断纠错

炒股不是纯粹的科学,所以股市中存在一些多变的情况,可能受情绪影响,也可能受突发事件影响,还有市场本身的变化等。因此,对于市场的趋势,要坚持市场的唯一性,就是只有市场本身是绝对正确的。对于技术的判断不能固执,如果判断与市场的走势不一致,就必须马上进行纠错,以市场为主。

6. 指导短线

最后一条要记清楚。不论你看多远,我们进行技术分析的目的都是为指导短线交易。这一条对散户非常重要,做A股绝不要将短线做成中长线。不论是打板,还是波段都是超短线与短线交易。你在操盘上看得越远,可能出错的概率也越高,也越容易被套。我们只要看好几天或一周,用趋势来验证这几天就行。

案例分析:

(1)大小级别运行时间

从图2-1可以看到,通道级别(上下宽度或时间级别)越小,运行时间越短。

(2)交叉验证

图2-2是创业板在30分钟级别里前一个小通道破位后,走出

图 2—1 通道级别

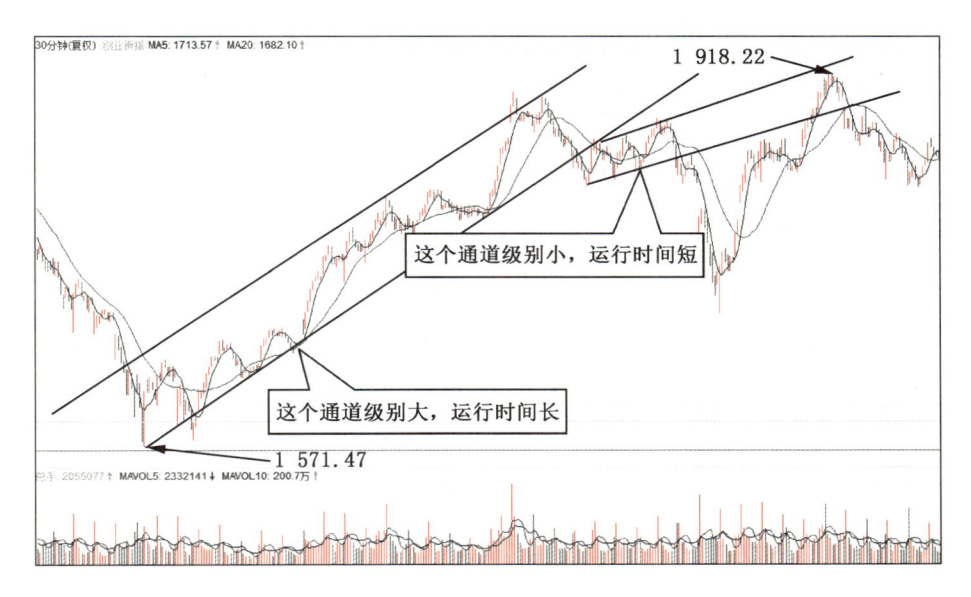

了一个反弹趋势,这个趋势受到小通道原支撑位的压力回调(这是一个很好的卖点)。回调后到达我们提前(按两个点)划的新通道支撑位,在这个位置如果企稳反弹,就有三个支撑点,那么这个新通道就可能形成(4月2日)。这个位置是买入机会吗?

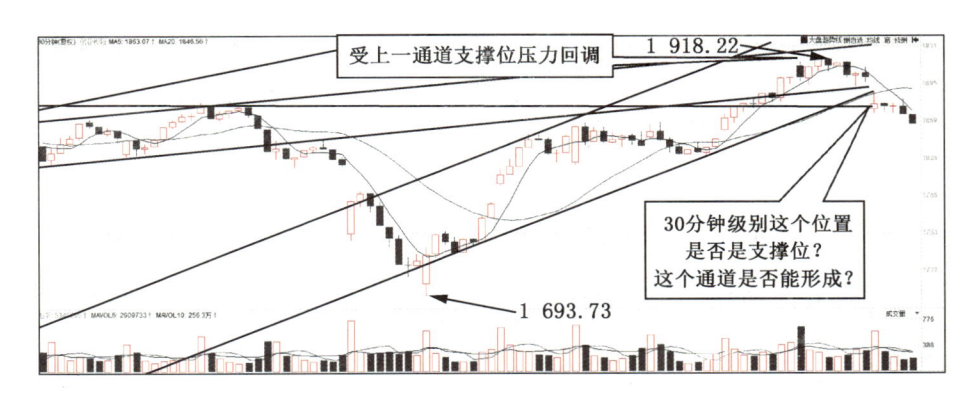

图 2—2 30 分钟级别图

第二部 实战赚钱 | 165

仅有 30 分钟级别是不够的,必须是交叉验证。

第一看小背景:美股大跌,中美贸易战影响,管理层维稳,偏空。

第二看日线的位置与量价关系。日线看机会,30 分钟找买卖点。日线如果没有机会,就没有买卖点。

从图 2—3 可以看出:

一是日线的位置受到了前一个高点平台的压力位压制,这个压力位很重,要突破不容易。

二是量价关系已经出现量增价滞的情况,这种情况大概率会调整,说明市场突破的意愿在此日不强。

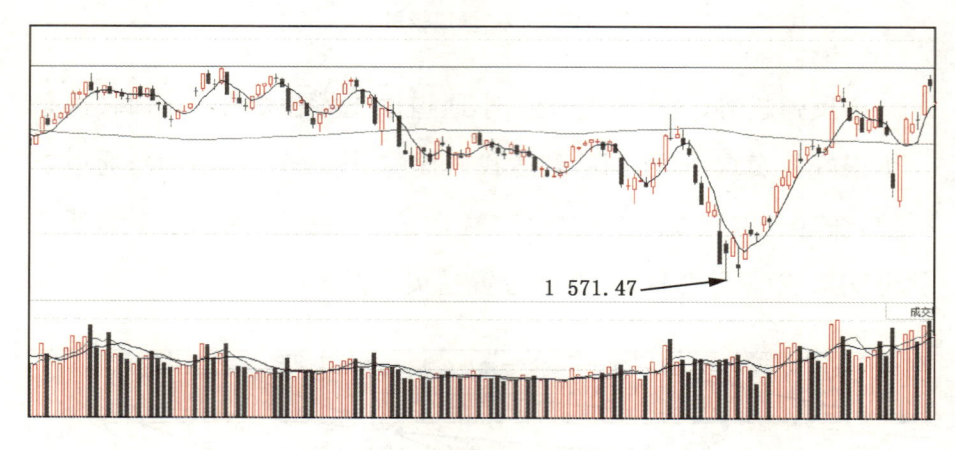

图 2—3 日线的位置与量价关系

所以,根据上面的关系,4 月 2 日 30 分钟级别的位置就不是买点,且那个提前划出的通道(按两个点)是否成立,存在未知数,空仓观察。

如果趋势验证不成立,那么就要快速对那个通道进行纠错。

趋势证明提前划的通道是无效的,见图 2-4。没有通道,我们在这个阶段顶部就需要结合图形与量价关系进行分析。

后面的走势形成了一个头肩顶的形态。

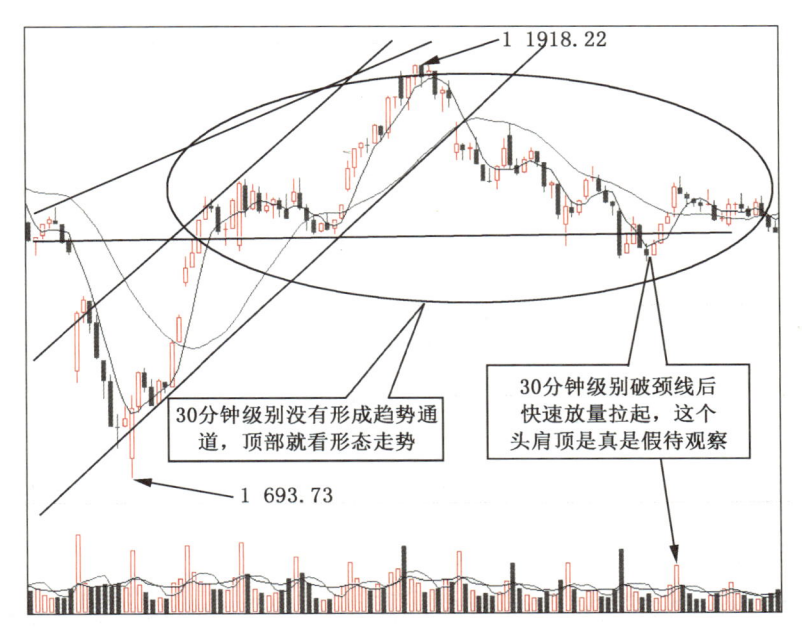

图 2-4 大盘趋势线

结合日线图和小背景看。

一是不利的方面:

①中美贸易战对市场的风险仍存在较大威胁。

②30 分钟与日线级别形态不好。

③下面还一个缺口,需要回补。

二是有利的方面:

①最高领导次日在博鳌会上将发表影响市场的重要讲话。

②管理层高度维稳。

③创业板这个位置从中线看机会大于风险,短线看风险大于机会(见图2—5)。

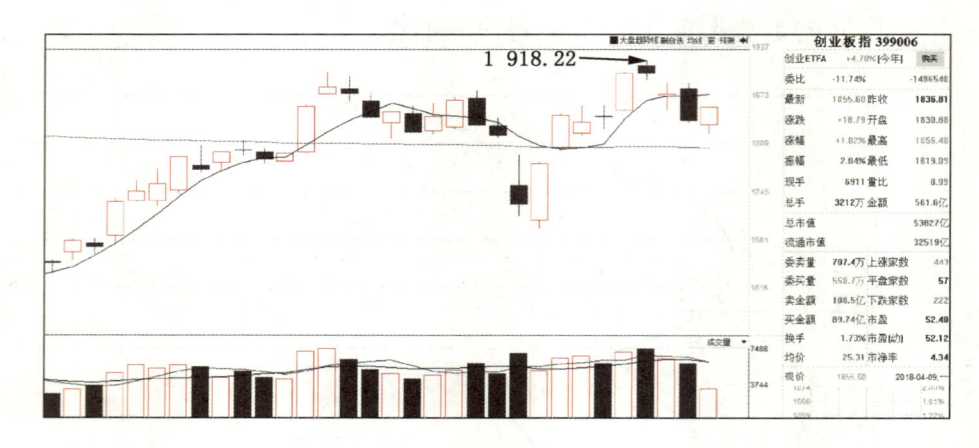

图2—5　创业板指数

因此,在这个位置市场的博弈氛围会很重,市场可能出现大的波动。对于普通散户应该保持谨慎。如果你要参与,可以保持一定的仓位在自己看好的个股中坚持波段操作,同时必须做好止损控制。如果没有信心,可以等趋势明确些再做。

对于激进的打板一族,这种有波动、有维稳的市场反倒是一种机会。所以,炒股必须量力而行,必须与自己的模式相匹配。

前提,只有把指数短期的分析做到心中有数,你才能把握好自己的操作。

(3)实战经验

下面介绍指数短期分析的实战经验。

指数在一个趋势通道内运行的规律较容易把握。有时指数突破了通道或是跌破了通道,没有形成新的明显通道时,则可以借助图形、级别与通道单线来组合交叉判断。

下面是2018年4月份上证与创业板的指数图,我们来找找这些规律,见图2—6、图2—7。

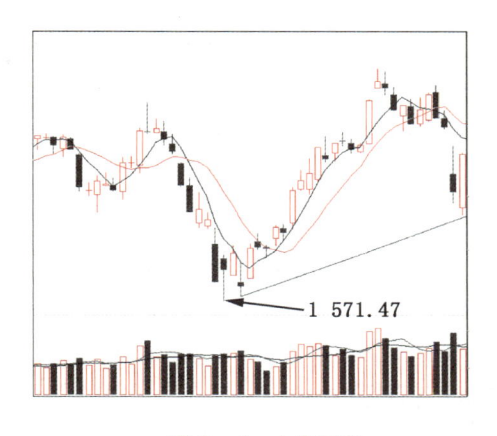

图2—6　上证指数

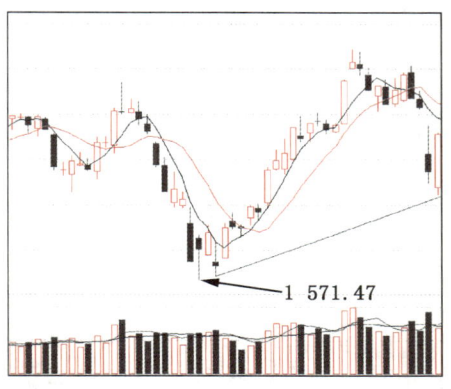

图2—7　创业板指数

①通道单线的作用

上面两图虽然都没有形成通道,上证在走下跌趋势,创业板在走上升趋势。

当上证在下跌后出现第一个反弹高点,创业板在回调后第一个低点出来后,我们就可以划出通道单线,依此判断上证的下一个反弹压力高点在哪里,创业板的下一个回调支撑低点在哪里(下降趋势划压力线,见图2—8;上升趋势划支撑线,见图2—9)。

图 2—8 下降趋势压力线

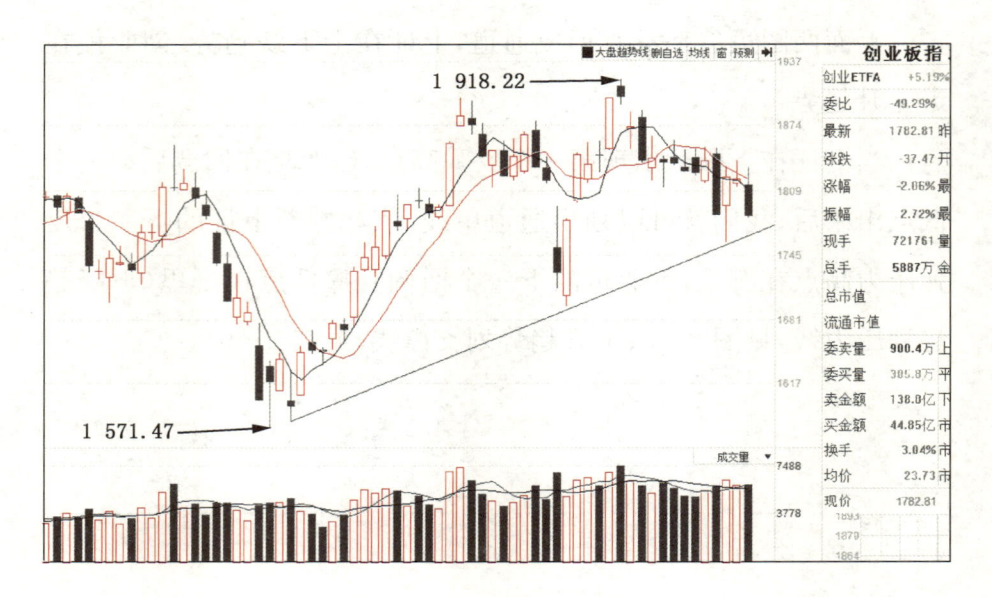

图 2—9 上升趋势支撑线

上面的短期趋势验证了这种规律的作用,这些经验和早期通道的运行有关系,应该属于通道初期多空力量的博弈。博弈成功通道形成,博弈失败规律在下一个点失效。但是,这种规律对于短线实战操盘非常有用。

②同时我们应该再结合更小的级别(60分钟与30分钟)图形进行观察

创业板在第一个回调低点出来后,在30分钟级别里,可以看到一个头肩顶,这表示短线市场谨慎。再结合上面日线级别的单通道线,就可以提前预判这里的上涨压力较大,被拉回单通道线支撑位的概率较高,应该对市场保持谨慎的态度。

图2—10 上证指数

从后面的趋势,验证了这个短线的预判是成立的。

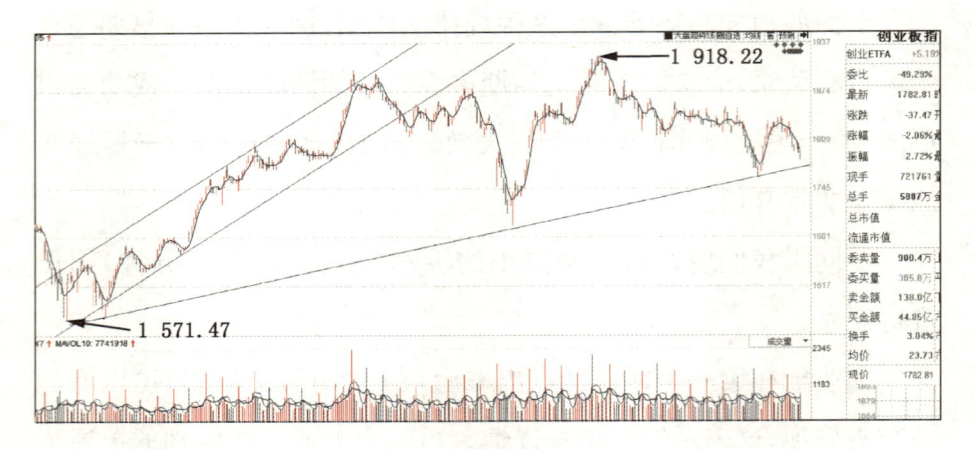

图 2—11　上证指数通道线(1)

③把握要点

上面是我们对短线的分析。对于指数,不要看太远,也不要分析太远,对我们影响最大的是当下。看远了,偏差就会过大。因为影响市场的因素很多,适合这一周的情况和条件,可能在下周就变了,尤其是30分钟级别的运用。

比如上面两大指数的趋势,如果按此划出通道线,则上证指数的情况非常不乐观(见图2—11和图2—12)。

实际上这个通道不一定是有效的,因为下面还有不少历史平台的支撑,以及外力的影响(比如大政策出台、政府干预等,这些都是非市场自身的因素)。对于下跌通道只要不能连续形成新的支撑低点,通道就会无效。

同理,对于创业板的上升通道,如果低点不断抬高,同时高点也在不断创新高,这个通道就有可能会形成。只是单方面的低点不断抬高,高点创不了新高,短期形成的就不会是通道,而是图形。

图 2—12　上证指数通道线(2)

总之,对指数的分析,不能看太远,用于指导短线就好。

(二)个股选股与操盘步骤

选股与操盘的步骤很重要,目标与目的必须清楚。

对于机构庄股的选股与操盘,我们可以分为埋伏战与低吸战,或埋伏与低吸混合战。下面分别阐述:

1. 埋伏战选股操盘步骤

学习埋伏战必须清楚适用的目标。埋伏战主要适用于在市场潜在预判主流热点未启动前,跟踪题材板块内的目标机构庄股,在其拉升前,在这只股预判的趋势通道最后一个洗盘段低位进行埋伏。

另外,也可参与小盘股超跌后在底部埋伏小机构与游资。

(1)个股选股

①永远以板块或题材选股

必须严格按照市场上的 G 点选股法选股,坚决放弃个股在 G 点选股。

A. 预判市场主流合力点(潜在市场上的 G 点)2～3 个。

B. 在预判板块或题材中选股,具体有两个原则:

一是以游资主力为方向选股。游资主力选股要点:盘子小、价格低、K 线形态好、股东基金少或无、业绩良好、题材正宗、有独特的优势更好。

二是以机构主力为方向选股。流通盘在 150 亿元以上,股东主要投资基金,价格低、K 线形态好、业绩良好、题材正宗、有独特技术,走势有明显的趋势通道规律。

②重视指数各阶段特点

选股票也要看市场位置,就是市场处于什么阶段。不同阶段会有不同的选股逻辑。

A. 强势市场阶段做主流:重视从底部起来已经创出新高的主流个股。游资与机构类股票都可以考虑,在赚钱效应中,一定要跟主流。

B. 弱势市场阶段做超跌:主要在超跌的个股中挖掘。如果是对超跌个股抢反弹,重点先选题材中的游资类股票,吃一波反弹后,再潜入题材中的机构类股票。

③建立重点股票池

炒股票不能完全临盘一脚,必须有计划,有目标,有跟踪,而后才有操作,所以必须建立重点股票池进行跟踪,在选择的 2～3 个热点中各选择 5 只股票重点跟踪。

④在关键位置计划买点(大盘与个股)

所有跟踪的股票,都要考虑具体的买入条件。这个条件包括大盘的买入条件和个股的买入条件,两者缺一不可。

⑤耐心等待买点出现(日线级别与 30 分钟级别)

选股票最忌讳刚选好就买入,而要根据大盘、板块与个股条件之前制订买点计划。操盘一定要按照计划,等日线级别的机会出现后,用 30 分钟级别找当天的买点。

(2)操盘步骤

一个好的操盘手,一定会等机会和条件达到时再操盘,宁肯错过个股,也要等时机到来,绝对要制止追价格的行为。

所谓追价格,不是追涨的意思,而是不理计划,迫不及待地追着价格买入。

①预判买入

A. 建议打提前量。看好后市,就把计划价位放在板块与个股趋势形成前建仓,因为趋势明显后,反而可能是出货的时机。

B. 打提前量是建立头仓,必须控制仓位,个股最高不超过 30%。

C. 可提前埋伏到 2～3 个潜在题材的股中(不是同一题材埋伏 2～3 个股,是对不同的 2～3 个题材进行埋伏)。

D. 任何埋伏战法的买入方式,都只能是在关键位置缩量下跌时买,绝不是追高买入,这个技巧一定要牢记并执行好。

②止损纠偏

A. 如果买入后发现错误一定要止损,防止深套,绝对不能臆想,执行纪律是你成为一个合格高手的基本条件。

B. 牢记操盘是短线,如果在计划时间内不达预期,要及时退出,坚决保障资金自由。

③确认加仓

A. 如果预判成立开始加仓,仓位大小必须与机会大小匹配。

B. 如果不是个股的主升浪须捂股外,最好滚仓操作股票。

C. 可采用30分钟级别的趋势通道在支撑位加仓。

④趋势纠偏

A. 买点不错,但是非主升浪股票,可能就1~2天行情,发现趋势不对,要马上做出退出和减仓操作,不能犹豫。

B. 股票虽然上涨,但是和预期判断有出入,且有明显的不确定性,要及时止盈或减仓操作,不能犹豫。

⑤转换股票

A. 如果买入的题材确认成为热点题材,但不是龙头股,建议快速更换为龙头股。

B. 如果潜伏的题材不是热点题材,应立即做好退出,更换到潜伏的热点题材股中。

⑥获利了结

A. 若非市场处于持续的强势赚钱效应中,获利了结一只股票后不应再操作买入另一只股票,而是应该休息,等下一个周期机会出现。因为,赚钱效应之后就是亏钱效应,你买入下一只股票的时点,可能临近成为接盘侠的时间点。

B. 对于强势的持续赚钱效应行情,则需要不断地盯住主流题材,滚动操作,吃完题材的主升浪。

2. 低吸战选股操盘步骤

与埋伏战法不同,低吸战法的目标是市场主流热点已经启动,龙头股或强势股已经出现时,对其进行低吸。

不少朋友会遇到一种情况不知道如何处理?就是一只股票已经在涨了,但是不知道如何去追?买点在哪里?因为买高了,又很容易被套住,不知如何下手。超短低吸模式就是为解决这个问题。

这个低吸模式从赚钱的效应而言,比埋伏战法更直接、更简单,效率更高,最适宜玩机构白马龙头股(提示:游资主导主升浪股票是低吸不了的,只能追涨与打板)。

(1)低吸模式的两个核心要点

第一,低吸战法只适用于强势市场中的强势股(两个条件缺一不可),尤其是强势市场中机构类庄股的主升浪,不是强势市场中的强势股不做低吸。

(注:不少朋友不明白主升浪的成因。我们所讲的主升浪,是个股受题材板块热点驱动而连续大涨,是受市场上的 G 点驱动个股价值点形成的,核心还在市场上的 G 点)。

第二,低吸的秘诀在于 5 日线,这就是买点。

强势股的上涨一定会沿 5 日线上涨,不能跌破 5 日线是主升浪强势股的要点,这是低吸的主要逻辑。所以,凡强势股回调 5 日线必然引发快速反弹。

这个逻辑很简单,却很有效,你可以找一些强势股好好研究。

沿5日线上涨的特点表现为:股价与5日线的交叉点基本就是当天的最低点,这个点低吸基本买在当日最低点,股票如果上涨,当天就会有收益,次日就能获得价差。5日线与K线的接触点就是最佳买点,这就是低吸的秘密。

低吸的目标是已经强势上涨的个股,表示它不可能在个股最初的起涨点买,而是在上涨初、中段买,吃的是上涨初、中段的"肉",位置太高了,尾段的"肉",技术不精,就应该放弃。

(2)低吸只抓龙头股

任何时候,只要有机会一定是玩龙头股。低吸的条件是市场热点已经形成。

一个真正的热点,具有很强的持续性。所以,既然要低吸,那么就一定要吸龙头。没有办法玩龙头,也要玩强势的龙二。

(3)注意仓位管理

低吸的仓位,根据你对市场的强度、板块的强度与龙头股或强势股位置的理解做安排,因为低吸玩的是确定性(市场强度、板块强度与龙头股位置),如果确定性很强,就可以大胆些;如果对确定性不自信,或进入的上涨位置不理想,就不能太贪心。

3. 埋伏与低吸混合战选股步骤

这是前面两者的综合。理解很简单,如果运用埋伏战法建头仓,成功阻击了一只主升浪的庄股后如何加仓?

第一种方法是利用30分钟级别的趋势通道在支撑位加仓。

第二种方法是通过低吸战法在 5 日线交叉点加仓。

这两种加仓方法会让你在使用中得心应手。

二、实战：擒拿机构类庄股

(一)机构庄股趋势通道埋伏实战要点

要在股市实现稳定盈利之路，抓住机构庄股的"趋势、反弹与主升"机会是比较有把握的操盘手法。

其实机构庄股并不是全庄股，而是半庄或抱团的半合力，现在已经进入合力时代。完全的庄股也不存在，监管也不允许。

1. 跟机构庄股的原因

(1)跟随机构股的优势

机构庄股的规律相对容易被发现和把握，且趋势稳定，能提前跟踪。而游资股则不一样，游资股的股性活跃，多是临盘决策，不容易准确埋伏。

(2)跟随机构股的劣势

机构股与游资股相比，劣势也较明显。游资股走的是市场合力，上涨起来非常重势，会势如破竹，一旦上涨，连续性强。而机构股则不一样。机构股的操盘标准含吸筹、洗盘、测试、拉升、测试、出货过程。所以，机构股在拉升前，会不断地折腾把筹码洗出来。因此，判断机构股的买卖点很重要，如果买卖点把握不好，你就踏不准节奏，会被其凶狠地洗出。可能本来可以好好赚一笔的股，结果还亏钱,一只好的股票被浪费掉。因此,擒机构庄股的买卖点十分重要。

通常机构庄股好的买卖点是在洗盘完成和测试成功后,因为后面就是拉升段。但是,我认为对于机构庄股的跟随也应打提前量建头仓,因为有了提前量,你才能更从容地操作。提前量的位置一定是位于拉升前最好一个洗盘区的低点。这个位置常常处于下降通道的一个支撑位与前期重要支撑平台的交叉点上。从经验上讲,至少在通道出现第三个靠近支撑线的支撑点后。

2. 机构庄股实战理念

(1) 选股的核心本质

① 选股的核心本质是什么

选择股票,表面上选择的是股票的基础面与技术面,而本质上选择的其实是大势,是股票背后主力的性质、强弱与态度,这才是选股的实质。否则,一只你认为基础面与技术面再好的股票,主力没有向上做的态度,你再看好,股票也不会涨。

② 选择的是市场上的G点

市场上的G点选择理念非常重要。前面已经给大家做了详细讲解。第一条中我们讲选股的核心本质是主力。而主流主力选股,就是选市场上的G点。市场上的G点是市场主流主力的召集号。

③ 趋势通道平台战法关注什么主力

市场中的强主力分为两类:一类是强势游资;一类是强势机构。

一是游资类股票不适合于趋势通道战法。游资的能力不是最强大的,但是却是市场短期最具爆发力的资金。对于游资主力的股票是不能埋伏的,只能够追涨和打板,适用于"板学战法"。

二是趋势通道战法最适用于强庄股、半庄股、基金抱团股。只有这类股票才满足于趋势通道的模式周期规律。

(2)所有股票都值得操作吗

市场的每一个阶段,只有少数股票值得操作。

值得关注的股票一定是有强主力的股票。不是所有股票都有主力或强主力。所以,在市场中只有少部分强主力的股票才具有关注的价值。而在这少数股票中,还必须找到与自己的模式相匹配的股票才值得操作;否则,模式与选股不匹配也会出大问题。

(3)认识机构主力股票的特点

强庄股的特点是具有鲜明模式周期的特点。因为强庄股需要控盘,所以会经历吸筹、洗盘、测试、拉升、测试与出货六个完整的阶段。

①吸筹阶段

主力在目标价位一定会不断上下震仓,把筹码震出来,这个阶段参与是很难受的,且绝对不能追高。主力吸筹的方式有很多,比如有横向震仓、拉高震仓,还有高位边吸边洗等手段,要结合个股的情况与市场的情况来分析。我们尽量不要参与这个阶段。

②洗盘阶段

主力已经完成了吸筹的目的,但是为了减轻拉升时的抛压,在拉升前,主力通常需要对市场中的筹码进行快速下跌洗盘,洗盘后有的会做一次测试,这种测试被称为"卖压测试"。目的是在拉升前测试还有多少影响拉升的浮筹没有出来。

洗盘是向下的，而测试是向上后再向下。

测试时主力会把股价拉到一个价位区间（吸筹高成交量区），通常公司配合出一个利空消息，然后开始向下打压，看还有多少空方盘出来。如果测试的量能较少，说明吸筹与洗盘都成功，具备向上拉的条件。如果向下打压时还有不少量能，那说明市场中的浮筹仍较大，主力可能将采取深度洗盘（有时下跌会达20%以上），然后再做测试，成功后进入第三阶段。

通过这个阶段的规律，我们需要明白一个要点，就是"量能"。量能对于观察机构股票的运行模式十分重要。

明白了测试的目的，你就应该明白，机构庄股在拉升前的量能必须是"下跌大幅缩量"的。凡是没有出现下跌大幅缩量的特征，说明主力的洗盘与测试还不够火候，那就还不具备拉升的条件，你就一定要小心了，不要轻举妄动。如果测试成功，这个阶段会是参与建立头寸的主要阶段。

观察在洗盘后出现"下跌中持续大幅缩量"是主力可能启动拉升的重要标志之一，也是我们建立头仓最重要的信号之一（另一个信号是风口）。

③拉升阶段

机构主力与庄股的特点是深度控盘，所以拉升的条件一定是在拉升前吸足货和洗尽浮筹。拉升前K线会出现量能很小的小阳或小阴K线，这是完全控盘与卖空盘打压完的特征。很多股票在均线上的形态也会很好，比如站上60日均线。

随后的拉升量能会慢慢地逐渐放大，但是在开始时量能不会过大,这是因为庄家控盘的缘故。到了拉升后期开始出货时,量能就开始放大。

庄股拉升需要关注两个特征:

一是先会出现小阳、中阳、大阳 K 线与小阴 K 线组合向上走,随后会出现加速逼空,快速上涨。上涨一旦加速,就要观察主力,可能是赶顶的趋势,要做好跟随和撤退的策略。

二是拉升的特点通常会是大涨后高位调两天,然后再大涨的走势。所以,庄股不能追高,你一看它大涨了去追高买入,可能明天就会回调,你不懂这个特点,担心止滞,一止损,马上它又可能涨了。

如果目标股票已经处于拉升阶段,未提前建立头仓,就可采用 5 日线低吸战法跟进。

④出货阶段

拉升是为创造利润空间,出货是为了兑现利润。上涨到了主力计划的目标价区间内,主力会安排出货,成交量开始放大。出货的方式会有横盘出货、冲高出货等,到了顶部的形态就会出现倒 V 形顶、W 顶、头肩顶部。

(4)充分用好趋势通道、平台线、量能与级别埋伏炒股

学会用综合指标交叉验证,判断关键位置。

①买的应用:利用趋势通道、平台与量能

A. 用周线、日线与平台线看个股的趋势机会,建立重点股票池。

B. 用 30 分钟和 15 分钟级别在关键交易日内寻找买卖交易点。

一是可用30分钟级别观察指数当日走势的关键点；二是可用30分钟级别观察个股当日走势的买点。

C. 必须结合量价关系对各级别指数与个股的趋势强度进行观察判断。

②卖的应用：利用趋势通道、平台与量能

A. 可用30分钟级别观察指数当日走势的关键点，为卖出寻找最佳时机点。

B. 可用30分钟级别观察个股当日走势的最佳卖点。

C. 必须结合量价关系对各级别指数与个股的趋势强度进行观察判断。

③不追价格而要等价格

选股是等待的艺术。一只股票选好放入股票池后，切记不能马上买入，必须等买点出现，绝对不要去担心买不到而追价格。在买点面前，宁失机会也不能追高。

一方面，尤其是趋势平台战法，我们玩的是机构庄股。机构股在完成吸筹并开展成功向上拉高测试前，其洗盘的力度与手段是非常凶狠的。所以，等待非常重要。另一方面，庄股不是游资股。游资股必须一鼓作气搞上去，而庄股不是，它会慢悠悠地上涨。即使进入上涨段后，仍会出现大涨后调整再上涨的情况，然后再大涨的走势。那么只要有耐心，不是上涨的末段，一定会给你上车的机会。

当然，能在上涨前的最后调整段的低点建头仓，是最好的介入点。同样，已经处于上涨段后，一定是调后买，一定不能追高买，否则很可能会破坏你的心态。

总之，机构股不同于游资股，在洗盘或上涨阶段，总会带来进入的机会。所以，玩趋势通道平台战法一定要等介入的时机出现。

(5) 能稳定盈利极为重要

对于普通散户而言，不要老是去羡慕和追求股神们的战绩。去追求游资操作的连续涨停板，很多情况是要讲条件的，股神的产生也是讲条件的。没有合适的土壤，即使拥有股神的技术，也不可能产生同样的战绩。所以，普通散户更应该追求的是稳定盈利，尤其是在震荡市中能保持稳定盈利极为重要。

在震荡市中能保持稳定盈利是较重要的能力，只要市场一旦出现牛市，那么这项能力会让你在牛市明白如何抓住机会，实现资产10倍的暴涨。

事实上，很多股神级人物财务目标的实现、资产的突破，无不是在震荡市中领悟了股市技术的精髓，经受住了考验；而在牛市来临前后几年实现10倍甚至100倍的增长而实现财务自由。

在震荡市中，大家看到游资大佬们随时都在打板。在羡慕之余，大家往往看不到这些亿万级别的大佬们，每次参与的资金量级都是几百万元与几千万元级，都是有计划的，很少有上亿元重仓的，而且往往吃上几个点就走。不像很多朋友平时不分情况满仓搞，吃了一个涨停板还觉得少。

(6) 模式比一时的利润重要太多

从我的经验讲，我认为坚守模式极为重要。模式就是你选择什么类型的主力做跟随，你选择什么样的操盘方法参与。

在股市中最不切实际的想法，就是希望能在最低点买入，在最高点卖出；希望买到所有上涨的股票；希望买入的所有股票，自己都不会踏空。很多散户常常希望能优化模式，实现通吃。但是，事实上这是很难做到的，或者说，是完全不现实的。所以，很多东西必须建立在实战之上，而不是我们自己思考的逻辑之上。

在成功的大佬里，如果你去深入分析他们的足迹，你会发现，他们有很多次卖"飞"股票，不明白的朋友，可能会惋惜地认为大佬操作失误了，大佬的技术出问题了。我告诉大家，完全不是这样，他们的操作有时没有错。错的是你只有能力看到一时的结果，并以此判断一次交易的对错，而看不到长期整体交易的对错。

市场中，很多模式就是互为对手盘在博弈，没有讨论的必要。坚持能让自己赚钱的模式就好。

比如，在一只股票的操作上就出现这个问题。这只股票的题材和内在都非常好，也非常正宗，市场广泛看好。从上季度的股东看，机构占比不大。突发利好后出现了涨停，但是上涨没有出现连续拉板，而且一拉板就感觉有资金在砸，让股价在出现第一个涨停后，在10%内上下连续折腾了几天。随后，有游资大量卖出，其中最大的卖了6 000万元（他们拉了第一个涨停板），有一些朋友在收盘后，看到游资大量卖出，焦急了。

我说，这不代表这只股票会马上跌。我非常清楚，游资们一定会在这两天卖出。因为这只股票的走势已经不在游资的模式中了，所以，不管这只股票后面是涨还是跌，游资一定会走。

而后几天，这只股票又出现了涨停。朋友们笑了，认为游资大佬们也有卖"飞"的时候。可能大佬们听到这话也会笑了，知道笑的人根本不懂模式的重要性！

其实,如果游资大佬们那天不卖,反而去赚那个钱,那才是真正的错！如果他们不卖,估计也不会有后面的涨停。

我为什么判断游资走后,股票短期不一定跌,如果是一只纯游资股,主力游资走后一定下跌！但是,那只股票后面为什么反而上涨呢？其实很明显是在走机构主力的运作趋势。突发利好后,持续巨大的成交量不跌,里面必有强庄进驻,机构与游资的操作模式完全不一样。所以,游资明显感受到强庄的打压,在里面耗完全没有必要,还有很大风险,游资要的是暴量暴涨,两者不是一路。所以,这个钱他们很难赚。他们走了,对里面的散户反而是好事！

当然,这个好事可能也是短暂的。主力没有一个会是省油的灯！机构强庄的突然入驻,上涨也不会那么容易。如果强庄吸货不够,会折腾死你。吸够了,逼空洗盘,向上测试,也会折腾死你！大部分人在这个阶段会被折腾而走。

唯有进入正式的拉升段才会让你感觉幸福。

只有在这个时候,可能你才会深刻地感受到大佬们不赚那个钱是多么明智！

所以,模式比一时的利润重要太多。

(二)机构庄股实战案例与判断

这一讲,我们通过实战案例详细吃透机构庄股趋势通道战法要点。主要案例是 2017 年底与 2018 年初几只机构股票的趋势操作。

1. 具体步骤

(1)根据市场政策寻找市场上的 G 点。

(2)建立重点机构股票池进行跟踪。

寻找有机构庄股运作规律和有热点、具有独特优势的股票。

(3)计划好重点股票的买卖策略。

划线详细剖析个股的趋势通道与重要平台线。

(4)结合大盘与个股情况等待时机。

①大盘时机注重两点:

一是大盘进入赚钱效应或市场超跌后进入否极泰来的弱转强时。

二是市场上的 G 点出现,这是题材板块与个股主升的驱动剂。

②个股时机把握三点:

一是可以看出个股明显完成了吸筹与洗盘的反复折腾,价位回调明显。

二是个股量能在计划目标段(通道的第三个支撑点后)下跌明显缩量,庄家已经控股,量能稳定。

三是风口已经出现,这是上涨最关键的驱动因素。

(5)采取行动建立头仓。

①时机出现一定要快速行动。

②行动错误要及时纠正、止损。

2. 案例详解

(1)中科曙光

①选股分析

A. 市场上的 G 点预判:新经济、高科技与人工智能有第二波的潜力；在人工智能板块中选择机构运行股。

B. 公司具有独特优势：

高性能计算机运算能力居于世界领先地位，中国第一，世界第二，与寒纪武在人工智能方面深度合作。

C. 市值盘：300亿元以上，适合机构运作。

D. 股价 2017 年已经有第一波翻倍上涨，上涨模式是机构白马股式。

E. 这种股票在 2017 年政策倾向人工智能等高科技股的环境中，很容易成为目标。且股价虽然翻倍，但仍有上涨的潜力，具备第二波上涨的可能。

F. 股价在回调过程中机构趋势运作明显，此股纳入重点股票池观察。

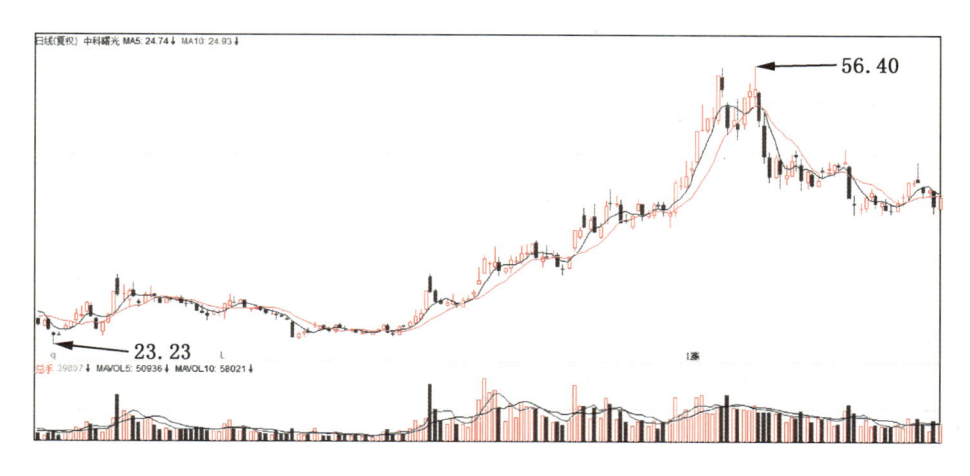

图 2－13　中科曙光跟踪前的 K 线形态图

题材仍处于风口，从位置与个股优势看，此股在深度回调后仍有第二波上涨的空间。

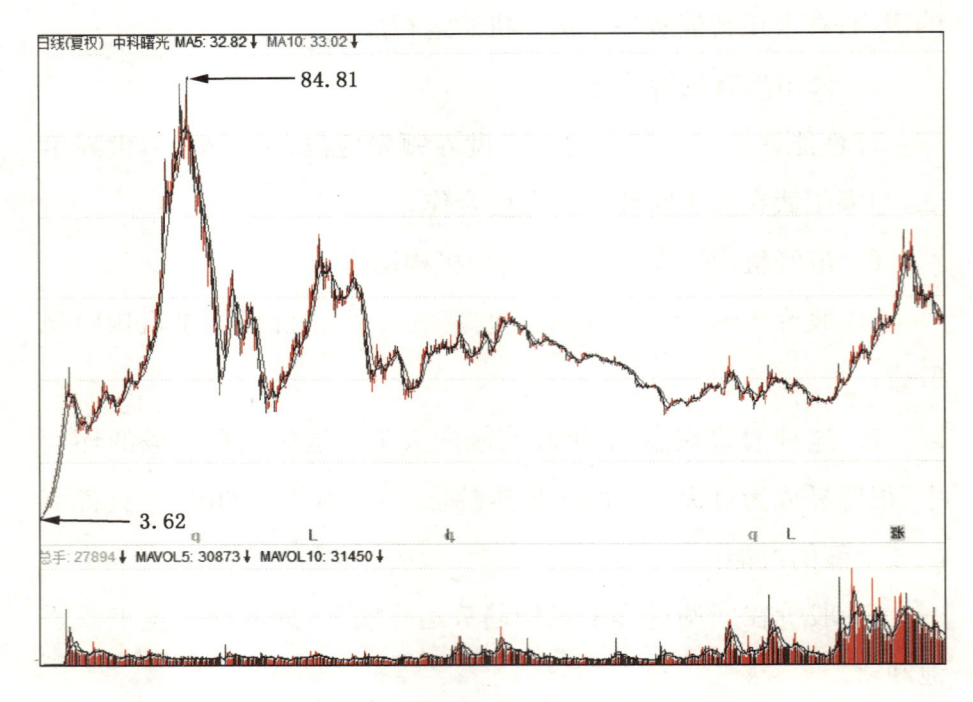

图 2—14 更长年度日线图

②划线跟踪

如果仅从图 2—13 和图 2—14 看不出什么名堂,那么,划线后就不一样了。我们划出了日线级别的趋势通道线(见图 2—15)。

A. 下降通道由上往下划出平行线。同时把历史平台线划出来,找到了三根。按照趋势通道战法理念,趋势通道支撑位与历史平台水平线交叉区域是主要的建仓点。如果在这些区域下跌是大幅缩量的,就有交易的参考价值。

B. 划线后,继续观察,同时新的高点出来后,要对之前的划线作校正。

从后面的走势看,整体都在这个通道内,通过划线一眼就能看

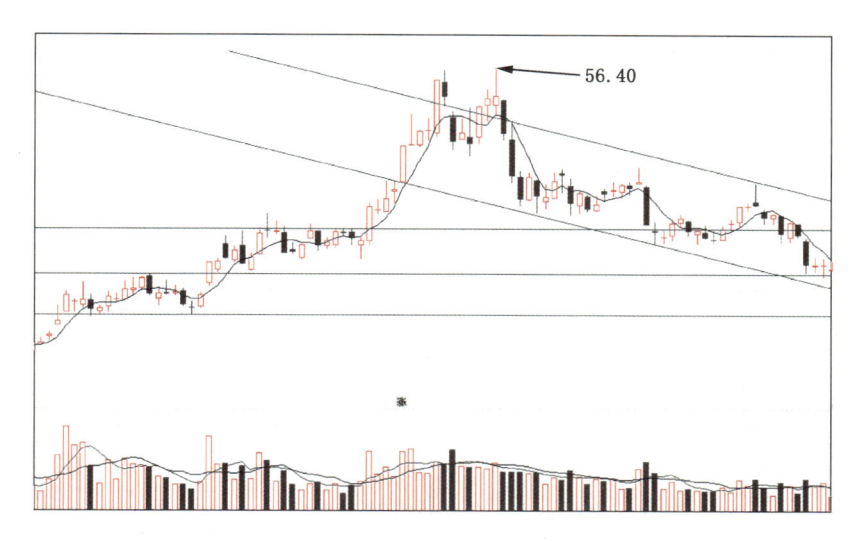

图 2－15　日线级别的趋势通道线

出是典型的机构庄股控盘走势。

那么，它会回调多深，头仓的建仓点在哪里？这就需要计划。

C. 建仓计划。

a. 建仓区域一定是深度回调后缩量的区域，这个区域至少在日线级别回调趋势通道的第三个支撑位之后，整理的时间与力度才够大。

b. 历史平台线与支撑位的交叉区域若出现大幅缩量下跌的小实体 K 线通常就是埋伏点（见图 2－16）。

c. 埋伏点必须与市场环境配合，趋势要相一致。

根据以上三个条件，我们就要进行更细致的计划。

一是圈出交易区域，二是观察与"主要指数"的对比（主要指数是指对市场当期起主导作用的指数。2017 年是上证指数，2018 年上半年是创业板指数）。

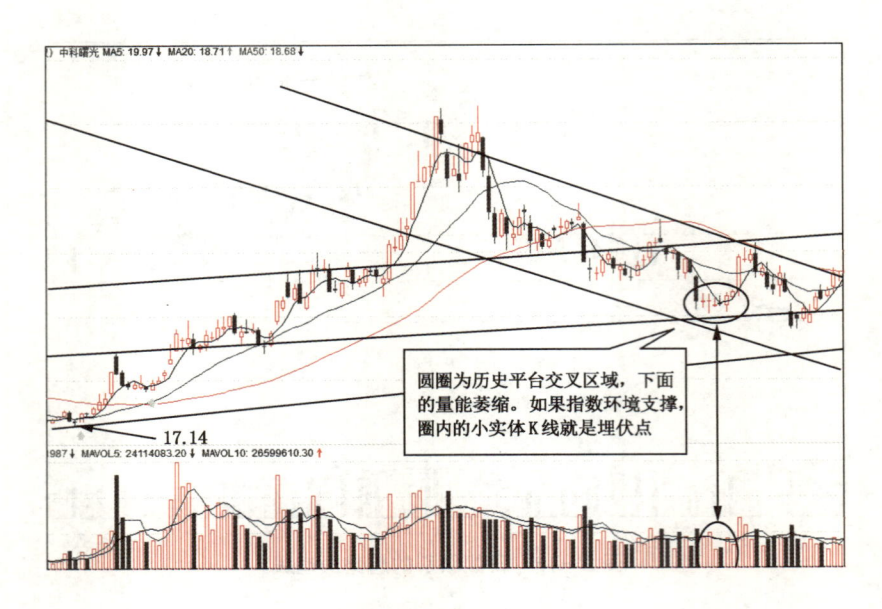

图 2-16　埋伏点

　　从图 2-17 可以看到,当时的上证指数处于上涨趋势,且有赚钱效应。所以,这个位置可以建 30% 的头仓(指数处于赚钱效应),同时要做好止损策略。如果 5 天内趋势与预期不符,则必须尽快做好止损。

　　这个头仓的意义在于:

　　一是观察这个支撑位反弹到压力位能不能出现通道真突破,掌握突破前的主动。

　　二是也可借趋势通道的轮动规律吃一个短差。

　　同期上证指数与个股对比见图 2-17。

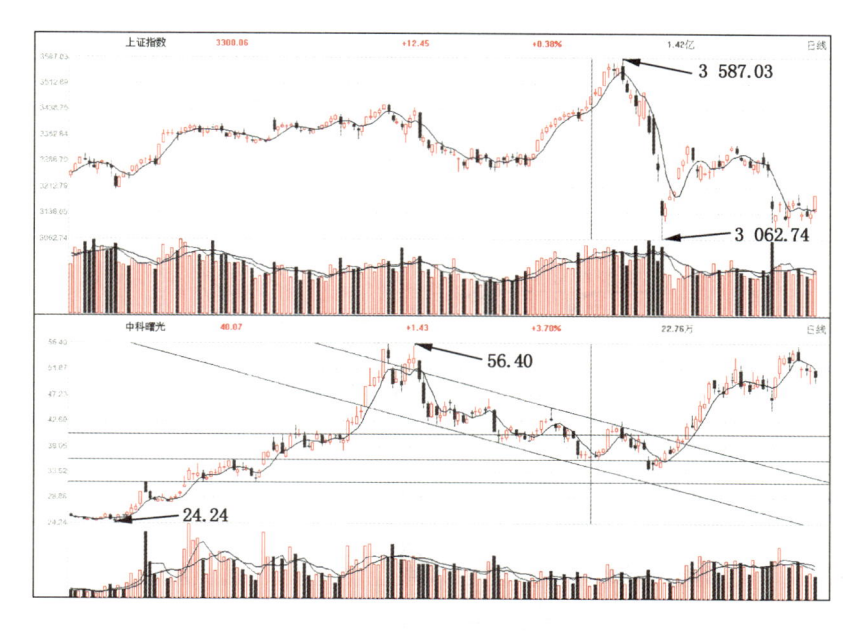

图2—17　上证指数与个股对比图

建仓后的走势情况：可赚8%～10%的利润。这只股未能在此轮突破，与指数出现调整有很大的关系，主力洗盘已经到位，就看大盘和题材板块后续是否配合。继续保持跟踪，等待抓下一轮机会。

后面指数出现大跌，观察市场大跌期间的个股表现，见图2—18。

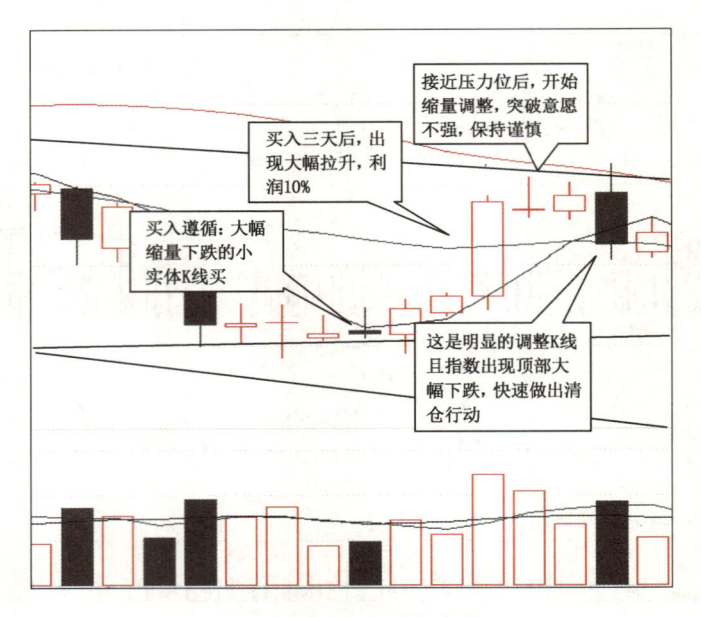

图 2—18 建仓后的走势

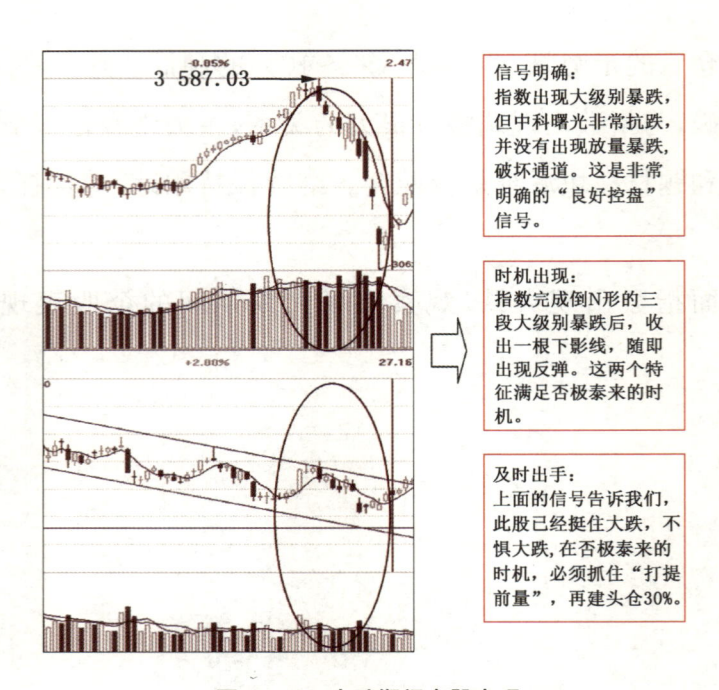

图 2—19 大跌期间个股表现

与同期上证指数比较。中科曙光头寸建仓时机见图2—20。

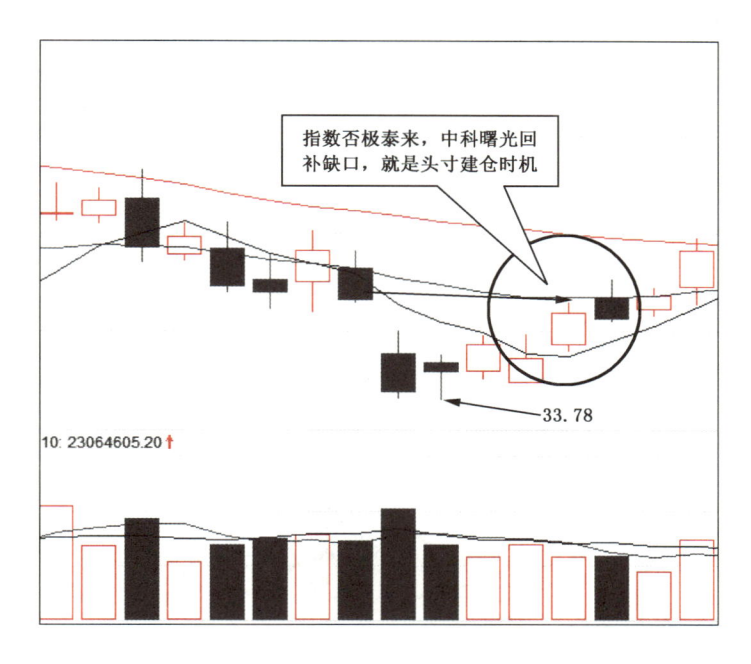

图2—20 中科曙光头寸建仓时机

建仓后，股价开始运行两波主升浪（见图2—21）。

图2—21 中科曙光建仓后涨幅

从建仓到第一个高点,涨幅超过 45%。在到达第一个高点后,如果量能没有持续放大,特别是回调时缩量,说明主力有洗盘的需要,而不是出货。要注意滚仓或空仓,回避任何调整,在低位再接回筹码。

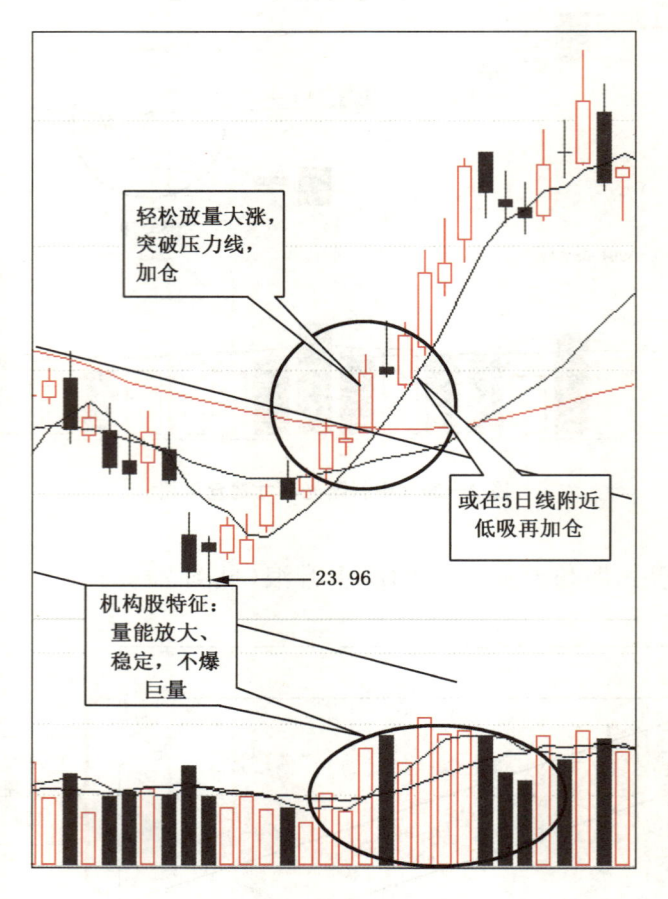

图 2—22 放量大涨后加仓

有了打提前量的头仓利润,在股价突破趋势通道压力线后,可以轻松完成加仓动作。加仓可在快速放量突破的第一根大阳线加,或用低吸战法在突破压力线后的第一个5日线与K线交叉位附近低吸加仓。

(2)恒生电子

①选股分析

A. 这只股票从题材、个股优势、市值与业绩都是具有"高新科技"概念的稀缺股票，也是我们可利用趋势通道获利的一只股票。题材是王道，是必要条件。

B. 从这只股票的运作看，有明显的趋势通道规律，且已经在走上升通道行情，且通道的幅度较大（级别大），存在套利机会。

图2—23是当时走出初步通道的划线图，可从日线级别的划线图中寻找机会。从图中可以看出，这只股已经由下降转为上升（三个不断抬高的低点可确定一个基本通道）。

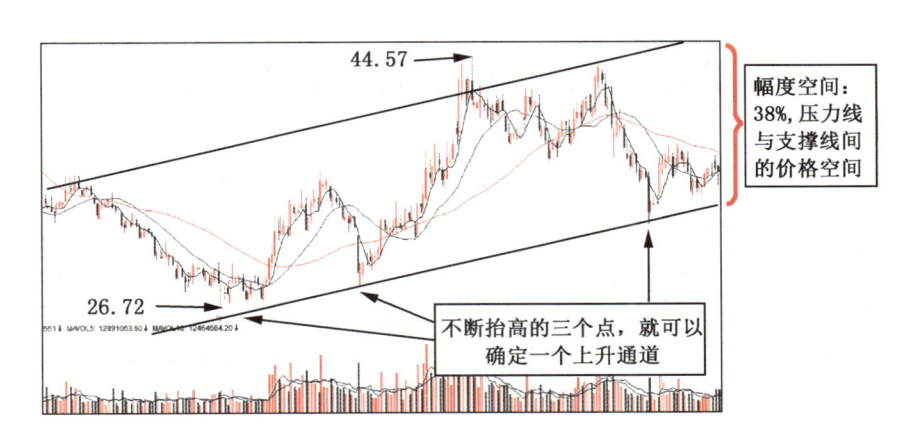

图2—23 上升通道的形成

C. 从不断抬高的3个点开始由下往上划平行线，得出了上面一组日线级别的通道，形成了一个明显的上升趋势通道。

D. 把这只股票纳入重点股票池进行跟踪。

E. 后面的跟踪趋势如图 2—24 所示，同样经历大盘暴跌影响。

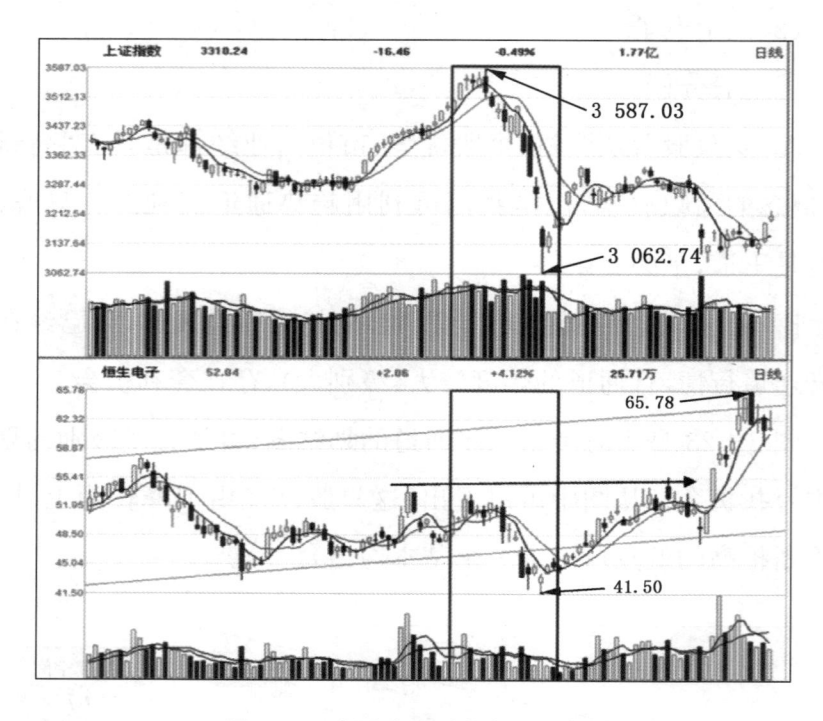

图 2—24　恒生电子受大盘影响情况

受市场暴跌影响，股价跌破通道线，但明显强于大盘，且下跌量能稳定，说明筹码锁定良好，机构控盘有力，尤其在跌破通道支撑位后的量能非常低，按照通道理论，第一次无量跌破后能快速收回的，通常都是假突破。

②趋势与操盘分析

股票的操作必须与指数、题材、通道、历史平台线、量价与通道级别结合综合考虑，必须见树亦要见林。如果没有这些重要的参考指标，那么在操盘上的随意性就很强，无依无据的操盘，给同一只股

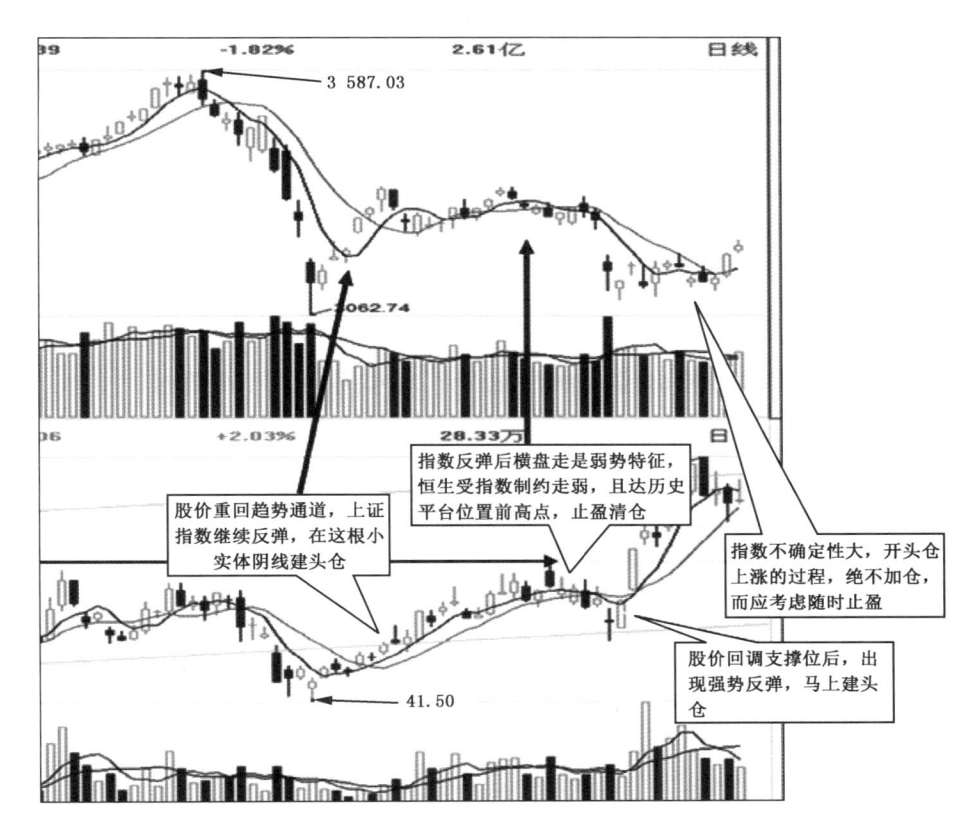

图 2—25　股价重回趋势通道

在同时间点的连续操作带来失败是必然的。

很多朋友买入一只股票后就不管了,这是非常错误和危险的做法,跟踪与滚仓操作是非常必要的。

其他利用趋势通道可套利的案例赏析

神思电子:30分钟级别找买点

小盘股神思电子超跌,在大盘暴跌否极泰来之时引起关注,很多股票都超跌,为什么考虑神思电子?核心原因:热点题材。

这次大盘暴跌否极泰来之时,炒作的是创业板高新科技股。

题材:高新科技,人工智能,有优势(其"智能服务机器人的研发及产业化"项目列入国家发改委2018年人工智能创新发展重大工程),业绩良好,盘子小。

赌:有资金运作抢反弹,最好是实力游资。

实际走势:在我们建仓区域到阶段最高点上涨了40%左右。从趋势分析,此股后续回调到位后仍有上涨空间。但从这一段的走势看,参与的主力实力不算强势,不是典型的强势游资走势,反而像普通机构与小游资操作。

这只股重点介绍:如何运用30分钟级别趋势通道线寻找买点的问题。

图2—27是当时已经走出来的日线图,重点是在走出前如何确定买点。图中的外框区域都是建头仓的位置。我们考虑建仓时,还在内框区域内运行,就可以运用30分钟级别寻找并等待买点出现。

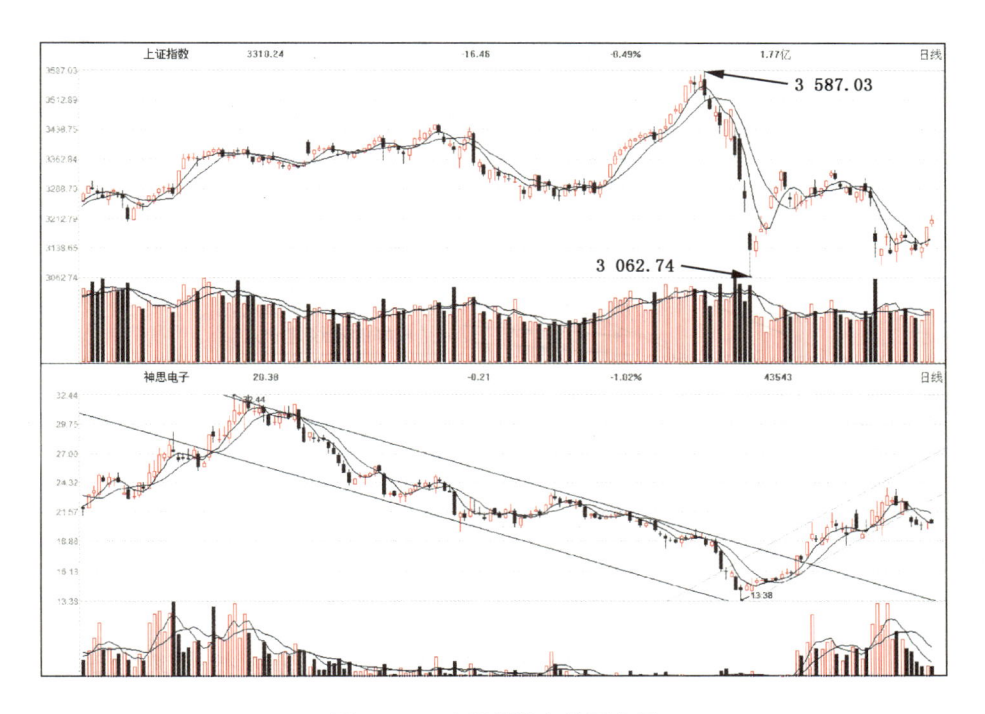

图 2—26　上证指数与神思电子

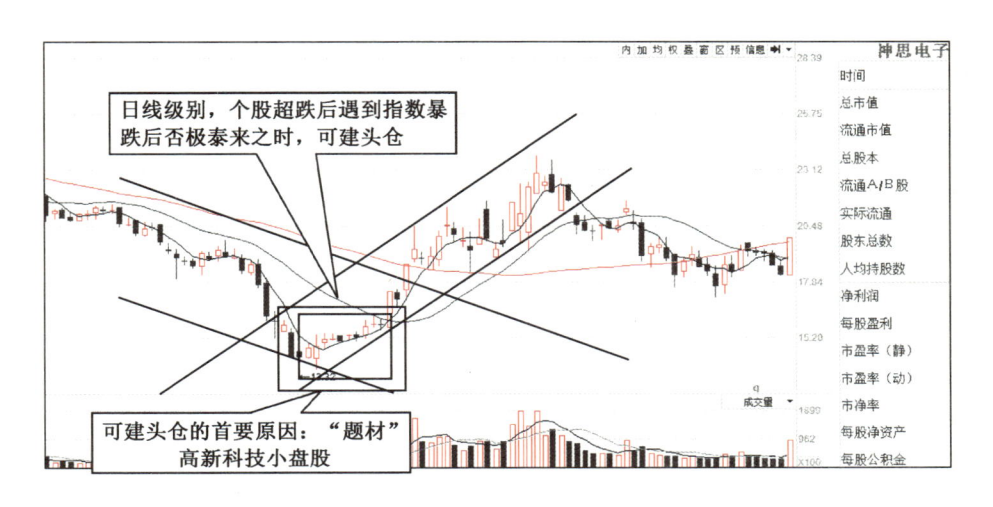

图 2—27　个股建仓时机

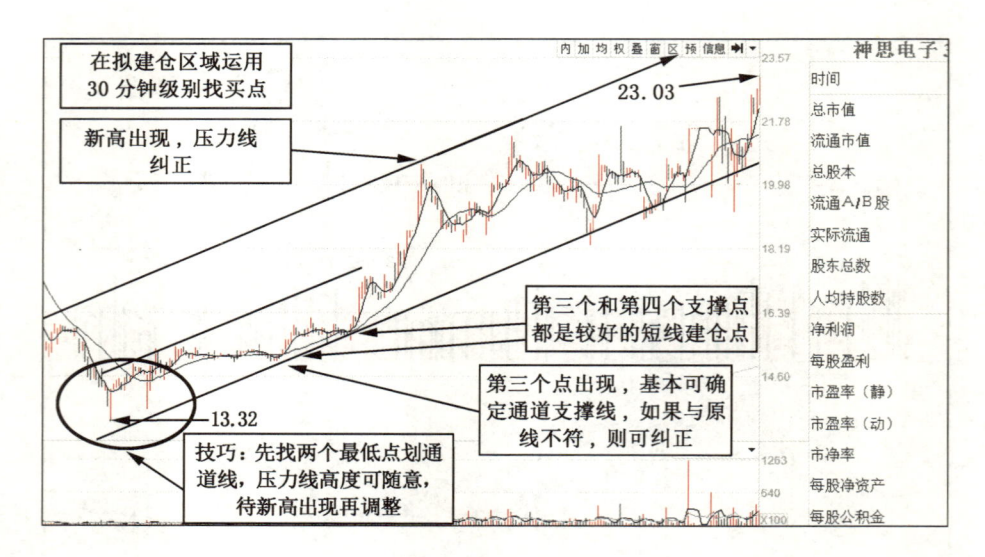

图 2-28 神思电子

操盘当日可以选择 30 分钟、5 分钟多个级别进行交叉验证分析，从我的经验，对于当日内买卖点短线的分析，30 分钟级别较合适。

富祥股份：轻松获利 20%以上

题材：生物医药＋高转送

日线级别

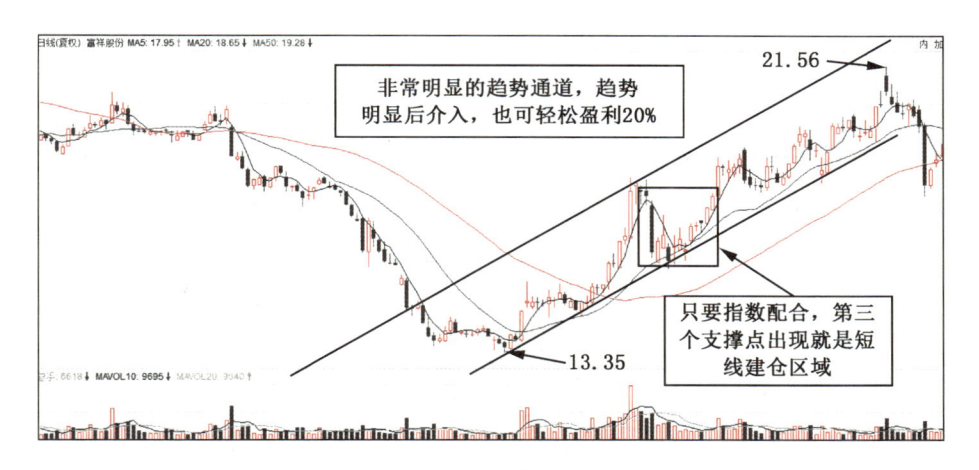

图 2—29　富祥股份

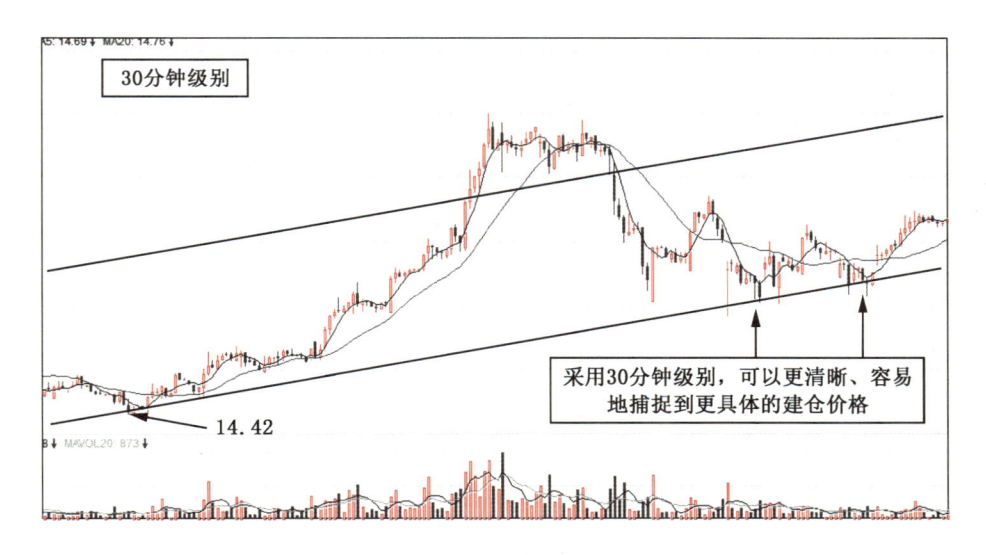

图 2—30　30分钟级别图

建仓区域确定后,采用30分钟级别可以更清晰、容易地捕捉到更具体的建仓价格。

网宿科技：非常漂亮的通道

题材：创业板，高新科技，大数据，网络安全

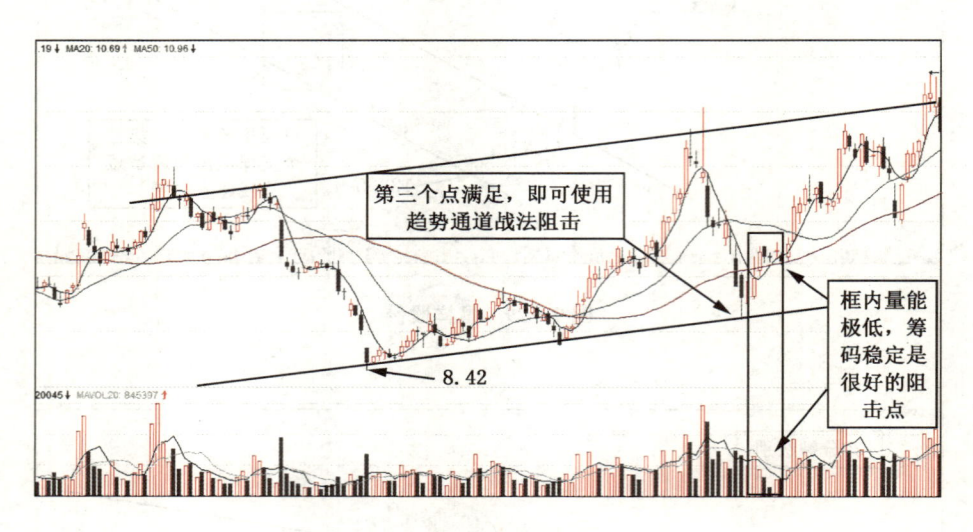

图 2—31　网宿科技的趋势通道

网宿科技在日线上露出了明显的趋势通道走势，题材与大盘配合，可以通过30分钟级别选择交易日实施短线阻击。

欧比特：非常典型的机构运作

题材：芯片

大箱体通道的支撑位是非常好的阻击点。

回调支撑位时，只要大盘配合＋芯片题材成风口，都是非常好的阻击时机。

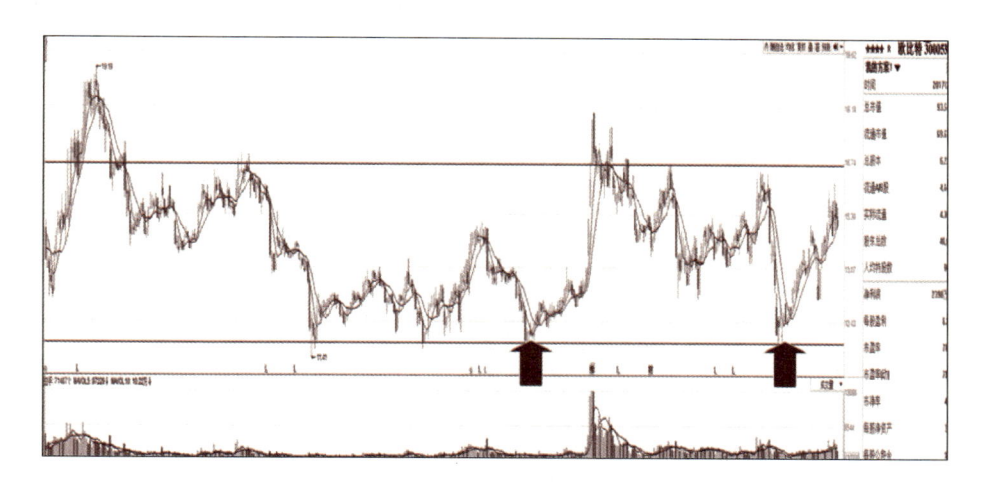

图 2—32 大箱体通道的支撑位

其他机构趋势股

创业软件

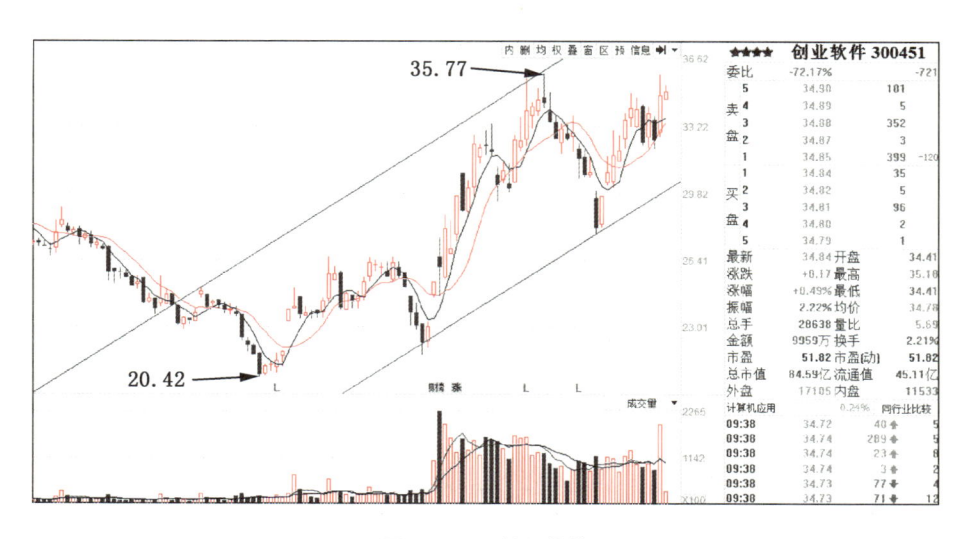

图 2—33 创业软件

紫光国芯

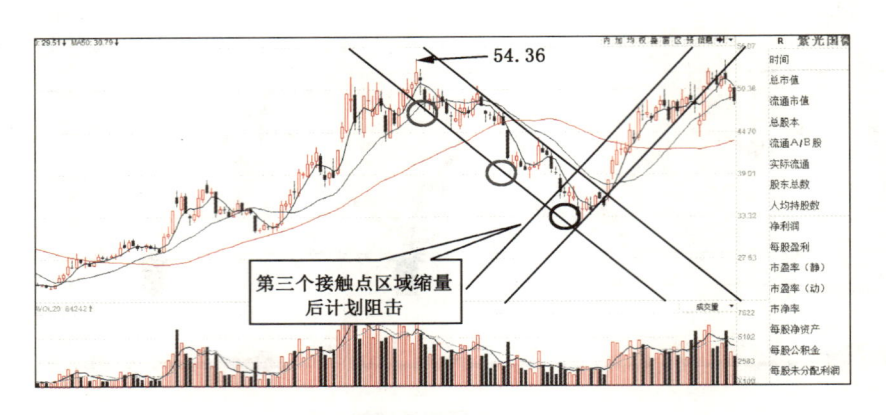

图 2—34 紫光国芯

是不是在下降通道内的第三个支撑位接触点就可以攻击呢？

不是。必须考虑大盘与题材的因素。回调第三个支撑位后，量能快速萎缩。同时，大盘稳定，题材开始处于热点中（主流或次主流），就可以进攻。

赣锋锂业

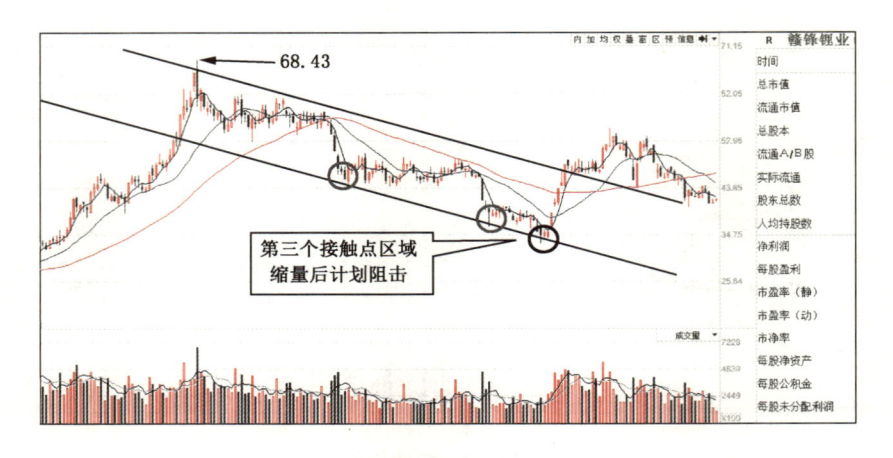

图 2—35 赣锋锂业

太极股份

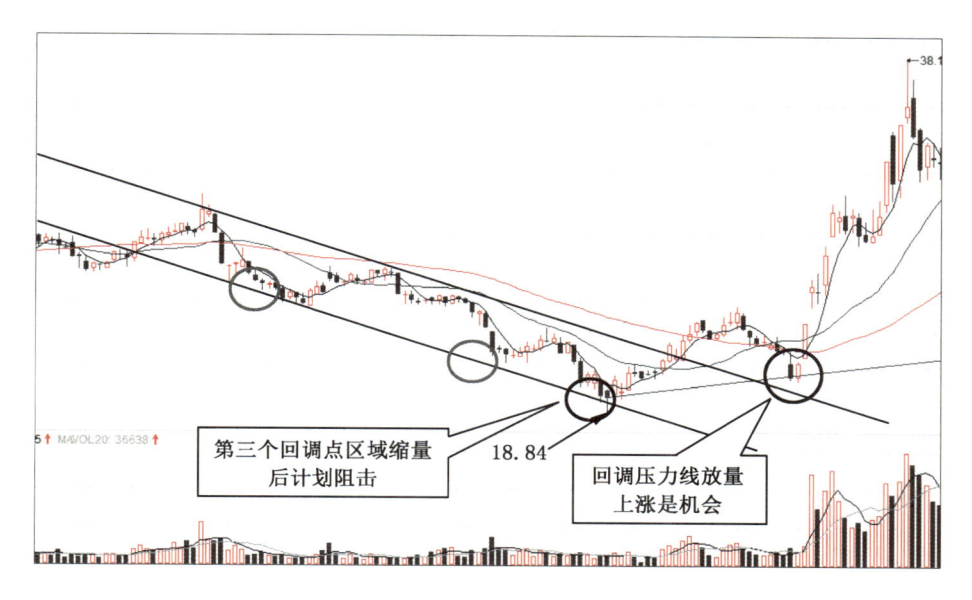

第三个回调点区域缩量后计划阻击
18.84
回调压力线放量上涨是机会

图 2—36　太极股份

拓尔思

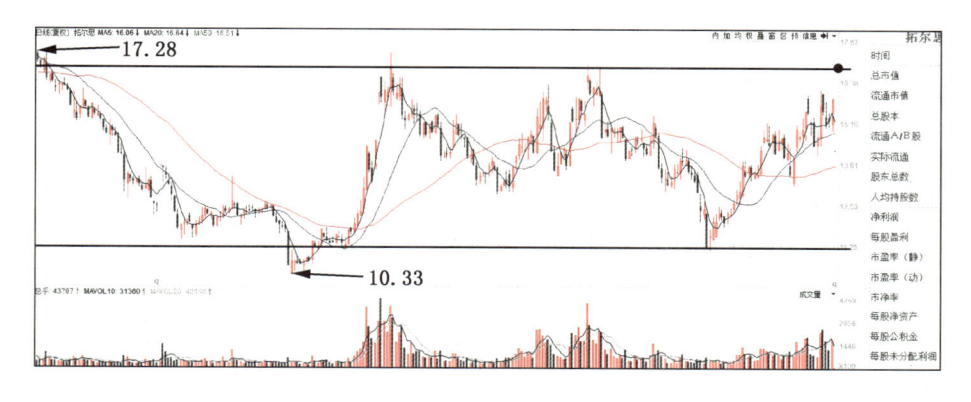

17.28
10.33

图 2—37　拓尔思

非主流题材案例

暴风集团:缺乏风口

我们为什么强调"题材"如此重要,因为题材是股票上涨的催化剂、启动剂。

很多股票,虽然形态非常好,但是却总涨不起来,就是因为缺乏风口,主力不敢拉,不愿意拉。

暴风集团就是一个例子,这只股票从趋势上看有非常明显的机构运作痕迹,但是一直没有上涨,就是题材不对路,掌握其波动规律,也可以赚点短差(见图2—38)。

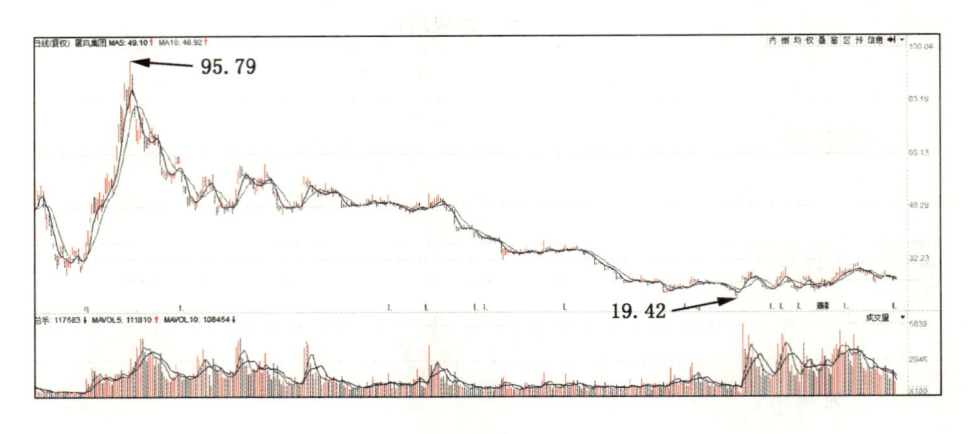

图2—38 暴风集团的走势

放大看这只股可以看到,这只股有明显的运作规律,底部成交量非常活跃。

此股通过 30 分钟级别图可以看到更精确的交易点（见图 2—39）。这只股票从成交量与波动规律看，都符合我们的操作标的，最大问题就在于题材不够主流，因此，一直在箱体内波动。不过在箱体的底部做短差，仍然可以很确定能够吃到"肉"（见图 2—40）。只是预期不能太高，但从选股的原则出发，必须从潜在热点题材考虑。

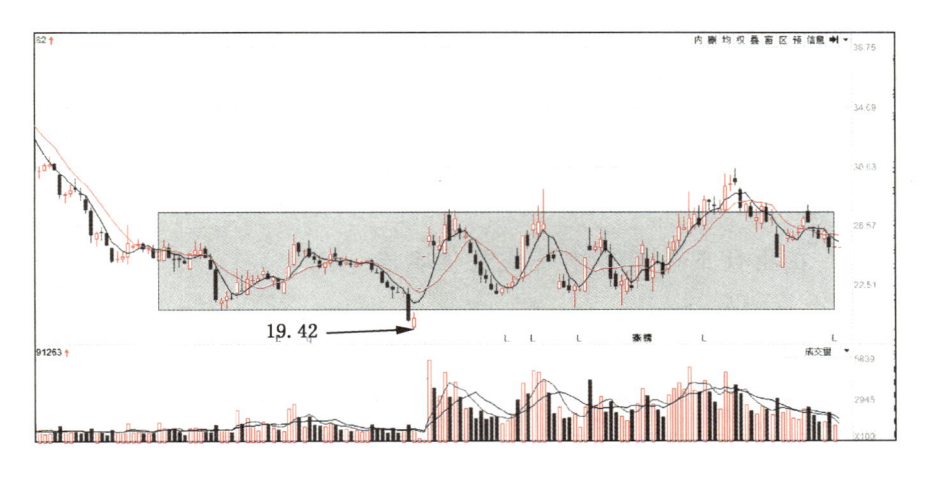

图 2—39　暴风集团 30 分钟级别图

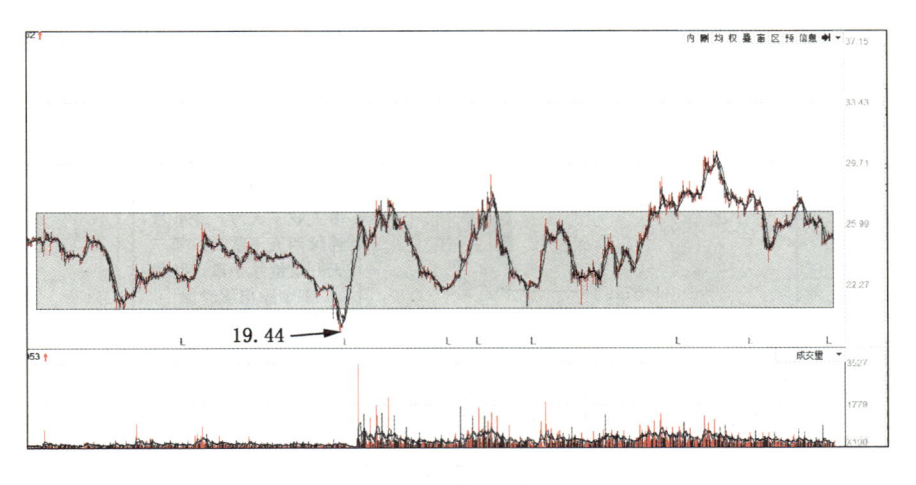

图 2—40　箱体底部短差

趋势通道应用于指数的日内分析

在实战中,我们经常会遇到一个问题,就是指数在某一天的走势对个股走势影响大。当天指数可能出现快速上涨或下跌,而个股受其影响也会出现快速上涨或下跌。如果我们在当天把握不好买卖点,则可能会出现5%以上的亏损差异,由赢变输。

这时这个交易点就会非常重要,我们判断指数日内交易最好的技术就是趋势通道平台技术(没有形成通道,就看30分钟图形)。

1. 在指数下跌趋势中寻找最佳卖点

以2018年3月15日的创业板和佳都科技的走势为例(见图2—41和图2—42):

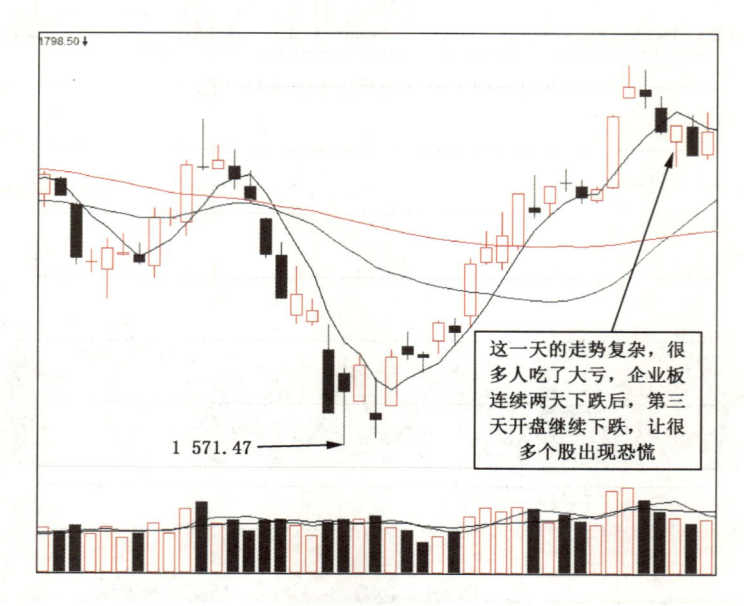

图2—41 创业板日线图

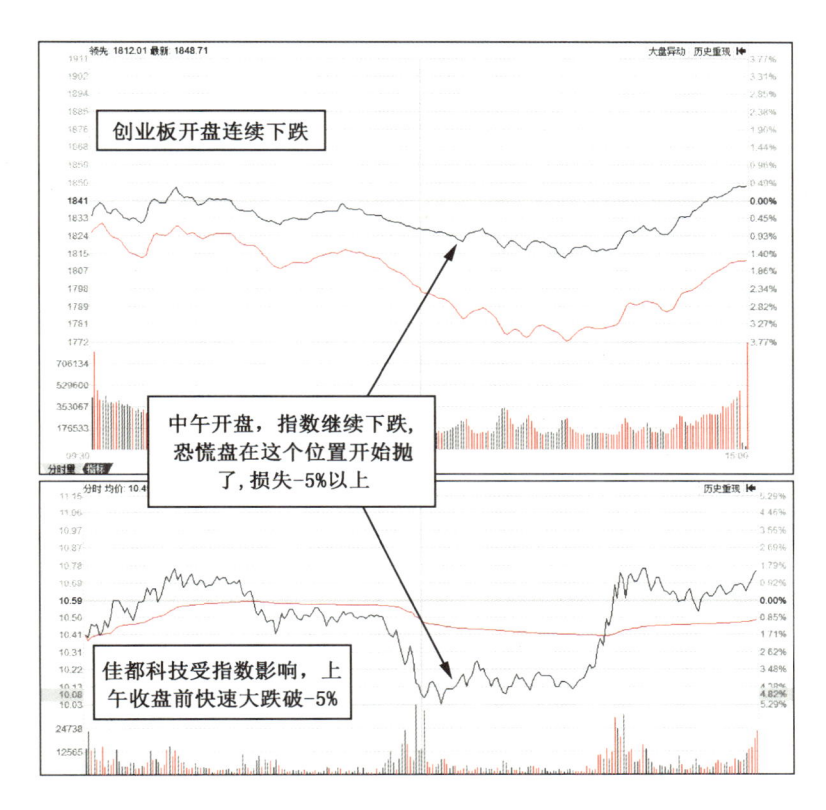

图 2—42　佳都科技受创业板指数的影响

如果我们用 30 分钟级别划出趋势通道,可以看出,创业板当天在哪一个位置可能受到重要的支撑反弹,应等到那个最佳观察点后再决策(见图 2—43)。

(注:有朋友可能发现佳都科技不是创业板股,但是 3 月份创业板指数在市场上起主导作用,佳都科技走势就受创业板影响。)

最后的趋势结果如下:

14:00,创业板进入观察区域后快速反弹,体现了经典技术的神奇作用(见图 2—44)。

第二部　实战赚钱 | 211

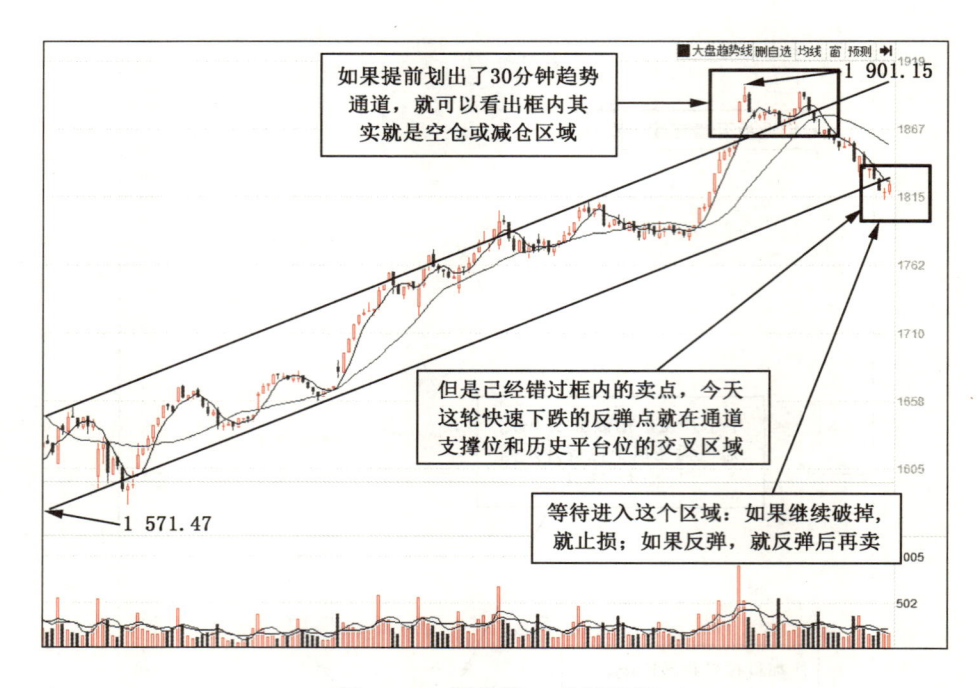

图 2—43　创业板 30 分钟级别

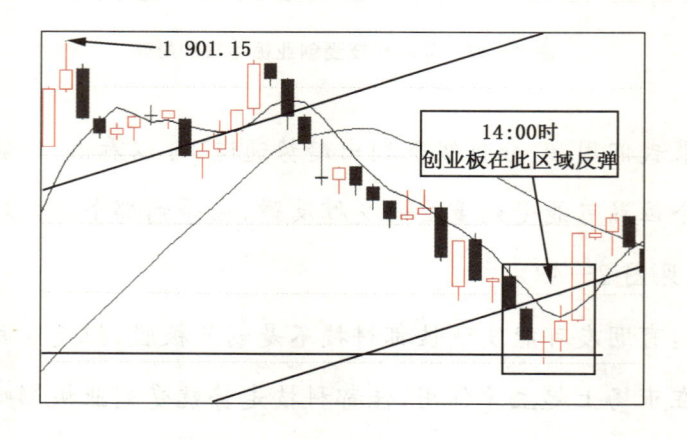

图 2—44　14:00 时创业板的反弹区域

图 2—45　创业板分时图

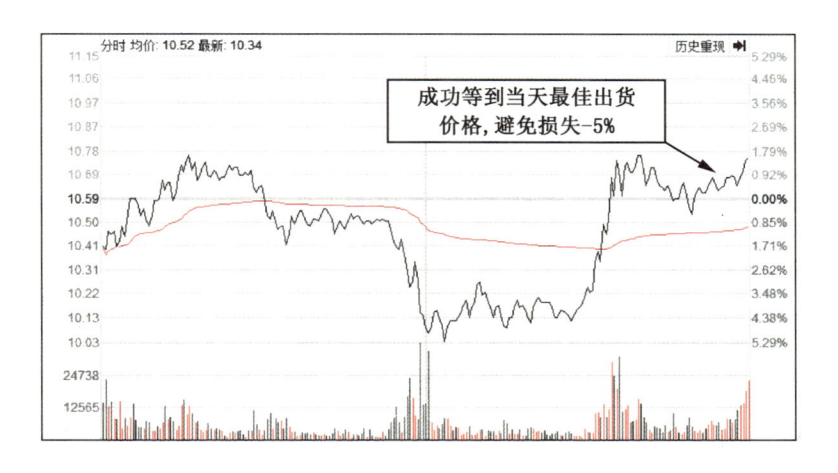

图 2—46　佳都科技分时图

2. 在指数上涨中判断当日趋势

同样,利用 30 分钟级别趋势通道,也可以发现日内上涨趋势中的卖点。

当天开盘后,创业板分时图一路上冲,气势如虹(见图 2—47),但是问题没有这么简单。

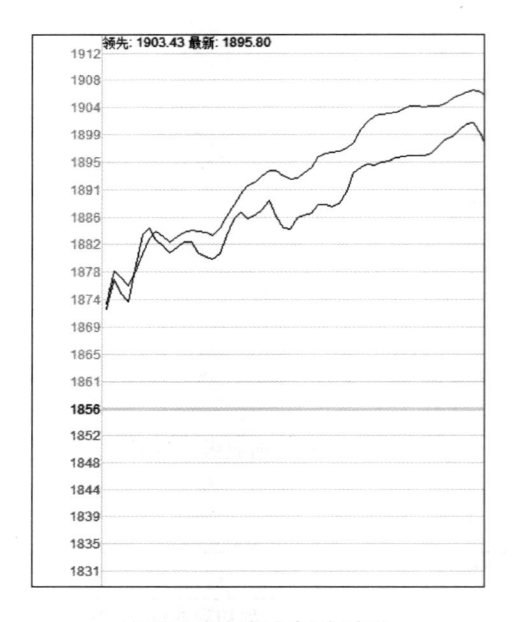

图 2—47 创业板分时图

如果我们对 30 分钟级别划通道线(见图 2—48)与平台线,问题就出来了。

从图 2—49 可以看出,这一次上攻虽然看似很强,但是上面压力重重:一是有被重拉回通道内的压力;二是历史平台前高压力位的压力。所以,对于这个冲高,我们更倾向于是出货与减仓的机会,而不是买入的机会。

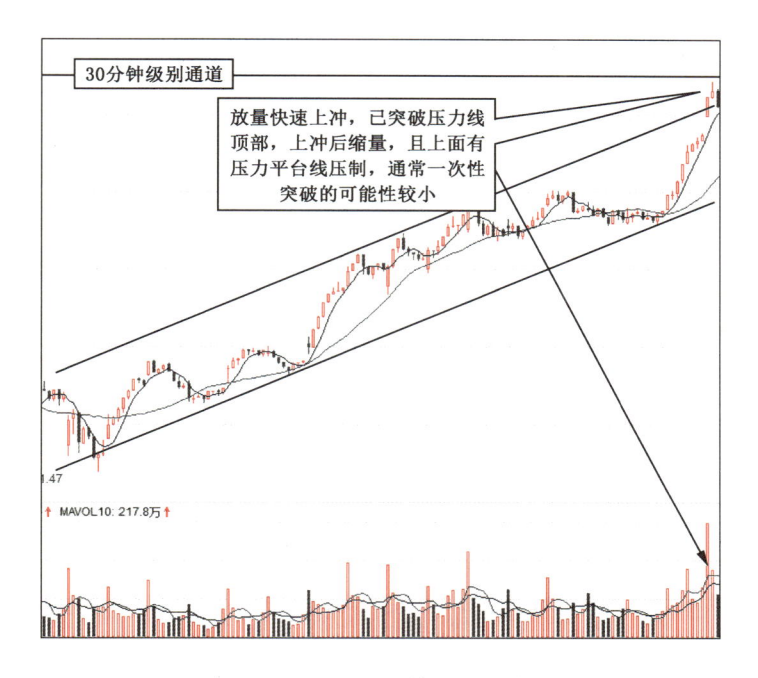

图 2—48　30 分钟级别通道

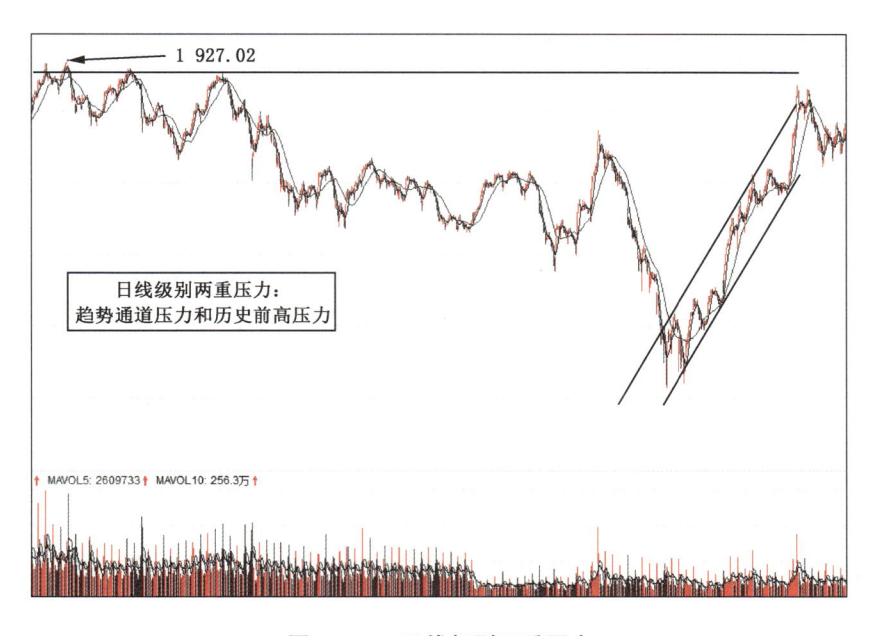

图 2—49　日线级别两重压力

当日走势图:早盘冲高后,遇阻回调(见图2—50)。

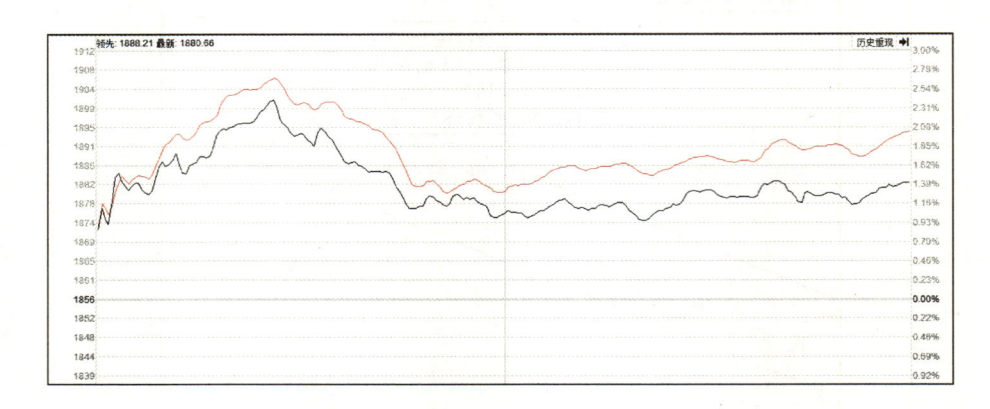

图2—50　创业板指数当日走势图

后面趋势:后几天出现了一个30分钟级别的连续大跌(见图2—51)。

图2—51　创业板指数走势

小结

(1)告诉大家一个规律：指数通道如果已经形成较长时间(相对级别而言)，而在近期出现连续的快速上涨之后，已经突破或触及压力线。如果此时再与一个历史前高点相逢，那么一旦下跌(大概率是下跌)，其下跌的级别也是很大的。

(2)关于对指数的日内应用，大家需要明白一点，日内交易是小区间的交易，由于中国没有T+0，所以日内交易(30分钟级别)不能替代短线判断，只能判断当日买卖点，而对于短线的判断则需要更多日内指标综合交叉验证。

(3)另外，不论是对指数还是个股的分析，一定要学会多划线，并根据趋势多校对线，多级别进行观察，这样能更好地指导操盘。

(4)如果指数在30分钟级别没有形成趋势通道，那么就须结合顶底图形来判断，如图2—52所示。

图2—52 通过顶底判断趋势通道

三、实战:个股波段操盘术

(一)波段操盘的六大理念

炒股票的唯一目的就是赚钱。所有交易理念与选股方法最终要落实到实盘赚钱中。而能不能赚到钱,不是仅选对股票那么简单!

不少朋友认为只要选到好股票就能赚钱,这个认识太肤浅。在实战中,今天你可能是赢家,明天马上就变为输家;甚至早上还是赢家,下午就成为输家,这些情况比比皆是。

所以,会选股票只是炒股中的一个重要环节。另一个同样重要甚至更重要的环节就是会波段操盘。

选股与操盘密不可分。两者都有专门的理念、策略和方法。上一章,我们重点讲解了趋势通道的选股方法,这一章我们重点讲波段操盘。

要学习好波段操盘,首先掌握波段的六个核心理念:

核心理念一:重势与顺势。

在实战操盘中,对势的重视超于一切。所以,因势操作是炒股最重要的要求。股市中,有不同类型的炒手,有中长线,有短线,也有超短线;有玩追涨的,有玩低吸的,也有玩埋伏的。

综归一点:重势与顺势都是"赢"的基础,逆势而行就是在玩火自焚。高手与普通散户的区别在于对"势"的理解谁更深刻、更细腻和更准确,更善于抓住市场连续创新高之势、市场否极泰来之势和市场稳定之势。

对于普通散户,理解了"重势与顺势"的重要性,就必须遵守和执行。在这个市场上操作,一定要坚持原则,并能抓住适合自己的东西就好。

对于所谓高手的思维也不能盲目地效仿。在实战中市场上的很多高手有的人很激进,有的人很保守,还有一些人喜欢自己折腾,管不住自己的手,在弱市中也喜欢操作,结果多是赢少输多,但他们对仓位把握很好,输了影响也不是很大。如果仓位过重,高手折翼的事也不少。保守型的高手就很不认同这种行为,绝不逆势而行。所以,高手的行为并不都是对的,而模式不同也不好分出对错。

还有的朋友可能会看到有的高手在大跌后的行情中比散户更快参与,在散户都不敢做、恐慌之时,他们却在行动,误认为这是逆势而行。其实,真正的高手通常能抓住市场反转的关键点,抓住趋势的短期变化。

就如上面的朋友所看到的一样,你可能很恐惧于当下的行情之时,这些高手可能看到的则是市场经过"时间与空间"上的宣泄后,已经达到了否极泰来的转折点,再利用自己的操盘策略去试盘,这就是对势更精准的把握。

所以,大家不能单看表面的现象,认为有高手在当下的行情操作,你就可以做;或者看到行情在极度的恐慌过后有市场高手参与就是逆势行为。

所有的判断均必须深入势的本质,判断的标准必须有技术逻辑与依据。

对于普通投资者,在市场逐渐处于强势(赚钱效应显现),并处于完整通道的支撑位止稳,就可以开始参与;市场逐渐处于弱势(赚钱效应消失),并处于完整通道的压力位,就必须空仓,这就是你的标准,不要去和别人比。

还有一点是要考虑自己的水平能力和操盘风格与风险匹配,你一定要清醒地记住一点:你入市炒股是来赚钱的,不是来感受刺激,和与别人比操盘频次的。

在实战中,水平能力(认知能力)与长期结果是绝对匹配的。如果你的欲望超过了你的认知能力,那么失误与失败就很难避免。

很多人不理解炒股是一种博弈,一种相互的博弈。

中国股市的短线市场完全就是一群职业炒手在里面互相博弈,市场中集中了最聪明的资金拥有者和最厉害的高手,只要有机会,他们就会互相干。这种现象在理论上称为"零星冲突"。而"零星冲突"恰恰是市场上股票上涨的一个主要原因,也是为什么需要波段操作的主要原因之一。

理论上是这样描述的:

市场的内层核心是一群数量相对较少的职业投资者,他们关注一切事情,分析最细微的价格变化。市场上短线波动的原因大部分是由于这些职业炒手投机的结果。他们会抓住一切可能的机会,即使是最短的时间也不放过。而这种行情时间较短,这种简短的冲突没有其他市场参与者如长期投资者、基金和广大散户大量地加入,因为他们还没有反应过来,或试图做任何事情时,冲突已经结束(个股涨了,普通散户还没有完全反应过来,股价又跌回去了)。

所以,这类行情是属于职业炒手与短线高手之间互搏的行情,不适用于大多数人。这就是大部分人根本没有意识到这些是武装到牙齿的股市特种兵们玩的条件。

所以,炒股票你一方面要管住自己,确保在自己的模式下操作,绝不能受市场炒作的影响;另一方面,你必须认同市场波段操作的重要性,以技术为依靠,参与市场竞争。

要明白市场中不是什么钱你都可以赚,也不是什么机会你都可以或者需要把握的。先死守稳定盈利这个门槛,待稳定盈利不是问题后,再参与更高的市场博弈(超短打板)。

市场中恰恰有不少普通散户很激进,而不少从小散已成长到游资的高手都是保守型的,他们非常清楚自己的模式,非常明白只有资金账户稳定,不断创新高,才是真正的赚钱之道。

所以,顺势行为是对操盘的第一个要求,是炒股赚钱的基础。什么样的市场是强,什么样的市场是弱,就是要掌握三组概念:赚钱效应与亏钱效应、大盘的支撑位与阻力位、大盘否极泰来之时。

波段的第一要义:顺势而行。顺势抓住四点:

第一,在市场赚钱效应中持仓,在市场亏钱效应中空仓。

第二,在大盘趋势通道的支撑位开始建仓,在大盘趋势通道的阻力位空仓。

第三,在大盘下跌过度后开始试盘建仓,大盘大涨后出现滞涨时开始减仓。

第四,做自己能把握的交易,做自己模式内的交易,不受诱惑,死守稳定盈利之道。

核心理念二:市场没有必须。

市场上涨与下跌的本质是什么?是资金驱动。只有资金流入与流出的态度才会决定价格的上涨与下跌。这个概念是根本,大家一定要牢牢抓住,这是内因。

除此之外,其他都是外因,比如,热点、题材、形态与价值等。

如果内因成立,外因就都成立。没有内因,外因也就不成立。重视外因,无视内因是操盘的大忌!这也是我们前面讲的在操盘上要重视市场上的G点,避开个股G点的原因。

所以,市场法则的核心是交易,就是我们所谓的博弈。博弈的含义在于:在走势结果没有确定或出来前,上涨与下跌都存在不确定性(尤其是"黑天鹅"事件)。

所以,你要打破思维习惯上的一个误区:市场中没有"一定或必须"这个词。没有这个词的意思是:你所有的分析,你所有的思考都必须由市场来确认,而不是由你的观念与思考来确定;思考只是辅助决策的工具,而市场本身才是决策的核心。

所以我们不能陷入如果花了很多时间研究后选了个股,不涨,就认为市场有问题的主观情绪上,认为自己花了时间研究的股票就一定必须涨,一定会涨,就一定必须守住。这在实战中是很荒唐的思维,要吃大亏的思维!

只要股票不涨,就说明你错了!不要用时间来考验自己的分析,不要用时间来扩大自己的错误!

形成这个错误认识的原因之一,就是中传统庄家思维的毒太深,老认为市场中的很多机会都是某一个庄家已经提前知道和设计好的,老以为庄家在和自己玩花招。庄家要把自己洗出去,实际上完全不是这样。

第一,市场中大部分股票长时间都没有主力光顾,主力在这个市场中也是稀缺的。

第二,在市场中,可能会遇到机构庄股,这里所谓的庄家与过去的一庄独大是完全不一样的。独庄时代早已经过去,所谓的庄家是机构抱团,或半庄形态,如果有强势的机构庄家入驻,个股的走势可能会出现庄家吸筹、洗盘、测试的过程,个股的成交量逐步萎缩,这是一种好的现象。但是很多没有庄的股票,量能也非常小,反过来这是可怕的现象,这种流动性越小的股票越要远离,其自身可能存在很多问题,你臆测你持股不动,某一天"黑天鹅"出现,一定会害死你。

现在的主流是合力时代,流量为王。流量是什么意思,就是担心大家不来参与,不来凑热闹,最怕的就是安静。一只股票越是冷清,波动很小,很沉寂,那就说明没有主力关注,没有主力关注的股票就有问题,就有危险。这也是为什么我们要求必须只能埋伏有潜力的股票的原因之一。

所以,如果你选的股票没有在预期中上涨,那你就一定不要再苦恋它,说明你选错了,这既是观念,也是策略。

同时,你要明白合力时代的热点,其形成虽然有逻辑可循(就是市场主流主力资金思维的 G 点),但同时也有很大的随机性,绝对没有"必须"一说。

解说一下：

第一，有逻辑可循的意思。

市场主力资金是为利而生。

市场的上涨离不开主力群体的引导，当主流主力资金思维形成，聚焦点就有可能成为热点。所以，市场资金会主动去寻找最有利于形成热点的题材作为攻击点。什么样的题材最有可能吸金，有一定的分析逻辑，我们已经讲过。

所以，我们必须要去寻找这些有可能成为题材热点的主要概念进行分析并建立股票池，让自己的操盘有计划、有目标，选股的目的就是为自己的操盘创造机会，就是为无限接近主流主力思维。

第二，同时也有很大的随机性的意思。

市场是在变化发展的。市场中级别大，且级别相等的题材不止一个，但是产生诱发某一个题材成为热点的原因或事件，有时却是不可预知的（比如政策保密性好）。同时，市场中的职业投资者与散户投资者们的认知存在差异。同一个题材，因当下的市场环境条件不同，大家的认识也会不同，情绪也会不同。有时市场环境好时，可能就会成为聚焦点；不好时，可能就聚不了焦。

所以，对热点的分析具有可圈定的逻辑范围。但是热点的产生也具有随机性，它一定是市场中的各种资金力量在事件催化达成共识后慢慢走出来的，不是任何一个大主力可以控制的。

这个慢慢走出来的意思，也说明了热点的产生需要时间考验，需要看资金带来的影响后从分歧中走成一致，需要市场进行确认。

这一原因在市场心理分析理论里阐述得比较清楚。任何专业投资者或机构卖出与买入股票,不会马上带动市场的大跌和大涨,单靠纯粹的主力是决定不了持续的上涨与下跌的,必须由它们引导作为中坚力量,等到市场中大量散户的力量加入后,才会形成持续的趋势。

所以如果只是主力自己玩,引导市场后,没有人参与就没有大合力,那么主力的引导就会失败,说明主力在逆势而行。

我们常说的市场理解力之一,其实就是对题材能否成为共识,成为热点的理解力。如果我们在这方面的研究和准备越充分,那么我们圈定热点股的可能性就越大。

当真正的热点走出来或形成之初,我们就应该会有很强的感应。这份感应一定是源于充分的研究和准备。

因此,在操盘的问题上,所有的思考与决策都必须基于"顺势",而不是基于"必须或一定"的问题。

大家要有一个定位,我们是交易者,是职业博弈者,不是投资人。

在《金融怪杰》一书中,有一节采访琼斯这位非常成功的金融交易大佬,里面谈到一个细节,当时的访问分两次进行,间隔时间为两周:第一次采访时,琼斯表达了对某一期货指数看空的判断;而在两周后的采访中,他却完全改变和否定了他的看法。

他回答记者:两周前市场已经出现头部特征,所以看空。但是,才两周的时间,市场的走势超出他的预期,走得太快,已经出现超卖,他感觉市场的反弹随时可能出现,所以转而看多。

金融市场就是如此,短期的变化随时在发生,所以你必须以市场为核心,以市场确认的东西为标准,而不是以自己为核心,以自己的分析和"必须"为标准。

所以,波段在现代市场交易中的地位非常重要。

核心理念三:学会等待,逐步分仓建仓

除了牛市中可以毫不犹豫地一次买入满仓,在震荡市发现真正的龙头股可以满仓外,在正常的情况下必须要有非常严格的仓位管理,切不可任凭自己的性格,不讲求环境和条件,次次满仓,这是一种极不负责任、具有危险性和失败概率很大的行为,是一种蛮干行为。

炒股票必须控制好自己内心的贪婪与恐惧。最基本的有两条:一看有没有耐心,能不能等到机会再参与;二看有没有良好的仓位计划与管理能力。如果说这两个要点都没有,那么你对炒股一定很随意,没有控制力的操盘会糟糕透顶。

因此,炒股票一定要学会等待,学会空仓。

通过对市场上的G点理念的学习,你应该非常清楚。你需要等待的是市场与板块的大机会,绝不是单纯个股的机会,这里面有一个关键的问题。

如果你等待的是个股的机会,那么你是很难做到空仓和等待的。原因很简单,个股的机会存在非常大的不确定性。因此,你如果以个股的G点为等待的目标,选择的就是一个不确定性机会,它将让你很难把握。你越难把握,就只有用时间去耗,而等待的时间可能给你带来极大的风险。

但是,如果你选择的是大盘+题材板块的机会,你的等待和空仓就能更容易把握,因为学会等待和空仓本身就是方法。

我们再讲逐步分仓与建仓的问题。

在股票池建立后,需要把握两个问题:一是要跟踪,等待机会出现,然后再参与;二是参与的方式一定是逐步建仓,绝对不满仓蛮干。

为什么要逐步分仓与建仓?除了风险管控的需要外,我们必须梳理清楚以下几个问题:

第一个问题是要做分仓。

通常建立股票池的潜力热点题材不止一个。因为同期潜力题材可能出现几个,而哪一个会成为最热门的题材,就存在不确定性,有时还会存在轮动性。

所以,就需要在不同的2~3个潜力热门题材中各确定1~2只股票进行分仓。建仓对于抓住机会较有利。

同样,如果一个题材的确定性相对高,不需要分散到其他题材,那么在这个确定的板块中哪一只会成为热门股也有随机性,也需要在这个题材中选择2~3只股分别进行分仓。

只通过一只股票建仓就存在不确定性的风险;通过2~3只股票同时建仓是化解这一风险的好办法。

第二个问题是逐步建仓。

建仓就是开头寸。这是成熟交易者通常采用的方法。

一是可以试探市场的情况,验证自己的观点和判断,如果错误,就及时退出。

二是一个好的位置,对于参与股市先机和形成好心态具有很大的帮助。

三是潜伏(埋伏)股战法的要点就是先人一步。

潜伏股战法不同于追涨战法。追涨战法的要点是吃已经炖熟的肉,所以是追涨;而潜伏战法是要能快人一步,抢占先机,吃即将炖熟的肉。

建仓其实就是一种试探和先人一步的做法。

两种情况下在仓位建立后,我们一定要密切关注市场的趋势,如果不能确认判断,就需要调整操作,及时退出。而如果操作正确、判断正确,就可以逐步加仓。

需要注意:任何头寸的建立都是在试盘。所以,必须是在你确认对走势判断正确的情况下才可以加仓,或者说你的头寸已经盈利了才能加仓,绝对不能在头寸没有盈利而出现亏损的情况下加仓,不要在下跌中玩所谓的摊薄成本之类的蠢事。

再说个股建仓的两种要求。

大家一定要牢记:不论任何股票,即使你分析得再好,也必须要等待买点出现后才能建仓,切不可一建股票池,就想立即买入,去追价格。这是非常不明智的做法。

在实战中,有时可能刚建好股票池,股价就涨了。你一定要清楚,如果股价不在目标价内,就绝不能买入,必须等待,宁失机会也要等待。

大家要把握一个规律:机构庄股在没有进入拉升段前,一定会多次给你上车的机会;而如果已经进入拉升段,就不存在"埋伏"一说,而是采用追涨中的低吸战法参与。

再次强调:个股的买入必须等买点出现后才能操作,切不可贪急!

核心理念四:持续是热点,市场喜新厌旧。

研究股票,建立股票池的目的是要抓住热点。对于真正热点的认识,有两个问题需要理解:

第一是持续性问题。一个真正的市场热点,一定是有持续性的热点。如果出现所谓的一日游,就说明这个热点不被市场认可,或者时机不成熟,要及时放弃它,不要与它纠缠,不要舍不得。

如果你觉得市场没有更好的热点,这个热点有可能被反复炒,那么你一定要考虑以波段的形式参与,采取调买冲卖的方式操盘。对持续性弱的热点切不可期望太高,切不可追涨买入,日常每一次埋伏能赚5%或一个涨停已经非常不错,赚大钱必须要有大行情支撑。而对于已经过气的热点不要再留恋。

核心理念五:如果不涨,则及时放弃。

在理念二中,我们强调了市场中没有"必须"和"一定"这类词。在中国股市中除了贵州茅台等极其特殊的极少由大基金抱团炒作的股外,基本都不适合中长线战法。我们所介绍的潜伏战法也是一样,只能是中短线战法。

如果你买入一个题材(我们不说个股),而这个题材一直没有表现,你选的个股一直都不上涨,那么你就不要太执着。

埋伏个股的时间最好不要超过一周,而且在一周内你还必须波段回避风险。你持股一周还不涨的股票,一定要及时了结。

没有无缘无故的涨和无缘无故的不涨。如果持股一周还不涨,那么说明市场不认可或时机未到,或者说选的个股存在问题,不管什么原因,你要及时放弃。

一只股票长时间不涨,必然不被市场看好,而股价不会停止不前,长时间不涨,尤其是在市场赚钱的行情中不涨,那么亏钱行情到来,它一定会跌,而且会大跌。所以,对于不涨的股票,你必须及时放弃。

核心理念六:发现龙头,只上龙头。

当你选择的题材板块持续上涨时,那里面就肯定会有一只是领涨股,这就是我们所谓的龙头股。这是必然的,是由市场的特性所决定的。市场的大涨必然要有龙头板块和龙头股领涨,它们是市场的精神领袖。

炒股就是要抓龙头,抓到龙头股才是赚钱的不二法门。龙头股通常是这个板块中上涨最快,最强势,最吸睛的股票。

因此,如果你选择的题材上涨了,成了热点板块,而你选的股票也上涨了,但它不是龙头股,那你一定要想办法快速把它换成龙头股。可能你要换时,龙头股已经上涨,且比你的股票涨了很多,这反而体现了它的龙头地位,你更应该换成龙头股,不要认为它涨得比你的股票多了不划算,后面的上涨一定会补偿你的。

真正的龙头股具有溢价效应,会比其他跟风股最先上涨,最后下跌,更加安全。所以,一旦真"龙"出现,你一定要想办法换过去。

(二)处理好第一个涨停板

这一节,阐述波段操作的具体细节。

"炒股票"会买的是徒弟,会卖的是师傅,只有交易成熟的人才会重视和理解这句话。

操盘中最难的是如何处理卖的问题。如果卖早了,就会踏空利润;如果卖晚了,不仅会让利润得而复失,还可能被套。所以如何"卖"是波段操作中需要解决的大问题。而其中较为重要的技术是对第一个涨停板的处理。

我们提前埋伏,玩潜伏战法,如果埋伏正确,那么第一个需要处理好的问题就是遇到第一个涨停板时如何操作。

这个问题如此重要是因为处理不好这个涨停板往往会功亏一篑。原因在于第一个涨停板可能是上涨的终结点,也可能是上涨的启动点。

如何处理第一个涨停板。

潜伏后出现第一个涨停板是一件喜事,同时也是一个很棘手的问题。

有不少缺乏经验的朋友对待第一个涨停板的态度是"放松",认为股票涨了就放心了,可以轻松了,这恰恰是非常错误的做法。股票一旦出现第一个涨停板,你必须高度关注,并且马上分析。

1. 出现第一个涨停板时,通常会有以下几种情况:

(1)当日涨停后开板

①游资股

第一个涨停板就出现开板的股票,不论其收盘价多少,只要第一个涨停,不能在收盘前收回涨停价的,一律在当天卖出。

很多人会犯一个错误,就是对股票产生感情。守得越久,感情会越深，越不愿意卖，只要涨停板出现，就认为个股会大涨了，认为涨停开板是主力在洗盘，认为有主力在里面那么长时间了，不会一个涨停板就结束。

大家一定要记住，从来没有听说第一个涨停板是用来洗盘的，这是一个常识。洗盘只会发生在上涨前和上涨一大段后，绝对不会在第一个涨停板。如果主力要拉升股票，需要的是势，第一个涨停板就开板，那不是自己砸自己的脚吗？

另外，不要臆测主力和你一样在守股。很多这类第一个涨停开板的股票，多是属于短线主力在这只股出现超跌形态或技术形态，连续缩量有利可图时，就会提前两天埋伏进去，快速地拉一下，而你认为主力一直陪着你，就错了。

凡游资股遇到这种情况，最好的处理方法是当天开板后如果不能收回封板，就走掉，获利了结。如果你当天没有走，放不下，那么第二天你必须走，但是利润可能就没有了。

你可以观察，真正会持续大涨的股票，涨停的次日开盘后一定会强势放量上涨，多数不会回调到上一日收盘价下，次日的成交量绝不会大幅缩量。如果缩量回调到上一日收盘价下，则说明主力上一日已经走了，只是散户还在犹豫，所以股价没有快速下跌。第三天，一定会低开低走，因为犹豫的散户短线资金开始止损，逐步出货。

③机构股

机构股连续出现涨停的情况通常很少，所以机构股很少会拉涨板，而是喜欢拉大阳线。如果出现拉涨停后开板的情况，需要结合股价在趋势通道的位置一起来分析。但多数情况下,第一次封板就开板的股票,我建议按游资股的方式处理大概率是对的。

如果放不下,当天最少也要减半仓,以安全为主。如果趋势判断错了,明天再追入,半仓就行,我的方法是封不住就走人。

(2)当日涨停后封板

任何股票的上涨都必须要有理由,不会有无缘无故的涨。如果你选的股票出现了涨停板,并且没有开板,你第一件要做的事就是判断并快速核实上涨的原因。这个原因,基本可分为三种情况:

①因为题材板块的上涨带动

A. 板块强势型

这类上涨是我们期望的上涨。通过G点选股的核心就是希望所选的题材成为真正的热点。所以,对于第一个涨停板,我们需要快速关注这个题材上涨的情况。如果第一个涨停板是因为题材板块的上涨而拉动,首先要盯住观察和思考这个板块的持续性,而不是这只股票的基本面,你要观察两个问题:

第一,这个板块是谁在领涨,谁就可能成为龙头,把它加入自选股跟踪。

第二,这个板块次日持续性如何,赚钱效应够不够强,大盘的环境怎么样。

你一定不要过于关注自己股票的基本面。凡属于题材板块拉动上涨的股票,其核心只受限于题材板块的情况,而不是个股的情况。你一定不要认为个股可能独立于板块外走出独立行情(那是妖股)。

板块行情的整体强度与龙头股的强度是你唯一需要关注的重点。板块里面的领涨股是重中之重。所以次日出现的情况较重要，依次判断如下：

a. 如果板块强度出了问题，领涨股封不上涨停，或者涨停后出现了巨量开板，开板后不能尽快封回涨停，那么你必须在当天快速寻找合适的价位出货，不要留恋。

b. 如果整体板块继续保持强势，领涨股仍然继续涨停，而你的股可能没有涨停，也可以先持股不动，观察。只要板块处于强势，就是持股赚钱的机会。而此时，你还要考虑：

第一，领涨板块是否可能成为大热点，领涨股是否有走成市场龙头股的情况出现。如果大盘稳定和安全，这个题材也不错，领涨股涨停时量能相比第一个板持续稳定放大，整体板块有多只股涨停，那么领涨股成为龙头股的可能性在第二板出现后概率就大增。你如果持有的不是龙头股，一旦有机会，市场对龙头的监管政策放松，你一定要卖掉你的股，换成龙头股。你要有这个意识，在出现机会时不要犹豫。

怎么换是一门技术，甚至有些难，需要大家在实战中领会。

你换股的条件是：

一是板块成大热点的可能性大增。

二是已经明确了谁是市场中最强的股。

三是市场监管政策近期对龙头股连板有松动。

四是卖出后，必须保障一定能换到龙头股；如果卖出后，换不到龙头股，那就会两头踏空，得不偿失。

第二,注意区分游资主力股与机构主力股的特点。

一个热点题材板块出现,第二天板块中仍然有强势封板的个股,多数是游资股。前面讲了,机构主力股连续涨停的概率较小。如果次日板块很强,但是你的股票没有涨停,那么,你必须分析清楚主力的性质。

一是游资类。这类股说明很弱,要么你换到强势股中,要么你做好撤退策略。游资股必须连续处于强势,该强不强就是弱,这是游资股的一个特性。游资股的第二个特性是撤退会非常快,可能上午还涨了5个点,下午就跌了5个点,你要把握住这两个特性。

二是机构类。板块继续走强,而个股在次日没有继续涨停,那也属于正常,只要量能保持价涨量增的温和放量,可以持股不动。大家按前面章节中机构股上涨的特点操作。

B. 板块弱势型

若第一个板确定是受板块上涨驱动,但是次日板块出现弱势,没有持续性,第一板最先上涨的板块领涨强势股没有封涨停,或涨停后封不住,板块的其他股少有涨停的,大概率可确定是一日游行情。

第一,当日上午在股价无量冲高时是最好的出货机会,只要板块没有持续性,马上走人。

第二,当日低开低走,量能萎缩,当日必须走;早上向前一日收盘价无量冲高的过程可能是最佳出货点,股价往往不会冲过上日收盘价。

②因为股票自身的利好而上涨

如果第一板并非因题材板块而上涨，那就可能是个股出现利好或出现一个技术性的反弹。如果个股是因为自身的利好而上涨，你一定要分析这个利好的级别够不够大。如果级别一般，通常我会在当天的涨停价出完货。如果你放不下，至少也要在涨停板出50％的货，等次日情况出现后，再判断操作后面的50％。

如果次日股票冲高没有出现连续涨停，那就卖出留下的50％，清仓出局。

如果次日股价低开，当日成交量大幅萎缩，次日一定清仓出货。

凡是个股利好级别较小的涨停板，基本都属于一日游的概率，不要臆测。

③技术性短线操作而反弹

这种情况纯粹就是没有任何的利好，突然出现一个涨停板。这种情况主要是短线主力在个股的急跌或长期下跌的技术位做一个技术性反弹，吃一口就走。所以，在涨停当天，发现属于这类涨停的，在当天的涨停位置出货。

(3)个股的主升浪

这种类型一般属于以下几种情况：

一是个股在超跌后出现大级别的反弹。

二是个股出现大级别的利好消息支撑。

三是个股成为市场中的龙头股。

如果是以上三类情况，只有一种操盘模式，就是捂股，一直捂到成交量放出巨量为止。

2. 从趋势平台与量能的判断做波段

对第一个涨停板的处理还可以通过趋势平台与量能配合决策。

(1)趋势通道平台决策

对于非题材板块上涨驱动的涨停板分析,结合趋势通道平台战法也是一个很好的工具,尤其对于一日游行情会有很好的判断。这个判断不仅可以用于分析涨停当日是否要卖出,对打涨停板的朋友,也可以是一种借鉴。

首先,划出这只股票近期的趋势通道线,然后结合三个条件对个股的情况进行分析。

①涨停板的位置是否位于趋势通道压力线附近。

②涨停板上面是否有前高或平台压制。

③涨停的量能是否够强又不是巨量。

以高伟达为例做分析。对于高伟达这只股,如果掌握了以上的方法就能很好地吃上短线大肉;如果不了解通道位置,多数碰上涨停板也会被套。

从图中我们看到,高伟达在此段是一只很漂亮的短线标的股,连续出现五个涨停板(最后一个没有封住)。但是,这些涨停板中,有两个如果你埋伏进去,涨停当天不出来,次日基本就没有利润了。而在当天打板的,次日就被套。那么如何判断埋伏后该走还是留呢?要打板的是否可以打呢?

从后面四个板的分时图看,前两个板很漂亮。但是前两个板恰恰是一日游板,所以在技术上只看分时图是不可靠的。

如果划出趋势通道平台图,用上面介绍的三个条件帮助我们分析,就能有效决策。

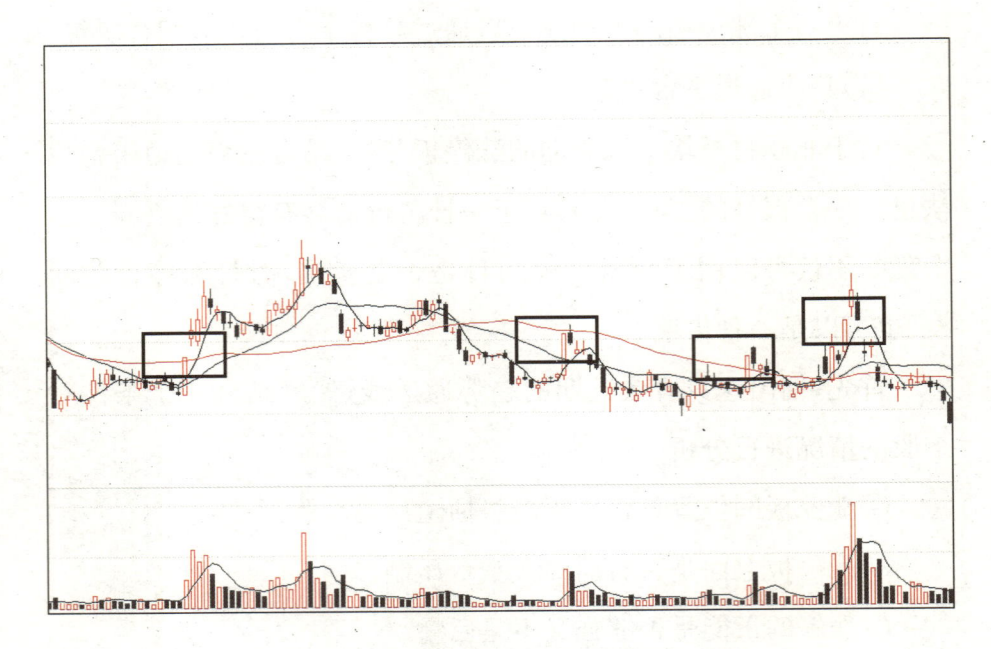

图 2-53 高伟达的通道位置

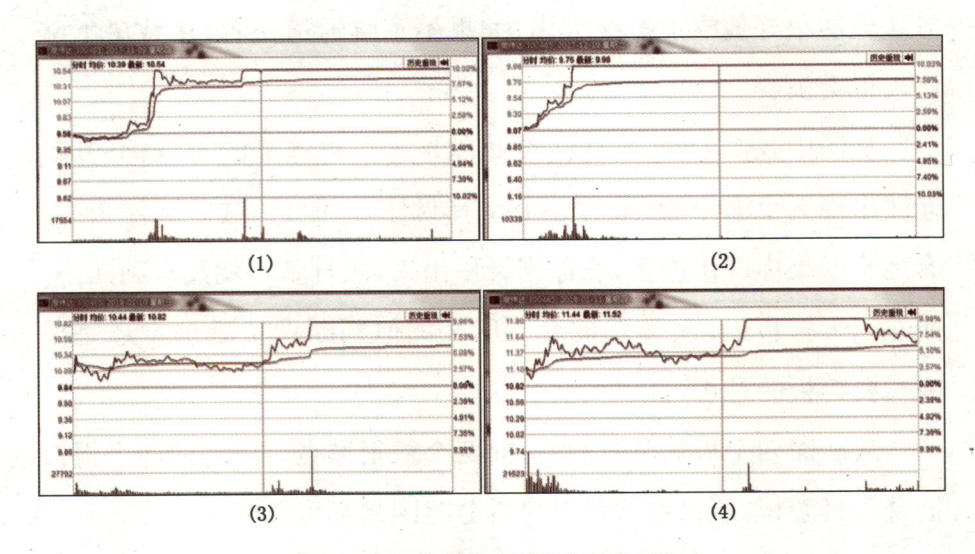

(1)　　　　　　　　　　　　　(2)

(3)　　　　　　　　　　　　　(4)

图 2-54 连续出现涨停板的分时图

第一个板在趋势通道内,这个板一日游的可能性大,原因有以下三点:一是从最高点下来还在第二次回调支撑位的区域内,调整幅度不够,突破通道的可能小;二是受通道压力线与历史平台线双重压制;三是上涨的量能一般。

第二个板首次突破通道,受历史平台线压制,关键是量能非常不足,这种量能有被通道引力拉回验证压力线的需要。

第三个板已验证有效突破前面趋势通道,而且在上涨前完成了缩量整理,量能与形态均较好,且放量突破了前高点,是一个有效板。

第四个板量能过大,不能封住涨停,出现量增价滞的异常,出货为宜。

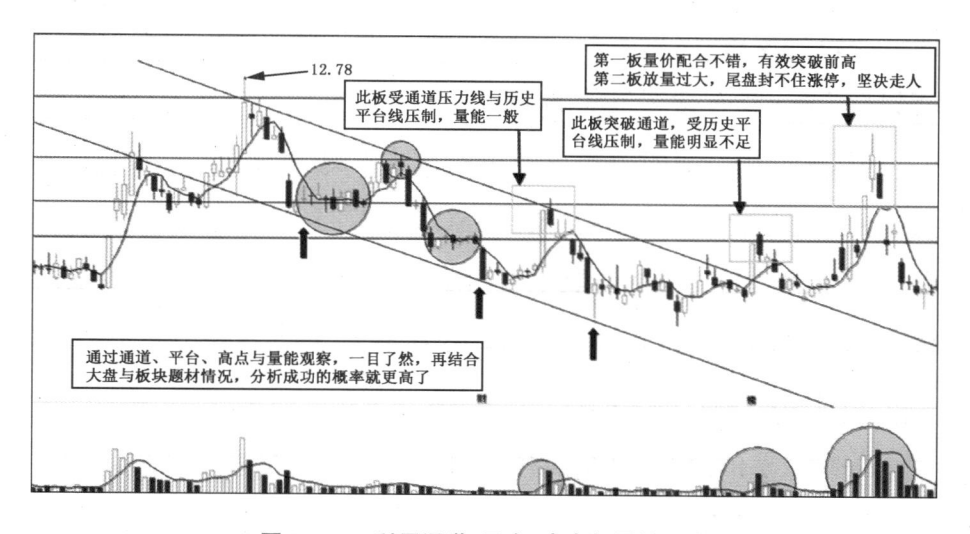

图 2-55 利用通道、平台、高点与量能观察

(2)从量能的分析做波段

量能不仅是衡量大盘趋势的重要工具,也是判断个股趋势最核

心的指标之一。

我们讲三个判断量能的要点。

①对量能持续性的认识

上涨必须要放量,而且是持续放量。如果上涨缺乏量能支撑,那么上涨就没有空间或很有限。

因为量能是能量,能量是驱动力,上涨只有产生足够持续的驱动力才能保障大涨。同时,能量不是无限的,而是有限的,如果消耗太大或太快,也必然会影响到持续性。所以,量能健康是最好的。

健康的标准:一是持续量;二是远高于之前的平均量。

如果从上涨阶段而言,上涨之初就出现大幅缩量或大涨之后出现巨量都是异常情况,上涨就有问题。所以,一只股票如果在上涨时健康持续放量,就说明具有动力。连续的上涨放量说明上涨的动能保持良好,具有持续上涨的空间。

但是,如果一只股票不论是第一次大涨还是涨停,只放了一天的量能,次日就萎缩了,你就要小心,最好及时获利或止损了结,不要过多臆测!前一天的量能很可能就是一个对倒的量能,短线主力的大部分筹码在昨天拉涨的过程中已经获利了结。

②对不同主力量能的认识

一只股票的上涨,其量能特点与主力性质有很大的关系。

A. 游资主力主导大涨的股票,纯粹是市场合力换手干上去的,所以其呈现的特征就是连续的暴量,个股从拉升开始就要暴量。因此,游资操盘有"攻在量中,退在量后"的讲法。现代市场已经进入合力时代,只有底部放量,才表示换手率充足,短线的筹码成本相对公平,才会具有对手盘。

比如前面我们所讲的第一个涨停板的问题。第一个涨停板出现后,如果是游资操盘的股,其量能并没有放大多少,那说明上涨很少,也就是说,根基不稳,后面抛盘重,对手盘不足,上涨的空间会很有限,而第二天股价可能就萎了。如果第二天股价没有萎,反而量能增加了,股价涨停,这反过来又是好现象,说明换手率提升,分歧转为一致,合力在增强。

B. 机构主力主导大涨的股票,在上涨时其量能也要求比之前持续放大(之前需要有缩量整理过程),但是相对游资股就要平均温和很多。因为机构股多数是半庄半合力性质的股票,全庄性质的股基本没有,监管政策也不允许。大家可以多查查这种股票,很多连续大涨的股票,拉涨停时量能不会暴量,因为机构已经有一定的锁盘,上涨过程中量能持续也相对平均,出现涨增调缩的特征,到上涨末期才会放出天量。

C. 单根天量对于短线来讲,不论在什么位置都不会是好事,说明多空双方的能量都消耗过大,出现天量后的价格是很难有持续性的。多数情况下,出现天量后的次日,下跌的概率大。

(3)持续上涨个股的量能分析

一只持续上涨中的个股,需要关注以下三点:

一是放量后的量能是否持续;

二是不能出现单根天量;

三是收盘价的问题。

第一点,一只走在上涨中的股票只有量能保持持续性的价涨量

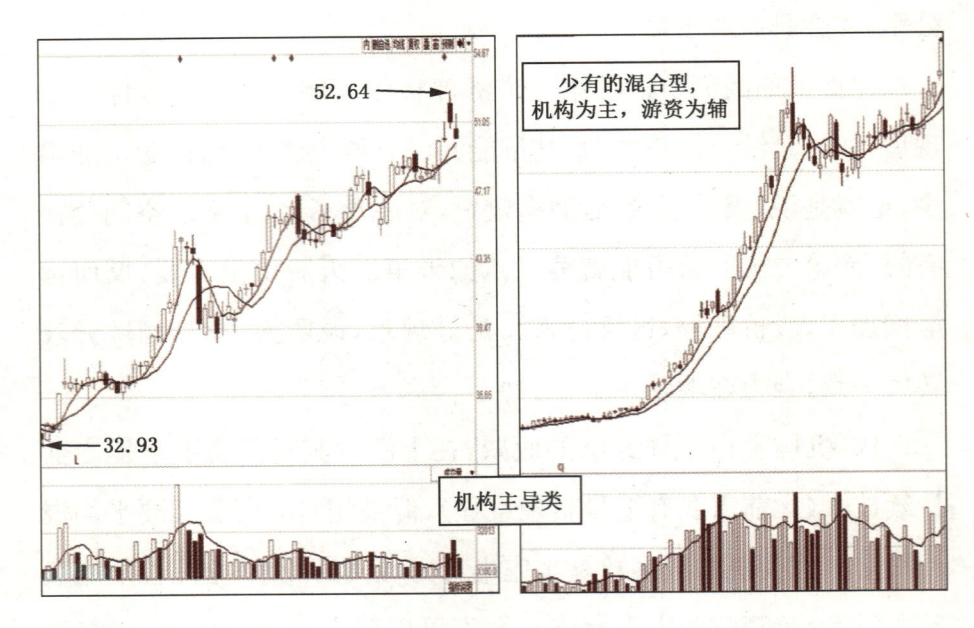

图 2—56　机构主导类

增，就是健康的上涨方式。只要是这种量价关系，就保持持股不动，这是典型的上冲形态，说明了市场资金保持着活跃性。

　　第二点，如果在上涨的过程中出现高开低走的大阴线巨量或天量，收盘价还收在了上一日收盘价之下，这两个特征是典型的出货形态，大涨后的单根巨量或天量一定是由于主力大量交易引起的，能够在这个位置接盘的只可能是散户，出货的一定是主力，一定要及时走人。这种大阴的形态极少会出现中途大换手的洗盘模式。

　　如果是中途大阴洗盘的模式会具有两个特征：一是成交量放大，二是收盘价一定会收到上日收盘价之上（这一点最重要），因为主力一定会保持股价的"势"，这个"势"就体现在收盘价上。出现巨量后，能收在上日收盘价之上，说明多方的力量仍比空方强，这反过

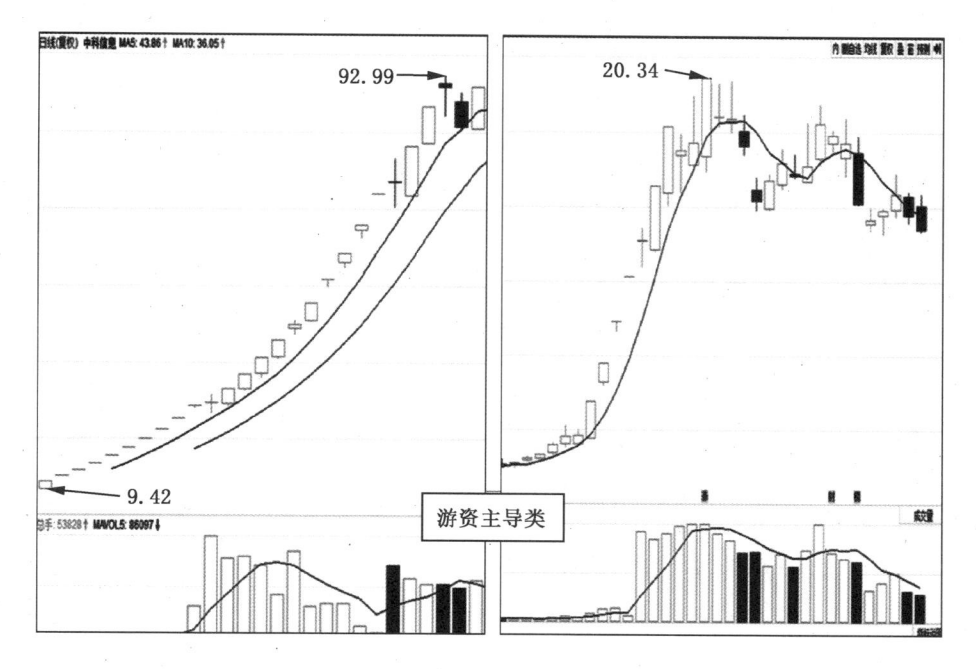

图 2—57　游资主导类

来又是一种"强"的信号。

第三点，上涨中收盘价的问题。

这个问题要分主力来讲。

如果是游资主力主导的上涨，刚上涨时收盘价一定不能收在上日收盘价下的，如果上涨的初段就收在下面，赶紧跑。而经过大涨后，如果有两波才有可能收在下面，但是回调的过程缩量，且调整时间较短，就必须展开攻击；如果调整时间长，就有问题。

机构主力股大凡上涨过程中没有放出天量，而收盘价收在了上一日收盘价下的，重点也要看量能，如果下跌大幅缩量的，一定是洗盘，主力一定还在里面。遇到这种情况还是要先出来观察，我们绝不参与调整，观察两个要点：

一个是缩量下跌到5日线,最多10日线附近时,如果股价再出现放量大涨的情况你就买回来。如果出现放量攻击涨停,这就是典型的反包板,可以用低吸配合打板买入,说明主力很强。另一个是放量跌破并收于上一日收盘价下的,毫不犹豫地走人为妙,这是典型的多方大势已去的出货形态。

这些都是实战中量价方面的经验。

(三)时机、核心竞争力与资金博弈

这一节对于股票选择与操作做一个重要小结。主要讲三个重要概念及其关系:时机、核心竞争力与资金博弈。

1. 时机

一只股票的调整,如何才能算结束,从技术面上讲,只要技术指标调整到位(比如趋势通道与量价关系),那么就可以认为调整结束可以买入。

但是,这个定义还是不够深入,必须加入对"时机"的理解!

我们看到很多股票在下跌的趋势通道中不断回调验证支撑位,有的验证了三次支撑位就发动了进攻,有的验证了五次支撑位仍然没有结束,这就与"时机"有关。

这和炸药是一个原理。炸药制作完成后,已经具备了爆炸的作用和力量。但是它自己不会爆炸,引爆它必须要有导火索,否则爆炸的力量再大也只能静静地躺着。导火索就是时机,是催化剂,炒股票没有对催化剂的认识是不行的。

所以,时机是一个很重要的概念。

在实战中,我们往往着重于炸药爆炸作用和力量的研究,而忽视了时机的问题,导致守住一颗所谓的好炸药而发挥不了作用,这样的炸药力量再强,对我们也没有用。

那么时机是什么呢？时机的载体是题材,出现题材的目的是成为热点,时机其实就是风口。股票不是因为它自身的基本面而成就了自己,而是因为题材成就了股票,当股票的题材成为热点时,它就变成了明星。

所以,对于炸药的选择,必须研究"炸药力量＋导火索",必须具备这两个因素。

股价是沿最小阻力运动的,一只股票里如果有主力,在时机没有出现或成熟前,上涨的压力是较大的,这个压力形成阻力,强行拉升是不行的,不仅需要更多的成本,而且股价上去了,还很难维持不跌下来。如果时机成熟,存量盘惜售,市场抢筹,则可顺风而上。

正常情况下,从主力的角度分析,在时机不到时,超短线性格的游资主力不会去碰任何股。同样,对于已经埋伏于个股里面的机构主力,平时就更没有必要强行拉涨。游资是为自己赚钱,要的是财富,每一次交易所得都是自己的收益。而机构主力是为投资者赚钱,要的是业绩,业绩以年为单位进行评估。所以,机构主力需要股价稳定增长,在年末可以冲高,业绩才能漂亮。而在平时则没有必要太主动,等风来顺势而上,或者机构主力们一起抱团慢慢带动上涨,是其最好的策略,所以,炒股不能仅看技术指标,还必须切合热点题材,预判题材热度,紧跟时机出现,以此进行操盘。

2. 核心竞争力

我们这里讲的核心竞争力，不仅是企业自身的竞争力，还有资本市场炒作的核心竞争力。对竞争力的理解从三方面认识：

第一方面是市场认知变化。

过去的股市喜欢讲故事，一只股票只要有故事，有想象力，越是在朦胧期，那么炒作的空间就越大。而这只股票的基本面怎么样，是否亏损，都已经不重要，因为退市制度不健全；相反，亏损很严重的股票反而具有乌鸦变凤凰的机会！

但是，从2015年股灾之后，对中国股市的认知发生了巨大变化！资本市场的管理由过去的松管变成了严管，资本市场对国民经济与服务国家战略的影响力空前提高，从管理层引导价值投资、打击交易的过度投机行为，以及退市制度的推出，从各个层面都反映出国家对资本市场空前重视。

过去股市喜欢讲故事的特点并没有改变，依然是一只股票只要有故事，有想象力，越是在朦胧期，那么炒作的空间就越大。但是，与过去相比的一个重要转变是"个股要有实在价值，更直接地讲叫业绩"。过去可以炒亏损股，现在就不能碰亏损股。退市制度的推出不是儿戏，退市制度推出的过程，必然会让空壳公司、毫无业绩支撑的忽悠公司，被引爆"黑天鹅"！

所以，从2018年开始选股要绝对避开上面那些问题公司。

业绩与成长性，虽然不是驱动股票上涨的根本，但它加强了与驱动资金的关系；更重要的是，业绩差与成长性差却成为把股票拉入地狱的根本。

这段话希望大家牢记。

第二方面是企业自身强。

市场认知的巨大变化,让主力资金与价值的关系走得更紧密了,带来了市场对企业独特竞争力的高度关注。这种关注体现在企业的独特竞争力成为市场资金吸纳的稀缺资源。所以,在市场中具有行业、技术或服务方面独特竞争优势的企业必然会受到更多重视,给予更高的估值。具有独特竞争力的企业值得我们在日常的功课中研究和收集。

这是不是意味着凡具有独特市场竞争力的公司都可以买呢?不是。

第三方面是符合市场需求。

为什么说不是所有具有独特市场竞争力的公司都能涨,这和市场主力资金与散户资金都有限有很大的关系。

常态化市场中,有限的主力资金只能够聚焦抱团搅动局部的市场,形成一定的热点板块。因此,只有有了当下市场需要的企业竞争力,才有"红"的可能。

所以,我们平时对企业研究的功课是收集掌握具有核心竞争力的公司。但是,操作的核心,则要去研究具有当下市场潜在和明确市场需求"竞争力"的公司。

就比如,2018年国家科技战略的需要在资本市场中营造了巨大的高科技股票需求。这个需求在市场中体现在具有核心竞争力的高新科技企业上。而中美贸易战事件则引发了更强烈的需求,如在自主芯片的研发上,就提高到影响国家昌盛与安全的最高级别。

在这个领域的两类公司必将受到资金的高度关注:一类是在芯

片行业的技术能力上面已经成气候的龙头公司；第二类是在芯片细分子领域具有潜力的高成长公司。

所以，对于竞争力的问题，可以小结为：个股的竞争力已经成为主力资金关注的要点。而具有当下市场高度需求的企业竞争力则是我们研究和跟随的重中之重！企业竞争力的研究要把握住股市的"明星效应"。

3. 资金博弈

资金博弈是市场炒作的最后一环，也是最重要的一环。

不论是对时机的研究还是对竞争力的研究，最终的交易都在资金博弈的环节。这一环节是兑现全部分析结果的检验局。

这个检验的结果既受交易系统风险的影响，也受市场系统本身风险的影响。可能会因你的交易系统问题导致失败，也可能不是你的系统出问题，而是市场本身的问题导致出错。所以，在这个环节对交易本质的认识和对交易策略的认识都极其重要。

一切的交易均要源于对资金博弈的思考。

在后面章节，我们会专门讨论"必须、一定与跟随策略"的问题。

因为在资金博弈的环节没有"必须和一定"的概念，只有跟随。

不论是市场还是你，所有的分析与预判都只是为了支撑自己临盘一脚踩下去的时间与地点对不对。

而后面的事就是临盘策略的问题！临盘的要点在于认识、理解与运用好资金博弈的理念。

所以，在实战中不仅要懂基本的技术分析，还必须深刻认识和掌握好"时机、核心竞争力与资金博弈"的理念。

明白三个环节是层层递进、环环相扣的,而交易的结果最终取决于如何处理好资金博弈的问题。

资金博弈是一个广泛多层的概念,包括多方与空方、主力与主力、主力与散户、散户与散户及市场本身的系统风险,在实战中操作必须要具体、细化,必须要抓住主要资金的主要矛盾和主角,通过跟随策略进行解决,在操盘的环节绝不能让预判成为主角。

(四)重视仓位与滚动操盘

1. 仓位管理

仓位管理是一个老生常谈的问题,也是一个最重要的亏损来源。在行情不好时,一个过重的仓位,往往会影响到操盘的心态。

心态一坏,你的技术发挥、你对市场节奏的把握就完全乱了。所以,在实战操盘中不要太贪心。

炒股不是说不可以贪,而是机会来临时反而要大贪,机会不明确时就要极谨慎,确保在大机会来时,你还活着,你手里还有大把的筹码。

这里尤其要提醒玩超短的朋友。不少朋友看到网上有些成功的大佬过去留下的操盘记录,讲自己每天都满仓位进出玩打板与低吸,让很多朋友坐不住,认为超短就是每天都应该满仓赌,完全是在东施效颦。

大家更应该学习炒股养家对于仓位的理解,只有上涨的概率较大,且个股上涨的空间预判超过 50% 时,才可以大仓位玩。这不仅是技术,更是一种赢家的心态。炒股养家还有一句很重要的话:有时预判超过50％买入后,赚了10％就跑了,这些东西都是操盘的精髓。这就是我们讲的:买入前依靠的是预判,买入后依靠的是跟随。

可能上面提到的喜欢每天满仓玩的朋友会问,为什么某些游资大佬能做到天天满仓干?

第一,人家的技术能力你没有;

第二,人家运气好。

根据图2-58,2012~2015年的创业板趋势机会,指数大涨6倍。在这种行情下,你说产生了多少龙头股,如果不能每天满仓干创业板各阶段的龙头,真是浪费了大好时光。

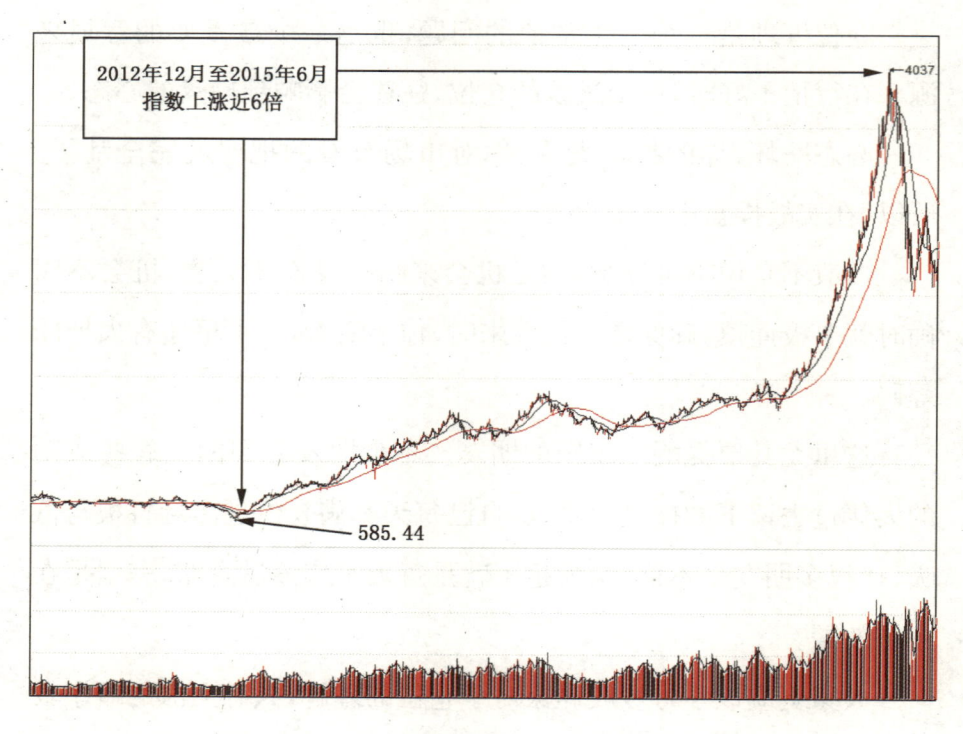

图2-58　2012年12月至2015年6月的指数上涨走势

但是,现在2018年的市场行情是什么情况?

国际经济与政治博弈风云变幻,不确定性高,"黑天鹅"密布。

你再看看拥有10亿元以上资金的一线游资大佬们,玩一只股票都是几百万、几千万,上亿的操作都很少,说明在当下的行情中,仓位管理很严格。

所以,炒股票不能盲目,必须对行情心中有数。

2. 滚仓操作的问题

买入后就不动了,这是牛市的操作方法。在震荡市中,这是操盘的一个大忌。

仓位管理的核心:安全性与策略性,严格控制总市值的回撤幅度。

操盘最核心的一个技能:波段滚仓操作。

很多朋友都会预判分析,最缺乏的恰恰是波段滚仓操作。而跟随策略最重要的技能之一也是滚仓操作。不熟悉波段滚仓的其中一个原因是对满仓的贪婪。所以,滚仓操作是很多人心里的一个障碍,也是在股市成功路上必须克服的障碍。如果不能成功把握好滚仓操盘,稳定盈利就缺乏实战基础。

现在把波段滚仓的要点给大家做一个介绍。

仓位管理是一个动态的过程,滚仓是仓位管理最直接的一个体现,而头仓选择正确是波段滚仓的前提,如果头仓介入错误,只有止损,没有再滚仓的必要。

(1)滚仓的一个重要特点就是不能随意满仓

对于一只头寸操作正确的股票,并不能代表后面的机会就是必然的,股票的机会与风险瞬息变化,今天是机会,明天可能就成为风险点。尤其如果买入后死抱着预判时的观念和思维,那么操盘的风险就会显现,很可能会让人持股不动,被动挨打,滚仓操盘能够灵活地化解这个问题。

(2)滚仓操盘的几个要点

①头仓不能满仓

根据自己的资金量与对上涨空间的预判来决定头仓比例,在建仓几天后走势强,我们就可以加仓。

第一笔加仓可以是打板,也可以是低吸,如果是游资股必须封住涨停,或者低吸强势股,低吸后当天快速拉起的,市场环境与板块行情配合,后面再考虑第二笔继续加仓买进的机会;否则,第一笔加仓后要考虑的就不是再继续加仓的问题,而是如何逐步止盈的问题。

在一个普通的行情下,切记不能贪婪!随时要在手中保留现金,最多三到五成仓的状态。

对于加仓很重要的一点,如果加仓后大盘与个股走势变弱,一定要高度谨慎,马上对头仓在当天伺机寻找一个好的点位快速卖出,降低和冲抵当日加仓筹码的损失,让当天就只剩下加仓的筹码。同时,在加仓次日根据盘面情况必须及时做出调整,盘面弱,则快速止损;盘面转强,则可持股观望再操作。

②两个因素需要关注

一是如果个股的走势和预判出现背离,绝对要快速清仓出来。

二是看好的个股,可能会因为头仓时点上的不利而过早放弃潜在上升趋势，让机会错失。如果发现一只短线的好股票问题是出在买点上，也必须马上出来，然后继续保持对个股的跟踪，等待好的买点出现再操作。如果真是一只短线操作的好股票，不要轻易丢掉，要继续空仓等待好的买点。

而下一个买点出现后，是不是真的是好的买点，同样必须按上面的程序操作，买入个股后的操盘必须坚守跟随策略而不是预判策略。绝对不要在局面被动的情况下重仓或者满仓，把命运交给运气是失败的主要原因之一。越是不顺时，越应该控制仓位，回避情绪化赌博交易。

第三部

经验分享

一、实战最重要的操盘经验分享

(一)深刻领悟游资生存之道

希望这节内容对你实战盈利能力的提升有很大价值。

游资是这个市场中生命力最强、战斗力最强的群体。

主力游资的生存思维是这个市场所有普通散户都应该深入理解的生存之道。这个生存之道对于散户炒股是非常稀缺的珍宝,也是最容易忽视的珍宝。

构成游资成功的因素很多,有对市场的理解力,有对技术技巧的应用,还有丰富的实战经验与市场机会。但其成功的基石是其生存之道!没有基石,其他都不能长久和在市场中得心应手。

理解与应用游资生存之道是我炒股生涯技术升级的重要基础。这个过程,可以总结为理解、克服与执行。

先讲理解,什么是游资生存之道!

这让我想起乔帮主关于《飞鸟与鱼》策略的文章,这篇文章很好地诠释了这个道理。

他说:如果把空仓比作空气,把持仓比作水。空仓时间多的资金就归为鸟类,持仓时间多的资金就归为鱼类。

大部分游资就好比那天空翱翔的鸟儿,看到机会之后,俯冲水下,叼一口鱼出来(成功),或者被水下鳄鱼咬断一条腿(失败),空气对它们是舒适区,水对它们是非舒适区。所以,吃鱼失败后,它们最舒适的操作是赶紧割肉出来，飞回到空气中，因为它们水性不好。

相比而言，对于鱼来说空气是非舒适区，水是舒适区，偶尔才会跳出水来空仓。

游资的生存之道就体现在"鸟"的策略中。

交易的目的是让资金升值，而只有资金安全，升值才能得以保障！而资金要安全，就必须让资金保持合适的自由，资金自由的障碍是愚蠢地坚守交易！

炒股就如在黑夜的大海上行船，对前方任何的臆测和幻想都会带来致命的危险，所以不仅要有丰富的经验、严格的执行力，还必须有安全的意识、不冒险的行为。而比这些都重要的是能执行安全策略。

股神利弗莫尔讲：我从不与纸带机争辩！

股神的名言体现的就是这种思维！对这种思维的总结，我觉得可更形象地阐述为"鲨鱼＋飞鸟"。鲨鱼是这个星球生存时间最长的动物（和恐龙一个时代），能在这个物竞天择的自然界中长期存活下来，说明它具有非同一般的生存能力。鲨鱼是天生的风险厌恶者，又是极残忍的主动攻击者。鲨鱼在发现有危险存在时会以最快的速度丢下猎物撤退。而在吃饱一顿后，鲨鱼不会闲游，会马上不停地寻找下一个猎物，绝不靠运气，绝对把握主动；鲨鱼又极具耐心，不会留恋任何的旧事物。

可以说，鲨鱼兼具众多自然界中最优秀的生存能力于一身，它是海洋里最优秀的职业杀手、职业素质超级棒的杀手。

有时，我在想很多市场中的高手讲，股市的成功和考一流的大学一样，参加的人众多，但是绝大部分人是不可能进入的，那是什么原因决定了这个情况呢？

应该就是职业素质。如考大学，很多人喜欢埋头于低效的题海，因为这是最容易做到的事，却有意忽略了最核心的"持续增强学习能力"这一素质的提高，往往事倍功半，学习效果与效率低下，最终成不了天之骄子。

股市中的职业素质就是你的交易性格，命理学很重要的一条：性格决定命运！分析人的生辰八字，首先分析的就是性格！所以，我觉得交易中的命运也是由交易性格所决定的。

在命理学与成功学中，改变命运首先要从性格开始！

这就是我想讲的第二个问题：克服。

对于克服，需要认识自己交易性格中的缺陷，有意识地去调整它、解决它，自觉去模仿市场中最成功的人的交易性格。但是，难度也会很大。以生活为例，我们常看到两种人：

一种人，不论做什么事都很固执或急躁，你一说他，他总会说改不了，我的性格是天生的，没办法改，就是这样了！对于这种人的这种态度就真没有办法。还有一种人，你会发现他之前较暴躁，通过他的努力，在他性情大变之后，人生完全不一样！以前可能很暴躁，后来性情温顺了，人缘也好了，做事也顺了，朋友见到都说变化很大。这个变化的核心就在于性情。

所以，要改变性格不是那么容易的，但是你做到了，你就能改变命运！

第三，执行。

能不能克服，最终要体现在执行上。

在执行这个问题上，我可以用一些职业高手的模式来帮助大家理解。不少成名的游资大佬在玩超短成功的路上，70%以上的操作交易都是随便卖出，这种对模式的坚守就是执行。他们不拘于一时的盈亏、一时的情绪，执着于模式的要求，只有这样，强悍的模式执行力才能保障成功。

他们卖"飞"的票很多。炒股成功的原因绝不会因为买好一两只妖股，也不是所有票都玩好（只有神才能做到），而是对模式和信念的坚持，对风险的控制。

普通的散户往往喜欢纠结于每一次的盈亏，纠缠于无尽的问题，最终让自己被市场的迷雾所吞噬。

上面所讲的都是对鲨鱼式思维的理解、克服与执行。

最后，我们再聚焦到执行的问题上。

执行不仅是一种思维，更是一种策略！这种策略的具体表现就是"飞鸟"。

中国股市现阶段的风险与垃圾个股众多的性质决定了我们大部分时间都不适合做"鱼"，而应该做"飞鸟"，随时让资金在空气中把握自由度，这是非常重要的思考方式！

如果你能理解和跨越这道坎，你在实战中的交易能力与收益一定会再上一个台阶。

怎么算跨越，回答一个问题：

当有一只股票，你对它的分析很出色，也比较确定和看好时，结果在买入后它没有按你的判断走，也许是在洗盘，或是其他原因。

总之,它没有涨,或涨了又跌了。但是你很确信,中线它一定会上涨。那么,你是出来,还是决定继续坚守呢？希望你能诚实地质问自己！

这节内容不多,但足以值得你用心去体会！

(二)从"一致性"感悟生存之道

一致性问题是在市场中需要深度思考的重要交易问题。

因为"一致性"问题在市场中比较突出,理解不好就是陷阱！

什么是"一致性"？ 就是明牌的意思,就是市场普遍看好的意思。

一致性问题,在市场思维中是一个很大的误区。因为,一致性思维是大众思维上的舒适区。大众会认为,大家都看好时,一定是机会最大的时候,但是炒股思维是逆人性。当所有人看好之时,恰恰可能不是机会最好的时间,往往从"分歧到一致"的分歧段才是最好的机会。

换句话讲,一副牌如果变成明牌,就不好打,没有意思了。

一致性问题和多头不死,空头不止的问题一样,都是市场游戏最核心的本质。对这个问题思考透彻,可以帮助你有效地提升交易思维。

这一节讨论一致性问题,是对上一节游资生存之道思维的一个回应。想告诉大家,不论你在主观上如何看好个股,市场永远只认它自己,不会认你。市场不会因为你的分析与思考而动摇,有时你分析的舒适区,可能反而是危险区。所以,应对市场最好的策略就是学习游资坚守模式卖出的方法。

举一个例子：佳都科技。

这是一只具有人工智能、人脸识别题材的股票。刚进入2018年3月份，该股就出现了反弹。在反弹时，管理层突然提出了"独角兽"上市的概念，让市场猝不及防。与"独角兽"拉上关系的影子股（参股或产业链）开始受关注。

接着关于佳都科技参股云从科技，云从科技是"独角兽"将通过快速通道IPO的消息在网上快速传播。

我们看一下其中一则关于佳都科技与云从科技关系的消息。

"佳都科技拥有云从科技11.5%上市"

近期政策讲，证监会发行部对相关券商做出指导，包括生物科技、云计算在内的4个行业中，如果有"独角兽"的企业客户，立即向发行部报告，符合相关规定者可以实行即报即审，不用排队，两三个月就能审完。四个行业为生物科技、云计算、人工智能、高端制造。

佳都科技曾经花了5 000多万元，拥有云从科技11.5%的股权，下面简单介绍一下云从科技。

这是一家专注于计算机视觉的人工智能企业，孵化于中国科学院。创始人周曦博士师从美国工程院院士、计算机视觉之父——Thomas S. Huang（黄煦涛）教授。其带领的团队曾在计算机视觉识别、图像识别、音频检测等国际挑战赛中7次夺冠。

云从科技已是我国银行业人脸识别第一大供应商，包括农业银行、建设银行、中国银行、交通银行等全国70多家银行已采用其产品；在安防领域，产品已在22个省上线实战，获得公安部高度认可，引领了公安行业战法的变革；在民航领域，产品已覆盖80%的枢纽机场。

2017年3月，国家发改委确定云从科技与百度、腾讯、科大讯飞，承担国家"人工智能"重大工程——"人工智能基础资源公共服务平台"的建设任务。

在南沙做什么？打造一个与世界三大湾区（纽约湾区、旧金山湾区、东京湾区）的科技中心相媲美甚至超越硅谷、筑波等科技城的AI之城。云从科技将打造人工智能生态：三大中心一个平台，即科学研究中心、技术创新中心、产业转化中心、人工智能核心平台。

自从广州提出IAB战略以来，南沙承办召开了高规格的"广州人工智能圆桌会议"，发布了《人工智能广州宣言》，拉开了南沙大力发展AI产业的序幕，计划用3~5年的时间，实现"千亿级产业集聚"和"AI+智慧城市范例"的双目标，打造一个全国乃至全球领先的AI产业新高地。

汇聚AI人才平台，并不止于平台，更要有人来充实。

世界级AI产业新高地，自然要有世界级的人才。在11月1日的签约仪式上，周曦博士提出创新研发中心的核心要素是人。云从科技除了公司内部调配科学家资源参与中心建设外，周博士本人也曾数次赴美与相关领域国际知名的科学家和科研团队洽谈合作，已着手引入了多个国际团队参与中心建设。据悉，第二届硅谷人工智能前沿大会将于11月3~5日在美国硅谷圣克拉拉会展中心盛大举行。云从科技将作为来自中国唯一的计算机视觉企业,受邀与微软、亚马逊、谷歌、华为等科技巨头共同出席本次会议。

如果云从科技上市,佳都科技将直接受益。网上对云从科技的估值为 200 亿元,佳都科技的市值只有 160 亿元,11% 的市值对于佳都科技是一个非常高的收益。所以,若云从科技上市,佳都科技的受益是确定的。而关于云从科技上市的问题,有分析认为也是符合通过快车道上市要求的。

通过上面的分析,可以得出一个结论:云从科技是正宗的"独角兽",佳都科技是正宗的影子股。市场普遍看好佳都科技,这就是一致性。

我们看一下佳都科技的 K 线图(见图 3—1)。但是问题出现在消息发布后的第三日(见图 3—2)。

个股出现"一致性"问题(见图 3—3),常常表现为连续的"一字板",因为持仓者普遍惜售,里面的主力可借利好消息快速轻松拉涨,这有利于场内持仓的主力,场外的主力则没有机会接力。

消息发布后第二日一字涨停,但第三日却出现天量滞涨(后面出现持续天量)(见图 3—4)。

查看佳都科技股东情况(当时年报未出),只能看到 2017 年第三季度,机构持仓量较少。这种股票一定是游资的目标。因为机构占比低,且热点明确,题材正宗。

从后面的走势看也是如此,是一只好股票。图 3—5 为前十大流通股东累计持股情况。

但实际情况是,这种股票的操作难度较大。从逻辑上看,后面

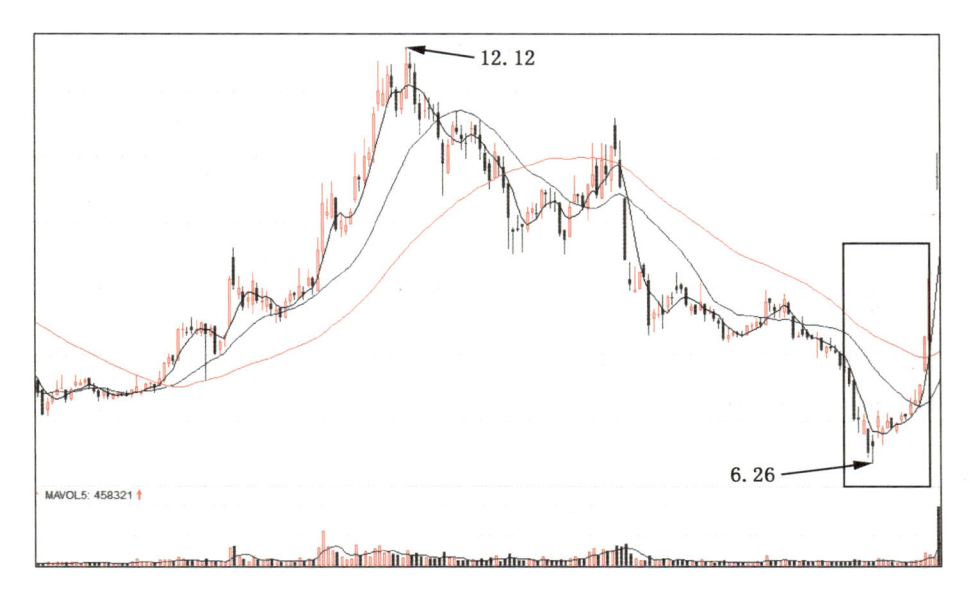

图 3—1　佳都科技 K 线图

在消息出来当日佳都科技已经涨停。消息发布次日，在预期之内，股价一字涨停，成交量较低，符合一致性预期，因为持仓者惜售。

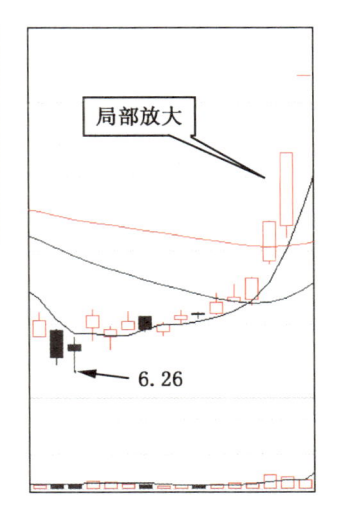

图 3—2　受消息影响佳都科技局部放大

第三部　经验分享 | 265

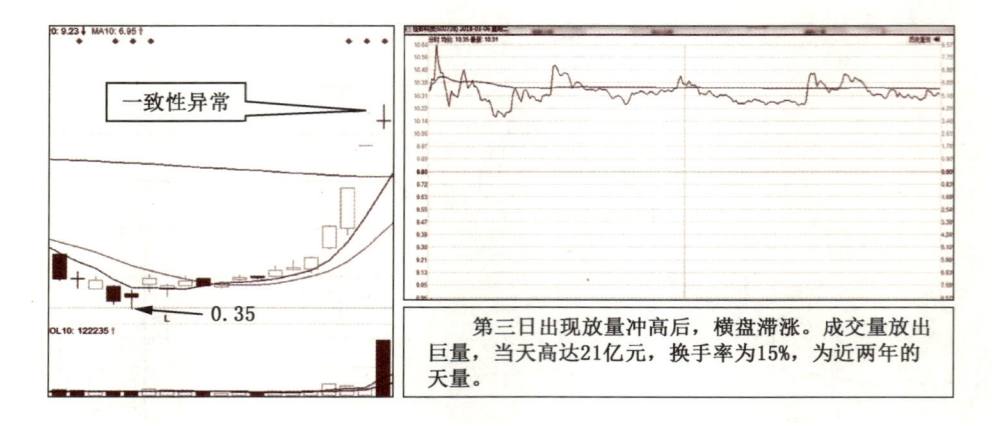

图 3—3　个股一致性异常情况　　　　　图 3—4　分时图

图 3—5　前十大流通股东累计持股情况

的追涨打板是没有问题的,但是打板后被套,问题不出在预判逻辑上,而是市场本身具有风险性。

你可以理解为,你没有错,这个亏损能够接受。

从两次打板当日看,在卖位的挂单上,一直有巨单在压盘,非常明显地阻击上涨。而在横盘的过程中,持股 5% 以上的股东关联方还出了减持公告,配合打压。

第一个板的次日,游资就大量出货了(见图3-6),上板日明显有大资金与游资在博弈。

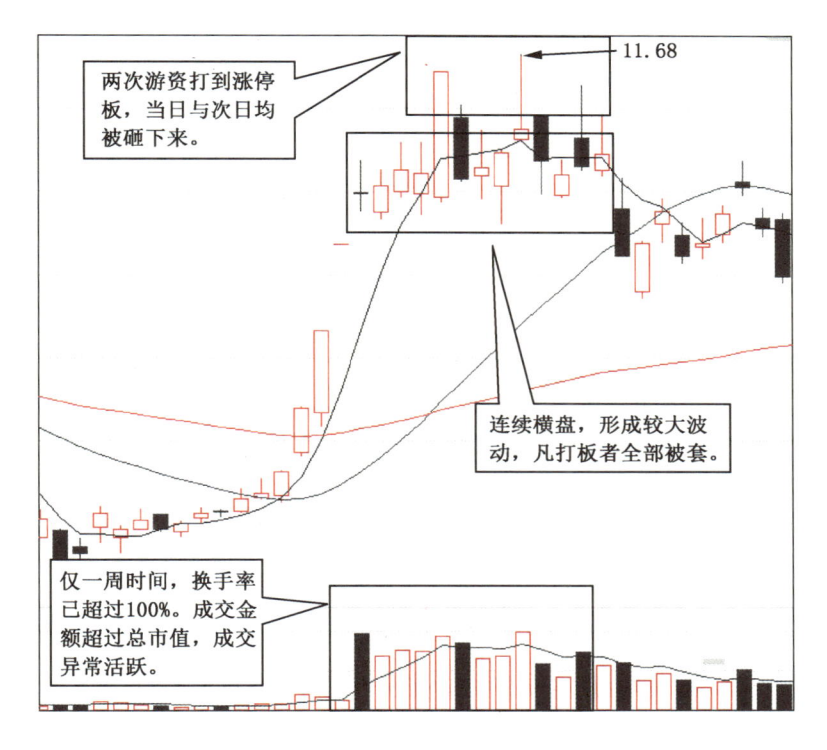

图 3-6 游资影响

如此大的换手量,如此大的资金量不涨,里面必有强庄搞事,因为"独角兽"的概念出现得太突然,机构主力的筹码与准备都是不足的,不然这么个玩法,股价不会这么抗跌。所以,游资在机构面前不愿意玩而退出了。

从游资的角度,根据鲨鱼式的思维和飞鸟策略,不论如何看好这只股票,不论后面有没有确定性的上涨,游资在当下一定要走,这就是模式，是生存法则。

对于超短一族，完全不能让资金在机构股和牛皮股里，这是大忌。短线一族的操作，唯一要做的就是集中在当下最具短线爆发力的个股和资金上。

那么，我们操作趋势个股的思维也是一样的，在没有发现买点较好的、处于主升浪中的机构庄股时，平时一律不参与机构股，这就是模式的重要性。

一旦参与进来，比如佳都科技这只股票，发现与模式有异，就要及时选择离开观察。而参与佳都科技的散户在游资走后，如果选择不走，将受其调整的折腾。

我们之前讲过机构股的运作规律。庄股拉升的条件是要完成控盘和去除浮筹，仅完成吸筹是不够的。主力在确认拉升条件时，一定会做一个"下跌洗盘动作"来检验。这里面检验的标准就是量能，量能是确认机构走势最重要的指标之一。只要量能在下跌的过程中没有出现大幅连续缩量，那就说明主力还有打压的需要。

对于佳都科技的操作，要点也一样，如此大的成交量，如果真有主力要吸筹是没有问题的，但是如果没有完成洗盘与去除浮筹的环节，上涨的时机就没有到，如此正宗的"独角兽"股，在"独角兽"行情中不是龙头，说明该涨不涨就是弱。

因此，不论你如何看好，均不能臆测和担心它突然大涨，而是要考虑存在短期交易风险，应该严格按照利弗莫尔所讲：我从不与纸带机争辩的思维进行操盘！

在"量能"没有体现出大幅的洗盘与缩量时，绝不轻易参与。

而在短线上,最重要的策略就是发现龙头后换龙头,在佳都科技的操盘上也体现出来了。对佳都科技的分析,正宗性是强于合肥城建的,但是合肥城建当时成了龙头,佳都科技还在下跌时,龙头合肥城建又涨了20％多,这充分说明,强与不强是市场说了算,不是分析说了算。

从板学的角度讲,任何短线题材股票的操作都应该严守切换为龙头这一规则(如果龙头是游资股,我们操作机构主力股时要换会有难度,这个问题不强制)。同时,在不少人痴心守候佳都科技的时间内,市场中其他妖股、龙头股继续大涨。之前退出的游资们已经去把握更好的赚钱机会了。

小结一下,从佳都科技的走势可以看出,遵守游资生存模式极为重要。绝对不要幻想于任何一只所谓的好股票。佳都科技的走势已经打脸,庄股的特性决定了在拉升前任何洗盘都有可能出现。只要主力掌握了足够的筹码,他就有能力打压和不怕别人抢筹,对于散户则大为不利。

同时,对于突发的"一致性"利好问题,如果不是上涨的机会,那就会是上涨的障碍。因为,一只股票在市场突发"一致性"利好时,机构主力有时是没有准备的。这样,"一致性"利好代表的反而是短期内上涨空间有限。由于各路资金的小算盘不一样,就让"一致性"问题由面上的确定性变为实际上的不确定性。那么这个所谓的"一致性"问题就存在被证伪的可能。

佳都科技的机会在哪里?在于风口,在于量能。

因为它正宗,所以机构主力不会放过它,着眼长远的大股东也不愿意游资短炒。

只要判断其吸足筹码,回调走出趋势通道规律,一旦出现回调后在关键位置连续缩量的行为,则表示个股可能已经准备好,后面最重要的就是观察风口出现的机会,一旦有明确的预期就是我们参与的机会,我们就可以埋伏等待公布"独角兽"具体政策这个非常确定的催化剂到来,驱动股票上涨。而埋伏的过程,我们仍然必须按游资生存之道的思维坚守和参与。

所以,对于突发一致性利好的个股不能急,如果主力在突发前已经准备好,那你肯定是追不上的,主力一定会快速拉高后出货;如果主力没有准备好,那就等它准备好你再参与。

在股市中,我们不能太过于重视个股,太过于坚守个股。如果只见树不见林,最终放下的一定会是一片森林。股市中的大忌,就是见树不见林,守树忽视林。在市场上不断犯错的原因,也是因为见树不见林的思想太深!

股市是兵不血刃的战场,在战场中每一个错误都会是致命的,股市也一样不可犯错!所以,股市对于股民是神圣的,在心中要放到神圣的位置,而不是只有贪嗔痴!

这篇文章完成不久,佳都科技公布了一季报,从一季报的股东变化情况看,仅3月较2月的股东人数就增加36%,从7万户增加到10万户。而十大流通股东股票数量占比较上一季度减少2 000万股,说明因为一致性的问题,个别大股东减出的筹码大量分散在新入散户手中,但是,十大流通股东里有卖出的三家股东都只是减仓并未退出,且又新增加了1 000万股的员工持股计划,就让整个分析在盘面变得较复杂。

对于散户的操盘而言不确定性迅速提升,所以在市场中最好的策略不是预判,而是跟随。

以游资生存模式操作此股,对于大股东的行为,毫无影响,早已经退出,而等后面有机会时,如果愿意参加可随时杀回来,这就叫策略。

(三)预判、跟随与澄明之境

这一节仍然是对游资生存之道的回应。大家应该体验到,我对游资生存之道的极度重视。

1. 深刻领悟预判与跟随之道

预判与跟随是操盘中极为重要的思维。

交易的真谛:永远不持有任何亏损的仓位,永远只在赚钱的仓位上加码。

这个意义就叫跟随。

预判与跟随的关系:预判是分析思维,是主观看好;跟随是策略,比预判更重要。

买入前是预判的问题,以预判为主;买入后是策略的问题,就要放下预判,以跟随为主。

跟随策略的要点在于:赚钱要走,不赚钱也要走,赚钱了更要走!绝对不让预判唱主角。

时刻谨记:资金是上涨之本,题材与价值是上涨的工具,趋势是唯一的答案。任何时候都不能让预判(题材与价值)成为主角,预判必须服从于趋势,尊重趋势就是执行跟随策略。

在操盘中,最大的障碍就是预判,是对"题材与价值工具属性"的迷失,反客为主。所以,在实盘交易中,预判永远必须服从于跟随。游资的卖出就是这种思想的根本体现!

炒股炒心,炒的就是你的主观分别心!

只有顺从趋势,执行跟随策略,才能有一颗澄明之心。

2. 澄明之境

炒股操盘要追求"澄明之境",不为外境所惑,按照正确的策略运行。

炒股输了钱不怕,最重要的是在实战中领悟真正过硬的技术,掌握真正过硬的技术。有了过硬的赚钱技术,资金不会是最大问题!

中美两大强国崛起与衰退之战已起!中国的崛起,用的是铁拳,崛起之路会有很多的拳拳相击。投资最好的时机,一定是把握在崛起中,而不是崛起后。但是,你必须避开在崛起过程中拳拳相击的伤害。这是现阶段股民在股市中必须牢记的宗旨。

风雨过后始见彩虹。切不可在风雨中倒下!

完善交易的策略与成熟的心智是在股市的立身之本!我们不怕市场跌,就怕策略不成熟,不能执行。

游资的生存策略与跟随的交易策略,必须作为操盘的核心。对于模式外的利润,再好也一定要学会放弃。

澄明之境:先从把自己培养为一名职业的交易手开始,脱离想暴赚致富的思维,把心智与杂念藏起来。

明白股市是你生活的依靠,不是炫耀的资本。

家人的幸福,需要富足而简单的生活,但也不要被纯粹的金钱所束缚!

把一系列的问题列出清单,观察清楚,不断地问自己,把问题搞明白,不要再让恐惧、贪婪牵着走!

(四)复盘:见树更要见"林"

复盘没有完全的标准,但是复盘必须有明确的目的。

不少朋友复盘的目的是针对自己操作的个股,这不叫复盘。我对复盘的理解还是那句话:必须见树也要见林。复盘的核心一定是从林开始,而不是从树开始。

复盘的目标:始终抓住市场炒作的脉络。

我们反复强调:选股的核心是市场上的 G 点。

那么对市场上的 G 点的把握,就需要反复地通过坚持复盘来实现。如果坚持长期对市场复盘,那么你的盘感,你对市场中所有股票的认识都会在日积月累中培养起来。

复盘有五个层面,我们简要阐述一下:

复盘的第一个层面:市场主流资金流向。

炒股要懂聚焦,我们如果不能够聚焦,就不懂顺势与借势,个人的力量在市场中势单力薄,就是一根草。聚焦的核心在于抓住事物的主要矛盾方面和主要对象。

股市当下事物的主要矛盾方面和主要对象就是主力资金在关注什么,主力资金的态度在哪里?直接讲就是主力资金有没有行动,行动的焦点在什么板块和个股上。这是我们每天复盘要关注的核心问题,那里才是市场的主舞台,不首先关注主舞台,只关注你的小算盘(个股),一定会吃大亏的。

复盘抓住了市场主流资金的流向,就等于把握了市场炒作的路径。具体的方法有:

一是关注大盘的成交量,上证与创业板的趋势情况。通过持续的观察,你就能通过成交量的变化慢慢地把握住大盘的情绪、上证与创业板的趋势关系。再通过趋势通道配合判断,对于大盘在通道阶段位置的变化预判,也会慢慢提升感觉。

二是关注大盘成交量的同时,通过对主要上涨板块、涨停股票及主流主力的分析,你就能明白,主力资金们关注的焦点在哪里,题材的焦点在哪里。

复盘的第二个层面:市场多空博弈的氛围。

氛围就是市场的赚钱效应与亏钱效应,也就是多空在当下的博弈情况。如果通过第一层面你发现了主流资金的聚焦点,那么你需要持续关注的就是这个聚焦点博弈成不成功,如果成功,那么这个聚焦点就有可能成为热点。如果成为热点,那你只要跟上,赚钱就是自然而然的事。如果不是,说明还在亏钱效应中,尽量回避,交易的风险就降低了。具体的方法有:

一是要重点关注主力聚焦的题材板块中涨停板有多少,每天要把这些涨停板建一个池,通过次日跟踪其走势来发现涨停个股的强度,你就能发现市场赚钱效应的情况,如果次日都亏钱了,或是不涨停了,说明板块不强(这个观点源于市场在任何时候的大涨都需要有领涨板块和龙头股）。一个真正的热点形成后，通过持续的复盘，那一日板块里的股票出现滞涨的情况，说明热点有见顶的征兆，你就能及时调整策略。

二是不仅涨停板块你要关注，同时对于跌停板块和个股也需要关注，这样能让你通过跌停板发现市场的风险点在哪里，明白市场什么地方有问题，有什么潜在大风险。我们讲过市场是整体，任何一个地方出现大问题，都不可能独善其身。

复盘的第三个层面：个股与整体的关系。

复盘的第一个层面是把握"林"的问题。对"林"问题的把握是为了解决树的问题，实战操盘要通过树，但是树没有林的护卫，那树很难长大。所以第三层面的复盘就要去发现你的目标个股和建仓股与整体市场、整体板块间的关系。具体的方法有：

一是你要判断你的股票和热点有没有关系。

二是如果与热点有关系，那么它处于板块中的什么位置，是龙头、龙二、龙三，还是跟随股，你对自己股票的强度就能心里有数，而不是盲目预期。

复盘的第四个层面：及时做出调整策略。

有了前三个层面的分析，最后需要完成的就是如何调整你的交易策略。所有的分析结论，最终都是为完善你的交易策略，从而抓住利润、规避风险。

复盘的第五个层面：勤于了解信息。

资本市场不是一个单纯的市场行为，其涉及面非常复杂，尤其在经济、政治和国际环境上，所以平时：

一是必须多认识和了解国内外经济与政治大事，还需要积累和收集各行业具有核心能力的股票。

二是通过对这些大事的评估，对一些重要时点进行预判，及时做出回避。比如，年报、美联储加息等明确的时间段，预判风险后，如果不确定性高，我们就提前出来，不要去赚那段不确定性的钱，让自己不自在。

这些基础功课，对于交易是非常有必要的。

市场机会总是在分歧中产生，在高度一致后出现分歧而转化为风险。

我始终提倡要打一定的提前量建头仓，不要等信息完全明了再参与（明了很可能就是坑），就是基于对机会、节奏与操盘心态的认识。而通过长期的复盘，能够帮助我们更好地去处理提前量的问题。

(五)学用策略弥补技术不足

策略意识对于交易极重要。

我在《一剑封喉：一位民间高手的股道笔记》一书中反复讲：单纯的技术是很薄弱的，不能作为完全买卖的依据！

大家在炒股的路上必须增加一个概念——"策略"。

在学习了技术并掌握了一定的技能后，你必须再加入对"策略"的思考和学习，多在策略的思考上找出路，而不要只是迷于单纯的技术。

股市交易本身是一种博弈，只有"技术分析＋应对策略"相组合,才能更好地解决博弈的问题。

什么是"策略"？就是"应对措施",就是给自己一条应对问题的主线,不是只想着看技术分析,而是要看市场的本质,看市场更大的局,立足于这一点来思考你的策略。

不少高手在理解市场的本质后,对于技术,特别是技术指标,更多关注的是"量价"关系(供需关系),然后把重点放在注重对短线人气和势的处理上,注重研究"应对策略",把握市场大局。

在策略的思考上,有思路大局上的策略,也有具体操盘上的策略。对于散户朋友在思路上最好的"策略",我认为是"中道"。

什么是"中道"？就是只参与市场和你最有把握和最明确的一段行情。你为什么想着要去抢呢？比如抢反弹,抢抄底,抢在头部。

保持"中道"就是让你不要太贪,只吃最确定、最有把握的一段就好。不要老想着会踏空,老想从头吃到尾。只要一贪,你就挨套,被套后什么都没得吃,还要受解套的煎熬,这真不划算。但我们很多朋友,不这么算,老抵不住心中的贪嗔痴。

比如,在市场中,一个真的热点出现,会持续一段时间。你没有把握可以不抢第一排,参与后几排的一样会有肉吃。2017年年中的中科信息那波次新行情,持续性很强,没吃到中科信息的,仍然可以在后面抓到其他次新股大赚一番,买入也很安全。但是,你急于进去被套了,后面的行情和你也没有关系！

而2017年末的大跌行情中,有朋友一直问我,反转了吗？

我说,现在的行情你害怕吗？

他说,害怕啊！

我说,既然害怕,你还惦记什么呢?

还问反转没有,真反转走好了,你会是这个心情吗?当时多空搏弈很激烈,在僵持,你都没有看到哪方会赢,你还想着要参与什么呢?这种情况想抢反弹,想抄底,这不是自己往火堆里跳吗?完全没有策略意识。

凡是市场说可以抄底了,抄底的声音很大时,一定不是在底部,一定还会有最后的大跌,因为多头不死,空头不止啊!这个概念很重要。

我告诉他,如果多方胜了,大盘会慢慢走出来;如果多方输了,这就是一个下跌中继平台。

在多空胶在一起的短期平衡之时,你不要考虑参与,你必须等到趋势已经明确时(或否极泰来之时)再参与,这就是中道,这就是策略。

当然,这只是对于策略认识的一个比喻!

更具体的策略分为两类:买入前要有预判策略,买入后要有跟随策略,两者不能乱。所以,炒股票一定要学会思考策略。你得学会说服自己,技术指标不是唯一的路,和技术一样重要的还有策略。

二、关注交易的其他重要问题

(一)避开风险后再谈赚钱

炒股票不能一味地只考虑进攻,还必须要有非常清晰的风险意识。

在市场中选股，在市场中交易会有非常多的陷阱。很多股票从外表看，就如一个光鲜亮丽的苹果，但其实，内核已经长了蚀虫。你选了这样的股票，就会破坏掉你的计划。因此，在股市中，我们常说"避开风险，再谈赚钱"。

在股市中陷阱非常多，我们这里重点举几个常见的，也是容易被忽视的，主要是给大家一个提示，让大家一定要有这个认识。

尤其现在处于转型中的中国资本市场，越来越规范，这本是好事，但是中国股市历史发行制度上不健全滋生的腐败，让很多垃圾股进来圈钱！这一规范，会有大把的老鼠屎现形，踩上就是地雷。

1. 可怜之股，必有可恨之处

普通散户最喜欢 K 线很低的股票，这是思维上的一个错误习惯。很多人认为低就有空间，这是一个很错误的认识。

有一句老话叫"可怜之人，必有可恨之处"，这一句话同样适用于股票，我们改为"可怜之股，必有可恨之处"。一只股票如果长期阴跌，其中肯定有大家不知道的问题，而且是一定有问题，所以才会处于阴跌中。一只股票长期处于阴跌中，说明基本没有主力关注。主力是很敏锐的，有问题的股票不会去碰，基本是散户在里面自娱自乐。所以，对于处于长期阴跌中的股票，不要考虑，尤其处于下跌通道内的个股，完全要放弃。

如果要关注一只超跌股票，则必须有三个条件：

第一，最重要的一条，大盘行情处于超跌股反弹行情或个股处于热点题材之中，这是首要条件。

第二,下跌空间够大。

第三,必须止跌后,已横盘突破下跌通道。

2. 避开增发股票的时间点

一只股票如果正在向证监会申请增发股票,那么这只股票就存在股价上行压力。这个压力来自几个方面:

第一是时间。要通过证监会的审批,在时间上是很不确定的,你不知道何时会通过,会不会有反复,会不会取消等。

第二是增发价。这是最大的问题。大家都清楚,增发价是有规定的。这就意味着在审批通过前大股东是不希望股票大涨的,希望保持在增发计划的目标价格范围内,这一定是和对方有商量的,如果价太高了,对方可能就不接受了。所以,对于增发中的股票,不少主力是不愿意去碰的,担心受到打压。除非这只股票突然碰上一个大热点,短线资金会冲进去短炒几天,然后股价又下来。

3. 避开资金流动性极差股

股市已经从庄股时代进入了市场合力时代。合力时代讲究的就是人气,是资金的流动性,是股性的活跃度。

在庄股时代,一只股票如果流动性很差,很可能已经被庄家完全控制。但是在合力时代和严监管时代,如果一只股票从长期看流动性差,则说明这只股票长期没有主力关注,没有值得主力去博弈的价值。

对于股票投机而言,一只股票只有出现了大的流动性,有了大的波动性,才会有好的价差。死水一摊,毫无波动性的股票一定要远离。我们在思维认识上一定要纠正过来。

怎样才是具有流动性和活跃性,给大家举一个例子:

2017年底到2018年元月份高伟达这只区块链股票,一看股性就很活跃,不断有涨停板出现,还很有规律。如果你反复按照处理第一个涨停板的方式,那你就可以埋伏后在第一个涨停板卖,然后回调后又买回来,一个月时间,起码可以吃到25%以上的收益。

4. 切记不要去玩融资赚钱

这一点,我在《一剑封喉:一位民间高手的股道笔记》这本书里专门讲过,散户一定不要去玩融资炒股。你不要看到不少高手大神们玩融资很顺手就去学。

我可以明确地告诉大家。除了牛市初中期外,其他时间,散户都绝对不能碰融资。你一定要记住我对你的这个提醒。除了单边的牛市,市场绝不会如你想的那么走,尤其在当下的市场中和当下"黑天鹅"密布的环境下。

一旦选错股,选错时机,操作失误,你就会被套。如果出现深套,再出现"融资"双杀,本金股和融资股齐跌,那么你的本金和心态将受到毁灭性的打击。

敢玩融资的都是市场中一流的超短线高手,都有非常严格的风险控制体系,不是大家认识的那么简单。

记住一句话:上帝欲毁灭你,会先让你疯狂!

5. 重组个股是赌不确定性

在股市中,玩的是概率,是胜率。

博弈重组的东西,其实是不适合散户的。你看过去这块玩得最好的是公、私募基金。公募基金有绝对的资源关系和优势去研究与考察重组的可能性。所以,它们博弈的胜算更大。但是,现在的严监管大势下这些模式也不适用了。

那么,对于散户而言,基本上所有的分析都是基于你自己收集的真真假假的判断,完全是在赌博,而不是博弈。这种赌博不仅存在极大的不确定性,还耽误时间,时间一长,交易风险就会出现。所以,我们是非常不推荐去赌重组股这类股票的。

我们喜欢的是收益率与确定性更高的市场合力股,玩的是主流主力资金的 G 点,而非个股的 G 点。

6. 避开大小非解禁的风险

一只股票,如果有大小非解禁的压力,有哪个主力愿意去接盘呢?所以,回避个股处于大小非解禁期的风险是一个常识问题。

凡是不能吸引新主力加入的股票,都不会是我们的目标。凡是主力不愿意去碰的股票,都应该是我们不愿意去碰的股票,我们要有这个认识。当然对于大小非解禁问题的分析,也不能太笼统,要学会判断真假。比如有的股票,虽然到了大小非解禁期,但是如果这只股票的质地不错,胜算大,有明显依据支撑大小非不会马上解禁的,就要另当别论。但多数情况是应该选择回避这类股票的。

7. 避开牛市后期的重组股

重组不一定都会是香饽饽。短线高手是非常不喜欢重组股的,但是普通散户通常对于重组股却非常在意。的确,如果赌到一只重组股,可能股价会翻倍,但这是有条件的。不是所有重组股股价都会出现翻倍。重组股股价会翻倍的股票,至少有两个条件:

第一,重组资产的价值相对于现有资产必须要有很大的比价效应。

第二,重组股的股价处于低位。

对于重组股的问题,强调一下:大家一定要避开牛市中后段的重组股。

为什么牛市中期以后,不要买入在高位有重组预期的股票?很多散户朋友把重组和资产并购当作"金宝贝",认为遇到了就是"中大奖",这个认识是不完整的,也是不正确的。

所有股票在牛市中末期都面临熊市突然光临的危险,同时所有在牛市中末期的股价都已经出现严重的泡沫,如果资产重组和并购在牛市中完成,停牌再开盘后还是牛市,那么这个泡沫将继续吹大。

可是,如果发生停牌,而在停牌后熊市来临,开盘开在熊市,那就完了,这个泡沫会被快速刺破,股价将一泻千里。所以,我们一定要认识清楚交易背后的风险与逻辑。

8. 不要上大股东象征性增持的当

有些朋友会把大股东增持股票当作一种利好。好似大股东增持股票表示对公司很有信心。实际上,不少大股东的增持行为都是在玩水,都是象征性的增持。其实,有这种行为的公司不仅不是利好,还可能是公司出了问题。所以,对于大股东的增持行为,一定要看"真金白银",只有拿出大量"真金白银"出来增持的公司才具有可信度。

9. 资产并购后的"黑天鹅":计提商誉减值

这几年的年报公布期一定要小心,年报业绩成为"黑天鹅"的触雷区。因为垃圾股太多,过去可以忽悠,可以做假,现在监管严格,不敢作假了，潮水退了，谁在裸游，在年报期就出来了。关于年报的发布，通常有一个规律，业绩好的上市公司会要求排在前面，而业绩难看的公司通常会排在后面。

其中，有一类情况需要引起高度重视，要特别小心之前开展了资产并购，而现在业绩很差的公司因计提商誉减值导致业绩大幅变脸。2017年就有企业在第三季度通报还盈利1亿多元，结果到了年报，突然计提商誉减值，年度业绩变为亏损15亿元。什么是计提商誉减值？可以在百度查，这个问题绝对不能轻视。

市场的陷阱远远多于以上类型，上面只是一个提醒，大家要避开风险，再谈赚钱的意识。

10. 国际产业链上的关联陷阱

比如2018年的中美贸易战，不仅中兴通讯"中标"，贸易战引发美股对苹果在中国可能被禁止的担忧，导致美股苹果股价大跌，这一连锁效应又传回国内，让与苹果公司有关联业务的A股公司连续大跌，跌幅高达50%。

(二)财富自由与超短打板

最后一讲，对想走职业之路和实现财务自由的朋友聊一下超短模式。

散户职业之路，为什么我们不提倡走中长线的价值投资，而是要做超短。在散户大佬中，做中长线也有成功的，但是多数成功者以超短起家。

作为职业散户有两点很重要：一是高效地利用资金；二是追求

更高的确定性。

超短相对于中长线这两个方面都更有优势。在市场中,时间越短,确定性越高,资金的利用率也会更高。技术突破的标准是10倍利润,而超短是完成10倍利润。实现第一桶金最快速的方法,是实现技术积累的必经之路。

所以,股市最暴利的模式就是超短模式。超短的特点就是将资金集中到每一个当下市场最具爆发力的个股上。而超短的成功也会让复利的威力得到最大限度的发挥。因此,要想实现财务自由,超短是最快的路径。

超短最核心的技术是追涨打板与低吸。打板的核心在于群体市场情绪的博弈、市场理解力的博弈,在于高手与高手、高手与散户间的博弈。

这项技术充满暴力性与神秘性,因为这项技术和国外经典股票技术完全不一样,属于中国特有的游资主力的操作手法,我们称其为"板学"。

掌握超短技术的人是真正的职业交易者,他们是股市里武装到牙齿的特种兵。职业交易者必须时时把握市场动态,时时进行操盘总结,时时纠正自己与市场在阶段理念和操作上的错误,把自己的打板能力提升到职业飞碟射手的水平:发现机会时和飞碟射手一样,能够在2秒内完成瞄准与射击的打板决策。

这种技能是对职业者的最基本要求。

但是玩超短,不是只有利没有弊,可以说玩超短的利和弊一样大。作为市场顶级的技术,板学也是市场中较难理解和掌握的一项绝技。

如果没有正确的理念和技术保障，玩超短玩的频次越高，亏损的速度可能也会越快。所以，很多玩超短打板的人有一种感觉——打板穷三代，超短毁一生。

这里面最关键的一个环节在于很多人并没有得到正确的板学理念作为支撑，而只是为打板而打板，如果超短只是为打板而打板，那就太简单了。为打板而打板是非常低效的技术，我们称为普通技术打板，而超短绝不是普通技术打板，打的是对市场的理解力。

超短的本质是追求安全性，但实战又常常让人落入极大的风险中，让很多朋友的资金快速缩水。所以，只有把握了超短的安全性，才能掌握住超短的要领。

参考文献

1. 拉斯·特维德:《金融心理学》,中信出版社,2013。
2. (台湾)黄韦中:《主控战略形态学》,地震出版社,2009。
3. (台湾)黄韦中:《量价关系操作要诀》,地震出版社,2014。
4. 马丁·J. 普林格:《技术分析》,中国财政经济出版社,2003。
5. 无门问禅:《一剑封喉:一位民间高手的股道笔记》,上海财经大学出版社,2018。